제국의 시선, 문화의 기억

이재원

연세대학교 사학과를 졸업하고 프랑스 툴루즈(Toulouse) 2대학에서 서양사 전공으로 석사학위를, 프랑스 파리(Paris) 10대학에서 「인도차이나전쟁과 프랑스인의 식민지 이념」이라는 논문으로 역사학 박사학위를 받았다. 한국국제정치학회 산하 국제지역연구소 상임연구원, 한양대학교 비교역사문화연구소 연구교수를 거쳐, 현재 연세대학교 사학과 교수로 재직하고 있다. 『교육과 정치로 본 프랑스사』(공저), 『역사가들: E. H. 카에서 하워드 진까지』(공저), 『기억과 전쟁: 미화와 추모 사이에서』(공저), 『유럽연합체제의 이해』(공저), 『프랑스의 제1차 세계대전: 100주년 기념과 평가』, 『제2차 세계대전과 프랑스의 인도차이나 노동자』, 『기억의 전유와 기억의 투쟁: 알제리전쟁 기념 문제에 대한 비판적 고찰』 등의 저서와 논문이 있다.

서강학술총서
103

제국의 시선, 문화의 기억

이재원 지음

서강대학교출판부

서강학술총서 103

제국의 시선, 문화의 기억

초판 1쇄 발행 | 2017년 12월 11일
2쇄 발행 | 2018년 8월 8일

지 은 이 | 이재원
발 행 인 | 박종구
편 집 인 | 전종호
발 행 처 | 서강대학교출판부
등록 번호 | 제2002-000170호

주 소 | 서울특별시 마포구 백범로 35(신수동)
전 화 | (02) 705-8212
팩 스 | (02) 705-8612

ISBN 978-89-7273-339-3 94900
ISBN 978-89-7273-139-9(세트)

값 20,000원

* '서강학술총서'는 SK SUPEX 기금의 후원으로 제작됩니다.

프롤로그

본 저서는 프랑스 제국주의가 절정에 달하는 제3공화국 시기(1870-1940)부터 등장하는 다양한 문화적 매체를 통해 프랑스의 식민지 이념이 어떠한 방식과 이론적 논리를 근거로 형성되고 전파되었는지, 어떠한 형태를 띠며 일반 대중들에게 영향을 미쳤는지를 살펴보려는 시도이다.

19세기 후반부터 20세기 전반기에 이르는 기간 동안, 전 세계가 10여 개국의 강대국들에 의해 지배되는 특이한 현상으로서의 제국주의는 더 이상 존재하지 않는 구시대의 잔재가 아니다. 공식적 식민지 지배는 20세기 후반에 사라졌지만, 정치·경제·외교·안보 분야의 국제관계에 있어 소위 '신식민주의적 지배'는 여전히 남아있다고 볼 수 있다. 우리의 삶의 얼마나 많은 부분과 영역이 여전히 제국주의 시대의 유산에 의해 지배되고 있는지를 생각해도 우리는 여전히 이 주제에 관심을 기울여야 할 것이다.[1] 우리가 살고 있는 지금 이 세계의 역사는 근대 이후 유럽과 비유럽 사이에 있었던 복잡한 상호관계를 알지 못하

1 박지향, 『제국주의: 신화와 현실』(서울대출판부, 2000), pp. i & 1~2.

고는 이해할 수 없는 것이다.

1989년 이후 변화된 국제관계, 점차 명백해지고 있는 문화적·사회적·인종적 다양성, 1980년대 이래 강력한 영향력을 행사해 온 포스트식민주의(postcoloniaism), 포스트모더니즘(postmodernism), 페미니즘(feminism)과 같은 사조의 영향으로 지난 20여 년 동안 서양 학계에서는 식민주의와 제국주의에 대한 논의가 활발했으며, 새롭고 혁신적인 연구도 진행되었다. 한국의 경우도 예외는 아니었으나, 제국주의에 대한 연구는 본질적으로 일제하의 식민지 조선과 일본의 관계에 초점이 맞추어져 있었다. 제국주의가 우리에게는 생소하지 않은 용어이고, 여전히 현재성을 지니고 있는 주제임에도 불구하고 서양의 제국주의 연구, 특히 프랑스 제국주의 연구는 매우 부족한 실정이다. 이러한 상황에서 우리들 인식의 지평을 확장하고, 좀 더 객관적이고 냉철하게 불행한 우리의 과거와 이를 아직까지도 극복하지 못하고 있는 현재를 치유하려는 목적으로 본 연구를 수행하고자 한다. 서양의 사례는 분명 우리의 현실을 객관적으로 이해하고 바라볼 수 있는 또 다른 창이 될 수 있다고 생각하기 때문이다.

본 연구에서는 정치적 종속과 경제적 착취라는 익숙한 논의만이 아니라, 오랫동안 논의의 대상에서 제외되어 왔던 '제국주의의 문화사'에 관심을 기울이고자 한다. 1970년대 이후 포스트모더니즘이 부상하여 '근대성(modernity)'에 대한 문제 제기가 이루어졌고, 페미니즘의 영향으로 제국 시기 여성들이 수행한 역할에 대한 조망과 '남성성(masculinity) 담론'[2]에 대한 비판이 행해졌다. 포스트식민주의는 제국

2 "제국주의 기획은 남성적인 것으로 묘사되면서 찬양되었고, 이 과정에서 여성성은 주변화되고, 종속되면서 그 가치가 폄하되었다." 제국주의와 관련한 남성성

과 식민지의 관계를 일방적으로 규정하는 종전의 해석에 의문을 제기하며 둘 사이의 상호관계성과 상호의존성을 강조하고 있다. 제국주의를 물질적 현상으로부터 인식론적 체제로 전환시킨 에드워드 사이드(Edward Said)의 '오리엔탈리즘(Orientalism)'은 '동양'에 대한 '서양'의 왜곡된 인식을 바탕으로 제국이 식민지를 어떻게 '타자화'하고 자신들의 우위를 강조했는지를 분석했다. 이러한 포스트모더니즘, 페미니즘, 포스트식민주의의 성과들은 제국주의의 문화사를 뒷받침하는 개념적 토대가 되었다. 최근의 제국주의 연구는 제국주의 문화사에 관심을 기울이고 있는 가운데, 텍스트와 이미지와 실천을 통해 제국이 어떻게 상상되고 표상되고 경험되었는가를 분석하는 데 주력하고 있다. 그런데 문화적 측면의 제국주의, 다시 말해 인식론적 체제로서의 제국주의는 정치적 지배와 물질적 착취가 종식된 이후에도 개개인의 인식 속에 작동되어 제국주의를 끊임없이 재생산할 수 있다는 측면에서 '위험'하다고 볼 수 있다. 일반 대중들의 문화와 인식 속에 깊이 박혀 있는 제국주의적 요소들을 분석하고 비판할 때 비로소 우리는 제국주의의 지속적인 존속과 작동에 대응할 수 있을 것이다.

문화를 통한 제국주의 이해는 제국주의를 총체적으로, 그 다양성을 구체적으로 이해하려는 하나의 시발점이라 할 수 있다. 정치사와 경제사, 그리고 사회사와 더불어 제국주의의 문화사는 이전에 외면되어왔던 문화적 측면에 대한 연구를 통해 역사에 대한 이해를 보다 폭넓고 풍성하게 해 줄 것이다. 한국 사회에 소개된 서양 제국주의 관련

담론에 대해서는 박형지, 설혜심 공저, 『제국주의와 남성성: 19세기 영국의 젠더 형성』(아카넷, 2004)을 참조할 수 있다.

연구들은 제국주의 이론에 대한 소개나, '제국의 역사'에 대한 전반적이고 포괄적인 차원의 이해를 돕기 위한 저작과 논문들이 다수를 이룬다. 15세기 이래 소위 '지리상의 발견' 시기부터 탈식민화시기까지, 서구 열강의 '비서구지역'에 대한 침투, 정복, 경제적 착취, 정치적 지배, 그리고 국내의 모순과 갈등을 해결하기 위한 사회적 측면 등과 같은 '전통적 개념'의 문제와 현상을 주로 고찰해 왔던 것이다. 그러나 제국주의는 물질적 현상이기보다 오히려 항상 문화적 과정이었는지도 모른다. 제국주의는 상징과 메타포와 이야기를 통해 사람들의 상상력을 자극하고 그것에 의해 강화되었던 것이다.[3] 이러한 맥락에서 다양한 문화적 매체가 어떠한 방식과 내용으로 제국주의를 발전, 심화시켰으며 제국주의적 지배체제를 여전히 작동케 하는 기제로 사용되는지를 고찰하는 작업은 필요하고 의미 있을 것이다. 본 연구를 통해 프랑스 '식민주의 문화(culture coloniale)'의 시대적 의미와 역할에 대해 고찰함으로써 식민지 이념의 배경과 성격, 그리고 그 한계를 살펴보고자 한다. 이는 궁극적으로 일제의 식민지 시대를 경험한 한국 사회에도 자기 성찰의 기회를 제공할 것이다.

식민주의와 제국주의는 서양 사학계에서는 그 중요성에 상응하는 풍부한 연구 결과물들을 내놓은 분야에 속한다. 반면 국내 학계에서 서양 제국주의에 관한 연구는 영국의 사례를 제외하면 매우 미진한 편이다. 그 중요성에도 불구하고 영국 제국주의에 비해 국내에 덜 알려진 프랑스 제국주의의 실상은 두 권의 번역서를 통해 비교적 상세히 소개

3 박지향, 『제국주의: 신화와 현실』, pp. 4~5.

되고 있다. 식민주의의 탐욕과 폭력성을 있는 그대로 드러내며, 아프리카, 아메리카, 아시아에서 일어난 잔혹한 학살의 역사를 '아날(Annales)의 방식'으로 총체적으로 기술한 마르크 페로(Marc Ferro)의 『식민주의 흑서(상권): 16-21세기 말살에서 참회로』(*Le livre noire du colonialisme*)(고선일 역, 소나무, 2008)와 프랑스의 식민지배 시대를 조망하며 이에 내재된 식민화 논리를 설명하고, 인종주의, 노예무역과 노예제도, 프랑스의 반식민주의에 대해 기술하며, 특히 인권문제에 대해 상세히 분석한 질 망스롱(Gilles Manceron)의 『프랑스 공화국 식민사 입문: 인권을 유린한 식민침탈』(*Marianne et les colonies: une introduction à l'histoire coloniale de la France*)(우무상 역, 경북대학교출판부, 2013)이 그것이다.

위 저서들은 프랑스의 해외로의 침투, 정복, 경제적 착취, 그리고 '원주민'에 대한 지배라는 측면에 초점을 맞추어 프랑스의 식민지 역사 전반을 비판적으로 조망한다. 본 저서는 위의 두 저서가 견지한 기존의 정치, 경제적 측면보다는 문화적 측면에 주목하고자 한다. 이를 위해 본 연구에서는 제국주의 이념을 강화하고 국내외적으로 선전하고 전파하는 문화적 매체로서의 교과서와 학교 교육, '인간 동물원(Human Zoo)', 식민지 박람회, 노래, 영화 등에 대해 분석할 것이다. 이를 매개로 제국의 선전에 활용된 다양한 문화적 수단의 중요성, 식민지 시기 이미지와 텍스트를 통해 드러나는 제국주의 담론, 식민지 전쟁과 침략에 대한 매체의 보도 내용과 방식, 제국주의 정책에 대한 논쟁, 반식민주의자들의 저항운동 등과 같은 문제들을 다루어 보고자 한다.

글로 된 역사 기록물뿐만 아니라 사진이나 이야기, 신문, 영화, 만화 등, 우리는 다양한 원천에서 역사의 모습을 길어 올린다. 본 연구에서 사용될 방법론으로서 '문화'의 활용은 역사와 해후하는 다양한 형태를 탐색하게 하고, 역사를 표현하는 문화적 수단이 과거를 이해하는 데 어떠한 영향을 미치는지 고찰할 수 있게 해 줄 것이다.

연구내용과 관련하여 본 저서는 기본적으로 서구 열강과 '비서구 세계' 혹은 '제3세계'라 불리는 극적으로 대비되는 두 지역의 '비대칭적' 관계를 역사적이고 문화적인 맥락에서 검토해 보고자 한다.

먼저 1부 〈문명화 사명과 '식민지인의 탄생'〉에서는 프랑스 제국주의 정책의 가장 기본적이고 중요한 정당화 논리라 할 수 있는 '문명화 사명(civilizing mission/mission civilisatrice)'에 대한 개념과 분석에 할애하고자 한다. 식민지 시기 프랑스인들은 문명화 사명에 근거하여 세계를 바라보고 인식하고자 했다. 프랑스로 인해 미개한 나라들이 개화되고 진보한다는 신념을 확고하게 받아들이는 가운데, '문명화된 유럽'과 '미개한 아프리카와 동양'이라는 이분법적 논리와 동양에 대한 '오리엔탈리즘(orientalism)'이 그들의 문화적 선전에서 뚜렷이 드러났다. 그 지역에 대한 정확한 문화적 이해 없이 식민지에 대한 왜곡되고, 상상되고, 정형화된 이미지를 창출했던 것이다. '상상으로의 여행'을 통해 '유럽의 문명화된 세계'와 '비유럽의 원시적인 세계'라는 이분법적인 사고에 의해 만들어진 '꾸며낸 세계'에 대한 믿음이, 항상 서양에 유리하고 불평등한 식민지적 관계의 사고방식이, 5대양 6대주에 걸쳐 1억이 넘는 인구를 가진 "위대한 프랑스(La Plus Grande France)"라는 인식이 이 시기 동안 프랑스에서 확산되게 되었다.

이 책의 이론적 논거 부분에 해당되는 제1장 "문명화 사명과 식민지 이념"에서는 서구의 '타자' 인식과 제국주의의 정당화 논리에 대해 개괄적으로 고찰해 보겠다. 제2장 "프랑스 식민주의 문화의 형성"은 '제국주의 선전자들'의 단순한 주장이나 국가적 차원의 실용화가 아니라, 어쩌면 식민화 자체와는 아무런 상관이 없는 대중적인 침투행위로서의 '식민주의 문화'에 대한 분석이다. 제3장 "식민주의 교육과 '호모 임페리얼리스(Homo imperialis)'의 탄생"에서는 프랑스 교과서에 수록된 삽화와 텍스트의 분석을 통해 '제국주의적 인간'이 형성되고 발전되는 측면을 고찰해 보고자 한다. 여기서 우리가 관심을 갖는 것은 역사교과서나 지리교과서와 같은 공식적인 교과서보다 학생들의 의식 형성에 있어 더 지속적이고 효과적인 역할을 수행했다고 평가되는 제2의 보조 서적이라 할 수 있는 준교과서류 도서이다.

2부는 〈식민주의 문화의 전파〉에 대해 고찰한다. 식민지 활동을 정당화하기 위해 프랑스 제3공화국은 이국 취향의 매력을 가진, 국가적 자랑거리이자 정치적 계산의 집합체인 식민주의 문화를 의식적으로 구상해 내고, 조직하고, 선전하며, 전파했다. 식민지 활동과 업적은 영화, 연극, 노래, 문학작품, 언론, 교과서, 그림, 그리고 다양한 선전물을 통해 소개되었으며, 식민지 박람회와 여러 기념식 등을 매개로 학교나 군대와 같은 사회적 공간으로 확산되어 갔다. 프랑스의 쇠퇴에 대한 두려움과 맞물린 식민주의 문화는 공화국의 '초대작(超大作)'이라 할 수 있는 1931년 세계식민지박람회가 개최될 때 제국의 깃발 아래 거의 모든 정계와 경제계가 참여할 정도로 대성공을 거두었다.

먼저, 제4장 "식민주의와 '인간 동물원(Human Zoo)': '호텐토트의 비너스'에서 '파리의 식인종'까지"에서는 '야만적인 것'과 '이국적인 것'을 전시하는 소위 '인간 동물원'이라 불리는 인종전시가 제국주의 시대 이후 '과학적 인종주의'에서 '대중적 인종주의'로의 이행을 촉진시킨 식민주의적 현상이라는 점을 밝혀 내고자 한다. 제5장 "프랑스 제국의 선전과 문화: 1931년 세계식민지박람회를 중심으로"는 프랑스 제국주의가 절정에 달하는 제3공화국의 시기 국가의 선전 하에 대대적으로 거행된 1931년 세계식민지박람회를 통해 프랑스의 식민지 이념이 어떠한 방식과 이론적 논리를 근거로 형성되고 전파되었는지, 박람회를 통해 소개되는 문화적 행위는 어떠한 형태를 띠며 일반 대중들에게 영향을 미쳤는지를 살펴보려는 시도이다. 제6장 "식민지를 노래하라!: 노래 속에 묘사된 식민지"에서는 대중문화의 매우 오래된 발현으로서의 노래에 대한 연구가 위로부터의 역사에 집착하지 않은 가운데 대중의 사고방식과 그것이 재현하는 표상들을 분석할 수 있다는 점에서 의미가 있음을 밝혀 보고자 한다. 제7장 "식민지 영화: 영상에 투영된 식민지(인)의 이미지"에서는 식민지에서 혹은 식민지에 관해 촬영된 영화들이 '식민지 환상(rêve colonial)'과 외부세계에 대한 욕망의 전형적인 매개물 역할을 하면서 한 시대의 상징인 독자적인 장르가 되었음을 고찰해 보고자 한다.

3부 〈반식민주의 문화와 탈식민화〉에서는 식민지 해방시기 프랑스의 '문화 제국주의'의 속성과 그 한계를 분석한다. 제8장 "반[反]식민지 박람회: "식민지박람회를 방문하지 마시오!""와 제9장 "문화적 행위를 통한 반전[反戰]운동: '앙리 마르탱 사건'을 중심으로"에서는 서구 열강 국가 내에서 전개되었던 반식민주의 운동과 다양한 여론에 관심을 기울이고자 한다. 먼저 8장에서는 프랑스 제국주의가 절정에 달한 1931년에 거행된 세계식민지박람회를 비판하고 프랑스의 제국주의적 사고와 정책을 성토하며 열린 '반[反]식민지 박람회'의 내용과 영향에 대해 살펴볼 것이다. 9장에서는 프랑스의 식민지 전쟁(guerre coloniale)인 인도차이나전쟁(Guerre d'Indochine)을 반대한 공산주의자 앙리 마르탱(Henri Martin)에 대한 석방운동과 관련하여 표출된 다양한 문화적 행위들이 어떤 형태와 방식으로 전개되며, 그것이 여론의 향방에, 그리고 앞으로 전개될 전쟁의 양상에 끼친 영향이 무엇인지를 고찰할 것이다. 제10장 "탈식민화와 아프리카인"에서는 프랑스인들이 인식하는 사하라 이남 아프리카인들에 대한 이미지가 시대의 흐름에 따라 어떻게 변화하며, 진화해 가는지를 살펴보고자 한다. 특히 1950년대 파리를 중심으로 활동한 아프리카 출신 정치인, 지식인, 예술가, 학생들은 기존의 고정된 아프리카인의 이미지를 변화시키는 데 결정적인 역할을 수행했음을 밝혀 보고자 한다.

식민지(인)을 바라보는 프랑스 제국의 시선을 다양한 문화적 매체를 활용하여 조망해 보는 본 저서의 출판은 '서강학술총서'의 도움에 힘입은 바가 크다. 지원할 기회를 제공해 주신 백인호 한국프랑스사학회 전임회장님과 서강학술총서 기획위원회, 그리고 전종호 출판부장님과 출판부 여러분께 감사의 마음을 전한다. 필요할 때마다 옆에서 든든한 조력자의 역할을 해주는 연세대학교 사학과의 설혜심 선생님께는 늘 고마운 마음이다. 『문화와 제국주의』, 『서구열강과 제3세계』 등의 수업에서 본 저서에 적절한 제목들과 표현들에 대해 함께 고민해 준 연세대학교 사학과 학부생들과 대학원생들에게도 고마운 마음을 전한다. 학문적 귀감이 되어 주신 아버지는 미수(米壽)를 넘기신 지금까지도 자식과의 학문적 대화를 즐겨하시는 학자로서의 진지함과 품위를 지니신 분이다. 학문으로의 길을 인도해주신 아버지와 언제나 따뜻한 격려와 응원을 아끼지 않으시는 장인, 장모님과 가족들에게도 감사의 마음을 전한다. 착하디 착한 내 삶의 기쁨이자 위안인 사랑스런 두 딸 지혜, 지나. 믿음과 사랑과 헌신으로 언제나 나의 버팀목이 되어 주는 은영에게 한없는 사랑과 고마움을 표한다. 마지막으로 올 가을 내내 외로운 병실에서 힘겹게 투병하시는 어머니의 쾌유를 빌며 부족한 이 책을 바친다.

2017년 11월

가을 단풍이 눈부시게 아름다운 신촌에서

이 재 원

목　　차

1부

문명화 사명과 '식민지인의 탄생'

출처: '프랑스의 문명화 사명', 『르 프티 주르날』 (*Le Petit Journal*), 1911.

1장
문명화 사명과 식민지 이념

1장

문명화 사명과 식민지 이념

1. '타자' 인식과 제국주의의 정당화

불과 60여 년 전까지만 해도 프랑스 국기는 여전히 알제(Alger), 다카르(Dakar), 누메아(Nouméa)와 사이공(Saigon)에 펄럭이고 있었다. 그 시기는 자신들이 지닌 가치(관)의 우월성을 확신한 백인들이 전 세계에 걸쳐 그들의 앞선 문명을 전파한다는 믿음을 지니고 있었던 시기였다. 그 시기는 '인종'이 인류의 발전을 최우선적으로 설명하는 요소라고 인식되었던 시기였으며, 세계가 주인 혹은 지배자와 '원주민'으로 분류되었던 시기였다. 그 시기에 프랑스의 해외 영토 지배를 정당화하는 이데올로기적 근거는 무엇이었던가? 무엇이 '백인의 신조(white man's creed)'였던가? 프랑스의 식민지 이념과 제국주의의 정당화 이론인 '문명화 사명(mission civilisatrice/civilizing mission)'은 어떤 특징과 한계를 지니고 있었는가?

나폴레옹 3세(Napoléon III)부터 조레스(Jean Jaurès), 블룸(Léon Blum), 리요테(Hubert Lyautey)를 거쳐 드골(Charles de Gaulle)에 이르는 정치계의 모든 중요한 인물들과 위고(Victor Hugo)부터 발작(Honoré de Balzac), 아폴리네르(Guillaume Apollinaire), 피카소(Pablo Picasso), 지드(André Gide), 카뮈(Albert Camus)를 거쳐 모리악(François Mauriac)에 이르는 많은 지식인들이 어느 정도는 해외로의 팽창과 관련된 이 중요한 논쟁에 참여했다. 본 장에서는 식민주의 이데올로기를 구성하는 선입견과 고정관념, 시사적인 일화들, 그리고 수많은 세부사항들을 찾아 한 세기 반 동안의 프랑스의 식민지 문제를 둘러싼 논의와 선언, 그리고 그것들의 '합리성'과 '허구성'에 대해 조사해 보고자 한다. 이를 위해 먼저 서구의 '타자' 인식과 제국주의의 정당화 논거에 대해 개괄적으로 고찰해 보겠다.

서구의 팽창은 '문명(화)'의 이름으로 자신의 세력권에 병합된 모든 민족에게 이익을 안겨 줄 것이라는 도덕적 정당화를 시도했다. 이와 관련하여 프랑스 정부가 식민지의 효율적인 통치를 위해 선택한 전술 중 하나는 식민지인의 '타자화(他者化)'였다. '문명인'임을 자임하는 제국주의 지배국의 국민들과 유럽 제국주의자들은 '야만적'인 식민지인을 타자로 구분하는 경향이 있었다. 그들에게 식민지인은 진화와 문명의 가장 아래 단계에 있는 다른 인종처럼 보였고, 모든 문명이 결여된 '야만인 타자'로 비쳤다.[1] 이러한 '타자화' 또는 '타자 인식'의 근거가 되는 '문명 또는 문명화'는 18세기에 프랑스에 의해 만들어진 개념으로, 제3공

1 윤용수, 최춘식, 『지중해 언어의 만남』(산지니, 2015), p. 87.

화국 시기 프랑스 제국의 공식적인 교리가 되었다. 이는 프랑스의 해외로의 팽창을 정당화하는 논리로써 작동했으며, 미개한 인간들을 인도해야 한다는 특별한 사명으로 인식되었다. 프랑스의 문화적 우월성에 근거하여 '원시적인 문화'를 프랑스 수준의 문화적·정치적·경제적 수준까지 향상시키는 것이 프랑스 제3공화국의 의무이자 목적이었던 셈이다. 많은 프랑스인들이 이러한 문명화 사명에 동조했고, 이것이 '공화 제국(Republic's empire)'의 일원으로 포함될 많은 식민지들에게 축복이라고 생각했다.

본 연구에서는 프랑스 제국주의를 기존의 정치적·경제적·군사적 측면보다는 문화적이고 이데올로기적 측면에서 고찰해 보고자 한다. "어떻게 문명화의 논리가 대두되었는가"를 분석하고, "프랑스 문명화 사명의 근거는 무엇인지", "역사적으로 그것은 어떻게 변화하였는지"를 살펴보고자 한다.

2. 프랑스의 문명화 사명

당대 가장 통찰력 있는 지성인 중 한 명이었으며 '식민지 범죄'의 강력한 비판자였던 펠리시앙 샬레(Félicien Challaye)는 1906년 "황인종은 과거에 머물러 있으며, 흑인들은 현재를 살고, 백인은 미래를 바라본다"고 기술했다. "예전에는 화려했고, 매우 아름다운 문명의 어머니였던 아시아가 이제는 쇠퇴하고 몰락했다. 거의 진화되지 않았던 아프리카는 하루하루를 연명하는 그곳에 살고 있는 주민들처럼 여전히 어린 아이의 단계에 머물러 있다. 유일하게 미래를 구상할 능력을 지닌 유럽은 멈추지 않으며 약진하고 있다."[2] 프랑스인들, 더 나아가 서구인들이 생각하는 문명화 사명 혹은 식민지 이념과 관련된 모든 것들이 이 문구 속에 함축되어 있는 것이다.

1) "서양이 곧 문명이다!"

많은 유럽인들에게 '구대륙'은 진보의 절정, 모든 인간사의 거의 불가결한 논리적 귀결을 의미했다. '문명'은 그들의 전유물이었고, 식민지인은 문명의 가장 아래 단계에 속해 있는 혹은 문명이 결여된, 열등한 타자였다. 그러나 "유럽인들이 문명에 대해 말할 때 당연히 그들의 문명만을 말할 수는 없을 것이다"라고 극동프랑스학교(Ecole française d'Extrême-Orient)의 저명한 학자 루이 말르레(Louis Malleret)는 서구의 문명인식에 대해 비판적으로 기술했다. 그는 유럽 이외의 세계의 다른 지역들도 순수한 경이로움의 탄생을 경험했음을 누구보다도 잘 아는 위치에 있는 인물이었다.

> 자만에 취해 유럽인들은 '타자'가 있다고 생각하지 못한다. 타자가 존재한다면 그것은 필연적으로 열등해야 한다고 그들은 생각한다. 끊임없이 비교하고 평가하고자 하는 욕구, (그들이 가지고 있는 기존의) 관념적 입장으로부터 벗어나지 못하는 (새로운 사고에 대한) 타고난 부적응, 삶의 다양성을 이해하지 못하는 무능력

2 Félicien Challaye, "Le Congo fraçais", *Cahiers de la Quinzqine*, XIIe Cahier de la VIIe Série, 1906.

은 이국취향 문학의 탄생과 형성 안에서도 기본적이고 중요한 사실로 존재한다.[3]

샤를 드골 역시 말르레의 입장에 공감하며 식민지 시기가 끝날 무렵에도 여전히 "문명에 있어 그들(서구)에 앞서는 국가들, 특히 그들(서구인들)에게 문명의 문을 열어 주었던 국가들"[4]과의 관계를 끊으려는 몇몇 유럽 민족들의 태도를 비난했다.

그러나 문명이 오직 서구로부터 유래한다는 생각은 많은 유럽인들의 사고 속에 분명하게 존재했다. 실증주의 철학자 콩트(Auguste Comte)는 "서구적인 것(occidentalité)은 진정한 인류의 마지막 단계"이며, 그의 유명한 『실증정치』(*Politique positive*)(1848)의 체계를 설립하는 것이라고 단언했다. 서구라는 단어 속에 유럽인들은 아름다움과 조화, 기독교, 인권, 프랑스혁명의 이념인 자유, 평등, 형제애, 인간관계의 장점 등의 그리스적 개념들을 뒤섞어 포함시켰다. 많은 이들에게 문명과 서구세계라는 개념은 너무 유사해서 상호 호환이 가능하게 되었다. 탈식민화에 관한 격렬한 논의 때 제국의 마지막 지지자들의 논거 중 하나는 프랑스가 식민지를 놔두고 떠나는 것은 서구의 후퇴를 의미한다는 것이었다. "서구를 축출한다면 우리가 (이곳에서) 이전에 발견했었던 혼돈과 야만, 잔인한 세력에 의한 약자의 착취에 당신들은 직면하게 될 것이다. 당신들은 노예계층 위에 군림하는 정복자들을 발견하게 될 것이

3 Louis Malleret, *L'exotisme indochinois dans la littérature française depuis 1860* (Paris: Larose, 1934).

4 Charles de Gaulle, Conférence de Presse, 15 septembre 1960, *Discours et Messages, vol. III, Avec le renouveau, 1958–1962* (Paris: Plon, 1970).

다"라고 1946년 『르몽드』(*Le Monde*)지의 편집장 레미 루르(Rémy Roure)는 기술했다. 인도차이나전쟁 기간 동안 베트남인과 중국인까지 포함하는 "황인종 무리의 위협으로부터의 서양의 수호(défense de l'Occident menacé par les hordes jaunes)"는 전쟁 지지자들의 지속적인 테마였다. 프랑스 국민연합(RPF: Rassemblement du Peuple Français)의 주간지 『연합』(*Le Rassemblement*)에 실린 루이즈 바이스(Louise Weiss)의 1950년 3월 11일자 기사 제목은 「인도차이나: 극서지역의 전초기지」("L'Indochine, avant-poste de l'Extrême-Occident")였다. 몇 년 후 제5공화국에서 총리를 지낸 미셸 드브레(Michel Debré)는 "제국을 헐값에 팔아넘긴" 제4공화국 체제의 지도자들의 허약함을 비판하는 팸플릿을 발간했다.

> 해외 영토로부터 프랑스를 축출하는 것은 서양을 제거하는 것, 다시 말해 일종의 사회적 교리를 축출하는 것이다. 하노이(Hanoi)와 사이공, 알제와 다카르, 타나나리브(Tananarive)와 브라자빌(Brazzaville)은 원래 프랑스의 도시들이 아니었고, 현재도 아니다. 그 도시들은 서양의 도시들이었고, 현재 서양의 도시들이다.[5]

그의 학문적 영향력이 적어도 30년 동안 지속되었다고 평가되는 저명한 프랑스 지식인 앙드레 지그프리드(André Siegfried)는 자신의 이름을 '서양문명의 보존과 전파'에 연결시켰다. 그의 논거의 핵심 개념, 더 나아가 고정 관념은 "서양은 아시아와 아프리카의 위협에 빗장 역할을 하는 수에즈 운하(Suez Canal)에 대한 지배를 유지해야한다"는 것이었다. 지그프리드는 식민지 민족주의의 상승에 대한 그의 두려운 마음

5 Michel Debré, *Ces princes qui nous gouvernent* (Paris: Plon, Coll. Tribune Libre, 1957).

을 표현한 『수에즈 도로 주변』(*Autour de la route de Suez*)이라는 소책자를 1938년에 발간했다.

> 앞으로 올 미래에 이집트는 대부분의 공적 직위에 외국인들을 민족주의자들로 대체할 것이다. 주의하시오! 그것은 또 다른 몰락의 신호일 것이다. 비유럽인에 대한 서구인들의 부정할 수 없는 우월성을 다시 확언할 때이다. [……] 우리가 해방시킨 이들의 민족주의는 세상을 발전시키지 못할 것이다.

지그프리드는 1943년 그의 주장을 되풀이했다. 그는 한 강연에서 수에즈 댐을 야만인에 대항해 만든 로마제국의 요새에 비유했다. 그는 백인이 구상하고 지휘하는 국제조직에 기반한 방위체제를 제안했다. 1945년 이후 프랑스와 영국의 식민지로부터의 '철수'는 그의 논지를 더욱 더 강화시켰다. "서구는 진정 위험에 직면했는가?"라는 질문을 던지며 지그프리드는 탈식민화를 위한 국제연합의 결의안을 맹렬히 비난했다. "문제는 식민지 상황 자체가 아니라 식민지의 책임자, 유일한 책임자인 백인종의 세계 속의 운명과 서구문명의 운명이다." 1954년 인도차이나를 상실했을 때에도 지그프리드의 인식에는 변함이 없었다.

> 아시아에서 이전의 모든 서구의 헤게모니 체제는 빠르게 사라지고 있고, 여론은 이러한 붕괴의 비극적인 심각성을 가늠하지 못하고 있다. 서구는 수에즈뿐 아니라 지구를 개발하는 세계적 추세 속에서 모든 방법을 동원하여 계속 우리의 앞선 문명을 (이곳에서) 계속 유지하기 위해 노력해야 할 것인가?

그의 대답은 "그렇다!"였다.

2) 지구의 개발

1901년 인도차이나 총독 폴 두메르(Paul Doumer)를 접견하며 리옹상공회의소(Chambre de commerce de Lyon) 소장인 쥘 이삭(Jules Isaac)은 '문명'이라는 단어의 가장 훌륭한 식민지적 정의를 제시했다. "현대인들이 이 단어에 부여하는 "사람들을 문명화하기"라는 의미는 획득하고, 소비하고, 교화하기 위해 일하는 것을 가르치는 것이다." 이처럼 문명은 자본주의를 지칭하기 위한 또 다른 용어이기도 했다.

서구인들이 생각하기에 그들 외의 다른 민족들은 이 기본적인 개념을 알지 못하고 그 결과 자연이 그들에게 선사한 부를 활용할 능력이 없었다. "이 얼마나 낭비인가!" 서구인들의 임무는 그들의 무능력을 대신하고, 그들의 결핍을 보완하는 것이었다. 이처럼 '지구의 개발(mise en valeur du Globe)'은 식민지 체제의 정당화에 있어 핵심적인 개념이 되었다. 이러한 맥락에서 식민부 장관을 역임했으며, 전간기[戰間期] 프랑스 식민지 정책의 핵심적 인물이라 할 수 있는 알베르 사로(Albert Sarraut)는 식민지 과업을 '교환(échange)'이라고 정의했다. "위선적인지 말자! 그리고 이 나라들로부터 부를 취하는 것을 고백하자! 어쩌면 원주민 부족으로부터 우리가 부를 탈취하는 것처럼 보일런지 모른다. 하지만 모두의 이익은 일부의 이익에 우선되는 것이다. 식민지에서의 우리들의 존재는 우리가 인류의 이익을 위해 이전의 미개척지 국가들을 개발한다는 사실에 의해 정당화된다."[6]

6 Albert Sarraut, *Grandeur et servitude coloniales* (Paris: Éditions du Sagittaire, 1931).

> 모든 권리보다 우월한 것은 생존하는 모든 이들에게 제공된 풍요로운 물질적 재화와 정신적 부의 활용을 통해 지구상의 인류에게 가장 최상의 삶을 누리게 하는 권리이다. 이러한 이중적 풍요로움은 그들의 자연자원과 그들의 천재적인 창조자의 고유한 능력을 충분히 교환하는 인종 간의 긴밀한 협력을 통해서만 달성될 수 있다. 자연은 지면[地面]을 통해 기후, 비옥함, 대대로 내려오는 가치의 동일하지 않은 영향과 함께 그 능력과 자원을 불균등하게 배분하였다. 운명과 역사의 영향으로 지구상의 한정된 지역에 백인의 유럽, 창조 세력, 진보의 수단, 과학적 변화의 역동성이 축적되었다면, 오랜 수세기 동안 우리는 그들을 위해 이익을 취하는 방법을 알지 못하면서 매일 인류의 점증하는 필요를 제공하는 순환적인 거대한 격류 속으로 그 자원을 쏟아 부을 줄 모르는 후진적 인종에 의해 점령된 지역에서 사용되지 않고 집적되어 있는 가장 광대한 부를 보게 된다. 이러한 상황이 영원히 지속되는 것이 올바르고 정당한가?

쥘 이삭 역시 서구의 노력, 노동, 근검절약을 예찬했다. 그것을 행하기에 가장 적합한 '인종'에 의한 지구 전체의 활용은 알베르 사로와 다른 많은 이들에 의해 찬양되었다. 결국 시간의 흐름과 함께 '지구의 개발'은 세계적인 현상이 되었다. "이제는 경제사가 집단 심리의 역사(histoire des mentalité)를 추월하게 되었다." 이렇듯 식민지적 팽창은 백인이 주도한 완전한 자본주의의 세계화 과정이기도 했다.

3) 백인의 운명

서구문명은 그들과는 매우 다른 세계에 살고 있는 "역사 없는 민족"이라는 식민지인에 대한 인식을 오랫동안 견지해 왔다. 백인이 도래하기 전 식민지에는 정체가 있었다고 한다. "어떤 이들은 그들 역사의 주인이었고, 또 어떤 이들은 수세기를 거쳐 지금까지 같은 상태로 머물러 있다"고 역사가 폴 가파렐(Paul Gaffarel)은 북아프리카인들에 대해 기술했다.[7] 이런 조건에서 유럽인들의 출현은 재생, 더 나아가 탄생 그 자체를 의미했다. 근대 인종주의의 '선구적' 저작으로 평가받는 『인종불평등론』(*Essai sur l'inégalité des races humaines*)의 저자 고비노(Joseph Arthur de Gobineau)는 "세계문명의 발전은 백색인종이 창조한 것이며, 역사는 백인과의 접촉을 통해서만 진행된다"고 공언했다.[8] 서로 사촌지간인 레위니옹(La Réunion) 출신의 마리우스와 아리 르블롱(Marius-Ary Leblond)은 "어떻게 식민지를 풍요롭게 할 수 있는가?"라는 질문에 "프랑스의 지성, 프랑스의 호의, 프랑스의 책임"이라고 답변했다.[9] 이런 맥락에서 식민지를 설명하는 문장에는 특히 '처녀지(terres vierges)'와 '침투(pénétration)'라는 단어가 짝을 이뤄 많이 등장했다.

모로코 총독을 지냈고 프랑스군 총사령관을 역임한 리요테 원수(maréchal Hubert Lyautey)는, "모든 것 중에 내가 가장 좋아하는 사명은 식민지에 국가를 재건하고, 그들이 경험하지 못했던 보다 많은 삶과 번영, 도덕적 평화를 그곳에서 실현시키는 것이다"[10]라고 언급했다. 계속

7 Paul Gaffarel, *L'Algérie: Histoire, Conquête et Colonisation* (Paris: Firmin Didot, 1883).

8 Joseph Arthur de Gobineau, *Essai sur l'inégalité des races humaines*. 2 vol. (Paris: Firmin Didot, 1853–1855).

9 Marius-Ary Leblond, *Madagascar: création française* (Paris: Plon, 1934).

10 Hubert Lyautey, Lettres à henry Beranger, 10 mai 1898, *Les plus belles lettres de Lyautey* (Paris: Calmann-Lévy, 1962).

해서 리요테는 “정복할 수 있는 하천들, 영원히 개간할 수 있는 처녀지들, 교육을 받지 않은 정체된 민족들”을 식민지에서 보았다. 그리고 그들에게 약간의 도움을 준다면, “식민지 과업은 절대 멈추지 않을 것이다. 절대로”라고 힘주어 이야기했다. 리요테는 “백인은 조물주의 수준으로 올라설 수 있다”는 마지막 문구를 통해 이러한 ‘백인의 신조’가 식민화를 결정하는 동기라고 언급했다. 장 우그롱(Jean Hougron)의 소설 『기만 속의 죽음』(*Mort en fraude*)(1953)에서는 ‘식민지 지배자(colonisateur)’의 많은 선의가 분명히 드러나 있지만, 그렇다고 해서 리요테가 언급한 소위 ‘조물주적인 인식’의 흔적을 덜 발견할 수 있는 것은 아니었다. 소설 속의 프랑스인 주인공 오르시에(Horcier)는 베트남 화폐 피아스트르(piastre) 밀매자들에게 쫓기게 된다. 메콩 강 삼각주(Mekong Delta)에 위치한 작은 마을에 숨어 지낼 수밖에 없는 가운데 조금씩 이들 삶에 녹아들게 된다. 하지만 고립되어 있는 백인도 그에게 닥친 운명, 그의 역할과 활동을 외면할 수는 없었다. 그는 주민들을 교육했고 치료했는데, 농부의 자녀들은 그 덕분에 프랑스어와 산수의 기초를 배우게 되었으며, 그곳에 만연한 말라리아(Malaria)는 그가 갖고 있는 특효약 황산키니네(quinine) 덕분에 박멸될 수 있었다. 특히 그는 농업기술을 근대화하고, 주민 각자에게 수익의 기본개념을 익히게 했다. 그는 그 지역의 지도자에게 그의 관료들의 심리의 기본을 설명하기도 했다. 그 결과 그는 마을의 진정한 주인이 되었다.[11] 이러한 이야기는 백인들의 식민화 정당화 논리의 ‘전형적인 도식’이었다.

11 Jean Hougron, *Mort en fraude* (Paris: Domat, 1953).

'원주민' 곁에서 혼자 지내는 모든 백인들은 주인, 지도자, 왕이 될 운명을 지녔다. 모든 백인은 콘라드(Joseph Conrad)의 『어둠의 심연』(*Heart of Darkness*)(1899)의 '특이한' 인물인 커츠(Kurtz)의 경우처럼 정상을 벗어난 태도를 보이며, 종종 잔인한 행위를 되풀이했다. 실제로 역사 속에서 이러한 논리를 끝까지 밀고 가는 백인의 사례는 차고 넘친다. 가장 유명한 사례는 인도차이나 중부지역의 고원지대에서 '엉터리 국가'의 '왕'으로 한때 지냈던 메레나(David de Meyréna)였다. 지역 지리에 밝은 이 프랑스 장교는 인도차이나 총독으로부터 1884년 4월 탐험의 사명을 부여받았다. 하지만 그 자신의 개인적 안위와 일을 위해 프랑스의 이익을 보호하는 일은 방기했다. 그는 '모이(Moïs)' 부족들의 연맹을 꿈꾸었다. 그는 국가를 설립했고 수도를 기껏해야 커다란 촌락에 불과한 꽁짠(Kong Tran)으로 정했으며, 그 지역에서 가장 많이 사용되는 이름을 따서, '세당(Sédangs)의 왕' 마리 1세(Marie Ier)라는 왕명을 채택했다. 그의 '모험'은 '비참하게' 끝났지만, 오랫동안 그의 이야기는 사람들의 기억 속에 남았다. 예를 들어 프랑스 작가이자 정치가인 앙드레 말로(André Malraux)는 그에게서 영감을 받아 그의 작품 『왕도로 가는 길』(*La Voie royale*)(1930)의 주인공 중 한 명인 페르캉(Perkan)이라는 인물을 창조해 내기도 했다.[12]

값싼 가격에 살 수 있는 소설이나 아이들용 삽화에 등장하는 백인 영웅들이 '야만인'의 나라에서 촌락의 우두머리가 되는 경우는 흔하게 볼 수 있다. 『탱탱의 모험』(*Les Aventures de Tintin*)의 저자 에르제(Georges

12 André Malraux, *La Voie Royale* (Paris: Grasset, 1930).

Remi dit Hergé)는 이전에 없던 전혀 새로운 이야기를 만들어 낸 것이 아니었다. 그보다 한 세대 이전에 만화가 페랑(Henri Ferran)은 『나의 기분 전환』(*Ma Récréation*)이라는 작은 책자의 독자들에게 페팽(Pépin)과 피코(Picot)의 모험을 소개했다. "많은 흑인 무리들이 등장했다. 그중 한 명은 거대한 깃털로 만든 왕관을 쓰고 있었고, 예의를 갖추며 그것을 페팽에게 선사했다. 페팽은 그가 부족의 족장이 되었다는 것을 인지했고, 그 호의를 수락했다. 수상이 된 피코 역시 그 나라의 멋진 의상으로 치장했다."[13] 1945년에 프랑스 공산당(PCF: Parti communiste français) 산하 기관인 프랑스 공화청년연합(Union des Jeunesses républicaines de France)이 발간하는 주간지 『바이앙』(*Vaillant*) 역시 이러한 논지를 취했다. 마트(Marcel Turlin dit Mat)가 그린 인물인 비케(Biquet)는 그의 충실한 개 플루프(Plouf)와 동행하는데, 올라라파파(Olalapapa)라는 마을에 도착한다. 몇몇 힘든 일을 겪은 후 그는 사악하고 기괴한 왕을 물리친다. 마지막 장면은 낡고 오래된 상자로 만든 왕좌에 비케가 앉아 있는 모습을 묘사한다. 그의 뒤쪽에 앉은 그의 개는 몹시 기뻐한다. 여섯 명의 흑인들은 엎드려 있고, 새로운 왕을 두려워하며, 결국은 그에게 복종하게 되었다.[14]

---

13 Henri Ferran, *Ma Récréation* (Paris: Bottereau, 1911).

14 Mat, "Les aventures extraordinaires de Biquet et de son chien Plout", *Vaillant*, UJRF, 13 juillet 1945.

3. 식민지 이념과 '백인의 신조'

1) '계몽 식민주의(colonialisme éclairé)'

우리는 프랑스 식민주의와 관련해서 계몽주의와 프랑스혁명의 연관성을 지적할 수 있다. 철학자들과 몇몇 혁명가들의 원칙적 노예제 폐지론이 대두되던 시기에 '이성의 횃불'을 세계 도처에 전달하려는 백인들의 의지를 우리는 읽을 수 있다. 우리가 연구하는 이 시기 초에 현대 '인류학의 선구자'로 일컬어졌던 드 제랑도(Joseph-Marie de Gérando)는 인류관찰자협회(Société des Observateur de l'Homme) 회의에서 광범위한 이론적이고도 실제적인 중요성을 지닌 발표를 했다. 유럽 지배의 두 가지 형태를 언급하며 그는 스페인과 포르투갈의 식민 활동을 비교하고, 식민지로 향하는 이들에게 부여된 새로운 정신으로 무장한 유럽인의 임무를 제시했다. 그에 따르면 백인은 과거에는 정복한 지역을 탄압했다. 백인의 기능과 사명은 오늘날 해방시키는 것이다. 백인은 공포를 통해 지배했다. 그들은 계속 지배할 것이다. 하지만 이제는 '부드럽게(par la douceur)' 지배할 것이다.

> 크리스토퍼 콜럼버스(Christopher Columbus)는 정복자의 탐욕으로 신세계에 발을 들여 놓았다. (하지만) 당신은 남반구에 사는 민족들에게 중재자와 친구로서 다가가야 한다. 야만적인 스페인의 모험가들은 파괴만 가져다주었지만, 당신은 호의와 혜택만을 베풀어야 한다. 그들은 몇몇 이들만의 열정을 도왔지만, 당신은 모든 이들의 행복을 생각해야 한다! [……] 영광은 당신을 기다리고, 당

신 주변에 있으며, 가장 부드럽고, 가장 진실하다. 당신은 승리와 기쁨의 날 당신과 당신의 조국에 주어진 영광을 맛볼 것이며, 가장 값비싼 전리품과 세상의 구석에 흩어져있는 우리 형제들에 대한 기쁜 소식을 가지고 우리나라로 돌아오게 될 것이다.[15]

이전과는 다른 새로운 형태의 '식민지 이념' 혹은 '식민주의 정신'을 위 문장에서 발견할 수 있으나, 어떻게 보면 이 역시 식민지 이념이고 식민주의 정신인 것이다.

얼핏 보기에도 역설적인 것은, 18세기를 통틀어, 그리고 19세기의 초반 몇 십년간 강렬했고 활동적인 노예제 폐지론과 식민지 문제 사이에는 어떠한 대립과 반목도 없었다는 사실이다. 통설과는 반대로 18세기 모든 이념 안에 식민지 팽창에 대한 원칙상의 적대감의 흔적은 거의 찾아볼 수가 없다. 노예제에 대한 맹렬한 비판자인 노예제 폐지론자 역시 모두 '계몽 식민주의(colonialisme éclairé)'의 진정한 예찬자였다. 예를 들어 흑인우애협회(Société des Amis des Noirs)의 변화가 그것을 증명한다. 1788년 반노예주의의 첨병으로 설립된 이 협회는 그의 반대자들이 그에게 낙인찍었던 "식민지의 적(ennemie des Colonies)"이라는 꼬리표를 떼어 버리고자 했다. 이듬해 협회는 흑인과식민지우애협회(Société des Amis des Noirs et des Colonies)라는 새로운 이름을 채택했다.

19세기는 외견상 모순적인 두 시기로 특징지어진다. 전반기는 흑

15 Joseph-Marie de Gerando, *Considérations sur les méthodes à suivre dans l'observation des peuples sauvages* (Paris: Société des Observateurs de l'Homme), Procès-verbaux, 28 Fructidor An VIII (1800), cité par Jean Copans et Jean Jamin, *Aux origines de l'Anthropologie française. Les Mémoires de la Société des Observateurs de l'Hommes en l'an VIII* (Paris: Le Sycomore, 1978).

인매매 폐지를 위한 투쟁이 있었던 시기였고, 후반기는 광활한 식민지 제국의 정복이 행해졌던 시기였다. 게다가 노예제 폐지론자와 정복의 지지자들 가운데 같은 이름들을 다수 발견할 수 있다는 사실은 시사하는 바가 크다 하겠다.

아마도 빅토르 쇨세르(Victor Schoelcher)라는 인물만큼 두 개의 이데올로기 혹은 한 이데올로기 안에 두 가지 요소가 혼재된 인물을 찾아보기는 힘들 것이다. 19세기 '가장 유명한 흑인의 친구'인 그의 존재는 상징적이었다. 쇨세르는 그의 정치 여정을 '인간에 대한 부정'이라 할 수 있는 노예제와 노예매매에 반대하는 용기 있는 투쟁으로부터 시작했다. 하지만 그의 삶은 타자에 대한 인간적이고 관용적인 근대적 식민주의 형태의 지지자로서 마감되었다. 그는 1848년 노예제를 최종적으로 폐지하는 법령을 공포한 식민부 정무차관이었다. 40년 후 1889년 파리세계박람회가 개최되던 해에 세계식민지회의(Congrès colonial international)가 개최되었다. 쇨세르는 세네갈을 정복한 페데르브(Louis Faidherbe)와 함께 이 회의의 공동의장이었다.

같은 맥락에서 흑인해방에 앞장 선 이름 있는 투사들은 정확히 같은 시기에 발생한 알제 정복의 공공연한 지지자들이었다. 예를 들어 1834년 라마르틴(Alphonse de Lamartine)은 두 개의 공적인 활동에 참여했다. 그 역시 흑인과식민지우애협회 회원으로서 노예제폐지협회(Société pour l'Abolition de l'Esclavage) 발기인 중 한 명이었다. 같은 시기에 그는 새로운 북아프리카 식민지인 알제리의 점령을 전력을 다해 지지하기 위해 상원 연단에 올라섰다. 또 다른 '정복의 지지자'인 법률가 레르미니에(Eugène Lerminier)는 노예제를 역사의 망각 속으로 내던질 순결한 땅으로 알제리를 소개했다.

> 여기 노예 없는 거대한 식민지가 우리에게 제공되었다. 노예 없는 곳, 이해되는가? 여기서 우리는 품위를 떨어뜨릴 일도, 인류를 학대할 필요도 없다. 여기서 대농장 주인의 등나무 껍질로 만든 회초리는 사탕수수 밭에서 일하는 노예에게 사용되지 않을 것이다. 아프리카의 땅에서는 그러지 않을 것이며, 모든 것은 고결하게 진행될 것이다. 자유인들이 땅을 경작하고, 프랑스와 유럽의 식민자들은 우리들의 군대의 보호 하에서 노동을 영위하며 생활할 것이며, 새로운 식민지는 인류 이상의 가장 고귀한 세 가지, 즉 자유, 농업, 전쟁을 꽃피우게 될 것이다.[16]

2) 식민지 이념의 이상과 확신

식민지 이념은 이원적이다. 악은 정복당한 민족이 보여주는 '반계몽주의'이고 '야만'이며 '기이함'이다. 선은 프랑스의 '풍요롭고 빛나는 힘'이다. 17세의 샤를르빌(Charleville) 중학교 통학생인 랭보(Arthur Rimbaud)는 그의 첫 번째 시 중 하나에서 로마의 오래된 적인 누미디아(Numidia)의 유구르타(Jugurtha) 왕이 프랑스와 대항하여 싸울 것을 꿈꾸는 젊은 아랍인 앞에 나타나는 장면을 묘사했다. 누미디아의 왕은 다음과 같이 외쳤다.

16 Eugène Lerminier, "De la conservation d'Alger", *Revue des Deux–Mondes*, avril–juin 1836.

내 아들아 새로운 신에게 너를 바쳐라. 더 이상 불평하지 말라! 가장 좋은 시대가 도래할 것이다. 프랑스는 너의 사슬을 끊을 것이다. 그리고 너는 프랑스 지배하의 알제리를 보게 될 것이다. 번영! 너는 관대한 나라와 체결할 조약을 목격할 것이다.[17]

악은 정체이다. 선은 진보이다. 악은 과거이며, 야만적인 민족에게 새겨진 어둠이다. 선은 문명화된 민족의 도래를 보게 될 현재이며, 그들이 가져다주는 새로운 계몽주의의 상징인 미래이다. 알제리 학파(école algérianiste)[18]의 수장이며, '알제의 키플링(le Kipling algérien)'으로 불리는 랑도(Robert Randau)는 그의 주인공의 입을 빌어 한 아랍인에게 "우리는 정신의 영원한 여명을 선언하며, 당신은 황혼입니다"[19]라고 말했다. 작가이자 기자이기도 했던 마르탱뒤가르(Maurice Martin du Gard)는 아프리카를 횡단하며 "프랑스의 빛이 불러내는 어둠 속에 있는 사람들"을 발견했다.[20] 이러한 관념은 서구인의 의식 속에 내재되었기에, 예를 들어 아프리카 북쪽을 지칭하는 고유 명사로 '야만(Barbarie)'이라는 단어를 사용하기도 했다. "트리폴리(Tripoli), 알제, 모로코 등을 포함하는 북쪽 아프리카의 지역들은 야만이고, 야만적인 국가들이다."[21] 우리는 19세기 가장 많이 사용되었던 사전 중 하나인 부이예(Marie-

17 Arthur Rimbaud, *Jugurtha*, Charleville, 2 juillet 1869, *OEuvres Oomplètes* (Paris: Gallimard, NRF, Bibl. de la Pléiade, 1963).

18 알제리 거주 프랑스 작가들의 문학운동.

19 Robert Randau, *Les Algérianistes* (Paris: Sansot, 1911).

20 Maurice Martin du Gard, *Courrier d'Afrique: Sénégal, Soudan, Guinée* (Paris: Flammarion, 1943).

21 Marie-Nicolas Bouillet, *Dictionnaire universel d'Histoire et de Géographie* (Paris: Libr. hachette & Cie, 27e édition, 1880).

Nicolas Bouillet)의 『역사지리일반사전』(*Dictionnaire universel d'Histoire et de Géographie*)에 적혀 있는 이러한 문장을 발견하게 된다. 모든 교과서 역시 이런 식의 표현들을 사용했다. 프랑스인들이 볼 때 선은 악에 승리해야 되며, 인류의 우선되어야 할 이익은 "우연히 지구의 이런저런 곳에 위치한 민족"의 이익보다는 앞서야 했다.

프랑스의 식민지 이념에 따르면 프랑스는 상상할 수 있는 모든 부패와 타락으로부터 식민지인들을 해방시켰다. 프랑스가 도래하기 전에는 부족 간의 전쟁과 분열, 혼란만이 존재했다. 하지만 프랑스의 지배는 모든 인간이 만든 구조물들을 지탱할 수 있게 만드는 접착제였다. 1921년 의회에서의 논의 과정에서 수상인 브리앙(Aristide Briand)은 시리아에서의 철수를 요구하는 공산당 의원 카생(Marcel Cachin)에게 다음과 같이 반박했다.

> 그렇게 얘기하는 것은 시리아의 역사를 모르는 일이다. 그곳에는 전통과 의견, 공통의 목표를 가진 민족이 존재하지 않는다. 연방체제 방식으로 자유롭게 사는 민족이 있을 뿐이다. 하지만 그들 사이에는 연결고리가 필요하고 공동의 행정적 노력이 필요하다. 그들을 위해 이러한 관계를 형성해 줌으로써 프랑스는 그들이 원하는 가장 커다란 봉사를 행할 수 있다.

10년 후 뱅센느박람회공식안내서(Guide officiel de l'Exposition de Vincennes)를 작성한 드메종(André Demaison)은 "정치적 일관성이 없고, 높은 산과 인종적 편차, 다양한 이해관계로 분리되었던 코친차이나(Cochinchine), 캄보디아(Cambodge), 안남(Annam), 통킹(Tonkin), 라오스

(Laos)는 프랑스령 인도차이나(Indochine française)라는 조화로운 단일체로 통합되었다"라고 기술했다.[22]

결국 프랑스는 그들보다 훨씬 강한 강대국의 점령 시도로부터 인도차이나를 보호할 수 있었다고 주장했다. "자립의 능력이 없는 '원주민들'은 주인을 바꿈으로써 무엇을 얻을 수 있었는가? 영국 식민자들은 멀리 떨어져 있고, 그들의 식민지 경영은 가난만 가져다주었다." 인도의 영국지배가 야기한 '기아(famine)'에 대한 비난은 프랑스 대중언론이 언급하는 가장 빈번한 주제였다. "독일인들은 난폭하다. 어둠 속에서 활동하는 소비에트인들은 그들 제국 내에서도 똑같은 강압체제를 도입할 것이다. 마지막으로 반식민주의자로 자칭하는 미국인들은 교활하다. 달러의 지배는 근면한 민족들을 파산시킬 것이다."[23]

프랑스는 해방자로 영접될 것이었다. 식민지의 강과 마을, 촌락에서 프랑스 해방자를 보기 위해 온 '원주민들'의 열망을 일일이 열거할 필요가 없는지도 모른다. 식민지 정복 활동이 이루어지기 10년 전에 이미 코친차이나 원정에 대한 생각은 유행하고 있었다. 1845년 4월 23일 국정자문회의(Conseil du Roi) 앞에서 역사가이자 여러 차례 장관을 역임한 정치가 기조(François Guizot)는 열정적으로 이 '대의'를 변론했다. "코친차이나의 주민들은 행복에 겨워 프랑스의 보호를 수락할 것이다." 1857년 이 지역의 정복이 시작될 때 선교사인 르토르(Pierre Retord) 주

22 André Demaison, *Exposition coloniale internationale, Paris, 1931. Guide officiel* (Paris: Ed. Mayeux, 1931).

23 Alain Ruscio, *Le credo de l'homme blanc. Regards cp;pmoaix français XIXe–XXe siècles* (Paris: Ed. Complexe, 1995).

교는 "첫 번째 프랑스 군인이 투란(Tourane)에 상륙했을 때 이곳의 안남인들은 진정한 '기쁨(jubiilation)'을 표출했다"고 기록했다. "그들은 말하기를 좋은 일이야! 우리는 마침내 부패하고 압제적인 왕조로부터 해방될 것이다! 프랑스 덕분에 우리는 아버지와 같은 온정이 넘치는 정부를 갖게 될 것이다. 프랑스의 영광과, 부, 산업은 우리나라까지 확산될 것이며, 우리는 가난과 쇠퇴로부터 벗어날 것이다."[24] 그의 정치 경력 초기에 프랑스 사회당의 창시자 조레스(Jean Jaurès)는 프랑스가 지나가는 곳마다 감동적인 기억을 남기고 모두가 그의 날개 아래 놓이기를 열망한다고 확신했다.

> 우리가 한 나라를 소유할 때 우리는 그곳에 프랑스의 영광을 동반해야 하고 환영을 받도록 해야 한다. 왜냐하면 프랑스의 영광은 순수하고 위대하며 정의와 선으로 가득하기 때문이다. 우리는 이들 국민들에게 그들을 속이지 않고 의도적으로 그들 형제에게 결코 해코지하지 않을 것이라고 이야기 할 수 있다. 또한 우리가 첫 번째로 유색인의 나라에 진출했을 때, 백인의 자유를 전파했고 노예제를 폐지했음을. 코친차이나에서 우리는 매우 편안했고, 이웃 나라의 주민들이 우리들의 법 아래 안주했음을. 몇 년 전 생바르텔레미(Saint-Barthélémy) 섬에서 스웨덴의 너그러운 식민지 경영에도 불구하고 자유롭게 우리에게 돌아섰으며, 우리의 존재를 모두가 환영했음을 이야기할 수 있다. 콩고에서 드 브라자(Pierre Savorgnan de Brazza)가 한 발의 총도 쏘지 않고 광활한 영토와 전

24 Retord (Monseigneur), Lettre au Curé de SALLES, 24 juin 1857, *Annales Propagation de la Foi*, vol. XXX, 1858, cité par Vo Duc Anh, *La place du Cahtolicisme dans les relations entre la France et le Viet Nam de 1851 à 1870* (Leiden: E.-J. Brill, 1969).

투적인 부족마을을 횡단했는데, 그것은 드 브라자가 서로 사랑하게 하는 방법을 알고 있었기 때문이다. 최근에도 여전히 우리는 우리의 이익을 위해 아랍인들을 외면하는 것을 거부했고 그들로부터 감사의 인사를 들었음을. 루이지애나와 캐나다가 그들의 프랑스적 기원을 상기하고 우리 해군과 여행객을 형제처럼 환영했음을. 프랑스가 정착한 곳에서 우리는 사랑받았고, 단지 지나치기만 한 곳에서는 우리들을 그리워한다는 것을. 프랑스의 빛이 비추는 곳 어디에서나 프랑스는 자비로웠다는 것을. 프랑스가 더 이상 있지 않는 곳에서는 그의 뒤에 그의 시선과 심장이 연결되어 있는 오래되고 부드러운 어스름한 빛을 남긴다는 사실을 우리는 이야기할 수 있다.[25]

인도차이나전쟁이 발발한 다음날 제4공화국의 사회당 출신 해외영토부(ministère de la France d'Outre-mer) 장관인 무테(Marius Moutet)는 7월 왕정 시기의 보수당원 정치인과 같은 논조를 견지했다. 폐허가 된 하노이를 방문하면서 그는 "마침내 평화와 프랑스 체제를 다시 발견하여 안심하고 행복한 주민들"[26]을 보았다고 언급했다.

지금까지 열거한 수많은 과거의 관례적인 문구들에서 '저속한 파렴치함'을 발견하고 비웃는 것은 프랑스 식민지 이념의 본질을 이해하지 못하는 것이 될 것이다. 사실 이원론에 빠지지 않을 유일한 방식은 오히려 이 전제로부터 출발하는 것이다. 백인들은 그들의 사명을 믿었

25 Jean Jaurès, Conférence à l'Alliance Française, Albi, 1884, cité *Textes choisis. I. Contre la guerre et la politique coloniale* (Paris: Ed. Sociales, Coll. Les Classiques du Peuple, 1959).

26 Marius Moutet, "Déclaration, Hanoi, 1er janvier 1947", *Le Figaro*, 2 janvier 1947.

던 것이다. 알제리전쟁(Guerre d'Algérie) 기간 동안 그의 정치적 참여를 통해 식민주의자의 논제를 비판했던 저명한 역사가 마루(Henri-Irénée Marrou) 역시 이러한 범주에 포함시킬 수 있을 것이다.

> 우리는 (알제리인들을) 괴롭힐 권리가 없다. [……] 그들은 그렇게 나쁘지 않다. 심지어 그들이 기독교로부터 해방되었다고 선언했을 때에도 그들은 그들의 자유스러운 이상 속에 기독교 유산 한 조각을 간직하고 있었다. 그들은 그들의 신앙을 인간, 자유, 평등, 형제애의 지속적인 가치 속에서 선언했다. 유럽은 그 식민지들을 굴복시키고 착취하는 동시에 뒤쳐진 민족을 문명의 길로 인도하는 보호자, 교육자, 후견인으로 자처한다. 따라서 식민지 정복은 유럽에게 이후 책임감 있는 행동을 요구한다.[27]

그렇다! 백인은 그들의 사명을 믿었던 것이다. 우리는 1841년 1월 9일 빅토르 위고가 자신의 수첩에 기록한, 그와 알제리 정복의 주도적 인물이었던 뷔조 원수(maréchal Thomas Robert Bugeaud) 사이의 대화를 잘 알지 못하고 있다. 우리는 관대한 지식인이자 인본주의자인 위고가 알제리 정복의 타당성에 대해 보수적인 군인인 뷔조를 설득하려는 노력을 보고 놀라게 된다. 뷔조는 1840년 12월 알제리 총독으로 임명되었다. 그의 지위에도 불구하고 그는 알제리 통치에 대한 열정이 없었다. 위고는 열정적으로 뷔조에게 다음과 같이 설교했다.

---

27 Henri-Irénée Marrou, "Colonisation et Décolonisation", *La question algérienne* (Paris: Ed. de Minuit, 1958).

우리들의 새로운 정복은 행복하고 위대한 일이다. 그것은 문명이 야만에 대항하여 전진하는 것이다. 빛을 발하는 민족이 어둠 속에 있는 민족을 발견하는 것이다. 우리는 이 세상의 그리스인(Grecs)이다. 우리들의 사명이 완성되었을 때 환희의 노래를 부를 것이다."[28]

코친차이나 정복 시기, 제2제정의 국회의원이었던 브르니에(Anatole Brénier de Renaudière) 남작 역시 위고와 같은 인식을 공유했다. "유럽, 다시 말해 문명은 야만을 상징하는 아시아에 대항해 전진한다."[29]

프랑스 식민자들이 갖고 있는 이러한 자질을 인정해야 될까? 어쨌든 이러한 개념의 논리를 프랑스 식민자들은 끝까지 견지했다. 역사가 쥘 미슐레(Jules Michelet)는 그의 『세계사 입문』(*Introduction à l'Histoire universelle*)에서, "프랑스인은 정복한 이들에게 특별히 자신의 인격을 설명하기를 원한다. 자신의 특징이 아니라 선과 아름다움을 지닌 인물로서 말이다. 그것은 순진한 그의 믿음이다. 프랑스가 그의 이념과 도덕, 풍습을 세상에 전파하는 것보다 더 유익한 일은 없다"고 기술했다. 그는 손에 칼을 쥔 다른 민족들, 전투 후에는 반은 거만하고 반은 친근감을 갖게 되는 다른 민족들을 프랑스의 가치로 전환시킬 것이며, 프랑스인이 되면서 얻을 수 있는 모든 것에 대해 설명할 것이다. 의심의 여

---

28 1841년 1월 9일 드 제라댕(de Gérardin) 부인 집에서 위고가 뷔조에게 한 말. Victor Hugo, *Choses vues. Souvenirs, journaux, cahiers*, vol. I, *1830–1846* (Paris: Gallimard, coll. Folio, 1972).

29 Brenier (Baron), Rapport au nom de la Commission parlementaire chargée d'étudier l'éventualité d'un établissement en Cochinchine, avril 1857, cité par Philippe Franchini, *La genèse de l'affaire de Cochincine* (Saigon: Impr. d'Extrême-Orient, 1952).

지 없이 해외 영토로의 팽창을 경험한 다른 민족보다 훨씬 더 프랑스인은 사랑받기를 원했다. 프랑스인은 재물과 영토를 획득하는 데 만족해하지 않았다. 프랑스는 라오스의 정복자 파비(Auguste Pavie)의 회고록 제목처럼 "마음을 정복(La Conquête des coeurs)"하고자 했다.[30] 레바논(Liban)을 조사하고 강대국들의 식민화의 형태를 비교하면서, 프랑스 민족주의의 중심인물인 바레스(Maurice Barrès)는 다음과 같이 기술했다. "동방에서 우리는 정신, 정의, 이상의 범주를 의미했다. 영국은 그곳에서 힘을 상징했다. 독일은 매우 강한 힘을 상징했다. 하지만 우리는 영혼을 점령했다.[31]

프랑스인들이 생각할 때 그 어떤 사건도 1848년의 노예제 폐지(최초의 노예제 폐지는 1794년 선포되었다가 나폴레옹에 의해 파기되었다) 만큼 이러한 프랑스의 정신을 잘 대변하는 사건은 없을 것이다. 베르사유(Versailles) 박물관에 보관되어 있는 비아르(François-Auguste Biard)의 유명한 그림[32]은 '진정한 메시아' 빅토르 쇨세르가 경탄을 금치 못하는 흑인들에게 좋은 소식을 전달하는 장면을 묘사한다. 그의 뒤에는 프랑스 국기가 펄럭인다. 그 앞에는 단지 두 명의 흑인들만이 서 있는데, 한 명은 손에 끊어진 사슬을 들고 있다. 나머지 모든 이들은 무릎을 꿇고 있다. 하지만 노예로서의 비굴한 복종의 표시가 아니다. 그들은 감사하고 있다. 그중 한 인물인 흑인 여성은 백인 주인의 손에 입을 맞춘다.

---

30 Auguste Pavie, *La Conquête des coeurs. Le pays du million d'éléphants et du parasol blanc. Les Pavillons noirs. Déo Van Tri* (Paris: Bossard, 1921).

31 Maurice Barrès, *Une enquête aux pays du Levant français* (Paris: Plon, 1923).

32 François-Auguste Biard, 「프랑스 식민지에서의 노예제 폐지」("L'abolition de l'esclavage dans les colonies françaises") (1849).

François-Auguste Biard, 「프랑스 식민지에서의 노예제 폐지」, 1849.

거의 한 세기 후에 레비(Jean-Benoît Lévy)와 엡스타인(Marie Epstein)의 영화 「이토」("Itto")(1934)도 같은 논지를 변론했다. 유럽인 여주인공은 모로코에서 복무하는 프랑스 군의관의 아내이다. 그녀의 남편이 내지를 누비고 다니며, 환자들을 돌보고, 민심을 얻는 동안, 커다란 집에서 홀로 지내는 그녀는 그녀의 이러한 삶을 받아들이기가 힘들었다. 그녀는 그녀와 남편이 보다 편안한 삶을 살기 위해, 그리고 도시로 돌아가기 위해 그의 삶을 포기하라고 요구했다. 하지만 그녀는 그의 남편이 행하는 고귀한 임무를 조금씩 이해하게 되었다. 결국 그녀는 그녀의 남편의 의사로서의 삶과 가치를 공유하게 되었다. 영화의 마지막 장면은 매우 상징적이다. 한 아이의 어머니로서 부인은 북아프리카의 산악 민족인 베르베르(berbère) 고아 아이를 입양하고, 그 아이에게 젖을 먹이기로 결심했다. 두 아이 모두에게 젖을 물리며 친자식 뿐 아니라 입양한 자식에게도 똑같은 헌신과 보호를 다짐했던 것이다.[33]

33 Jean-Benoît Lévy et Marie Epstein, *Itto*, Film, d'après le roman de Maurie LE GLAY, Paris, 1934.

4. '동화주의'와 '연합주의'

프랑스의 '피보호자들'은 프랑스의 '조언'을 받고 프랑스를 관찰하는 덕분에, 프랑스를 본보기로 하는, 프랑스의 도덕적 특성에 필적하는 완결된 인간들이 될 수 있을까? 아니면 프랑스는 그들에게 너무 많은 환상을 심어 주지 않으면서 그들을 발전하게 만들어야 했을까? 식민지인들은 프랑스와 결코 같아질 수 없는, 다시 말해 그들은 항상 불완전한 상태에 머물러야 했는지 모른다. 이와 관련하여 라울 알리에(Raoul Allier)의 저서의 부제는 시사하는 바가 크다. 『확고부동한 차이 혹은 타고난 정체성?』(*Différence irréductible ou identité foncière?*).[34] 여기에 식민사의 매 순간마다 '동화주의(Assimilationism)' 혹은 '동화 정책'의 지지자들이 '연합주의(Associationism)' 혹은 '연합 정책'의 지지자들과 끊임없이 대립하는 모든 논쟁의 초점이 있다.

만약 프랑스의 야심적인 정책인 동화주의 혹은 동화 정책이 가능하다면, 그것은 프랑스의 식민지들이 프랑스식 교육을 통해 '개선'될 수 있고, 프랑스 수준까지 올라올 수 있으며, 모든 면에서 프랑스를 닮는 수준까지 점진적으로 프랑스의 가치로 동화될 가능성이 있다는 것을 의미한다. 반면에 연합주의 혹은 연합 정책은 훨씬 '온건한' 정책이다. 그것은 각각의 식민지인들이 서구인들이 생각할 때 자신들의 것보다 열등하다고 생각하는 그들의 전통, 풍습을 유지할 수는 있지만, 그들의 운명은 그들의 이해관계 안에서 서구의 운명과 '연결'되어 있다는 것을

34 Raoul Allier, *Le non-civilisé et nous: différence irréductible ou identité foncière?* (Paris: Payot, 1927).

의미한다. 게다가 이러한 대립을 상대화시킬 필요가 있다. '동화주의자'와 '연합주의자'는 완전하고 절대적으로 적대적인 진영에 있지는 않았다. 시대와 지역에 따라 이런저런 경향이 우세해지는 것이다. 첫 번째 견해의 지지자가 실망해서 그 견해를 거부하고 부득이 두 번째 견해로 방향을 바꾸는 경우도 드물지 않았다. 하지만 전반적으로 공화주의적 열정이 팽배했던 시기에 강했던 동화주의 경향은 점진적으로 약해졌다. 백인과 식민지인 사이의 차이는 같은 인류 안에서 같은 가치를 간직하며, 언젠가 그것이 녹아 없어지기를 희망하기에는 서구인들에게 너무 중요하게 인식되었기 때문이다.

1) 동화(assimilation), 달성할 수 없는 이상?

1843년 알제리 총독으로 취임한 토마 로베르 뷔조는 식민지에서 취해야 될 프랑스 활동의 단계들을 명시했다. 먼저 프랑스의 힘을 보여주는 것이다. 그러나 이것으로는 충분치 않다. 다음으로 아랍인들에게 프랑스의 지배를 수용할 수 있게 점차적으로 "프랑스의 선한 의도와 정의"를 알게 하는 것이다. 마지막, 최종 목표는 "프랑스 국왕의 온정주의적 정부 하에 유일하고 같은 민족을 형성하기 위하여 그들을 프랑스에 동화시키는 것이다."[35] 1900년, 통킹(Tonkin) 지역의 프랑스 신문인 『하이퐁 통신』(*Le Courrier d'Haiphong*)은 안남인들(Annamites)에게 프랑스

35 Thomas Robert Bugeaud (Maréchal), "La situation de l'Algérie à la fin de 1843", *Le Monitur Algérien*, 25 décembre 1843, *Par l'épée et par la charrue*, Paris, PUF, Coll. Colonies et Empires, 1948.

어를 말할 수 있게 가르칠 뿐 아니라, "프랑스인처럼 생각하고 행동하게" 가르쳐야 한다고 주장했다. "그렇다면 어떤 결과에 이르게 하기 위해 그런가?" 이 질문이 핵심적인 것인데, "안남인의 뇌를 프랑스인의 뇌로 만들기 위해서이다. 비웃지 마시오! 세계를 항상 그의 형상대로 만들고자 하는 이들은 그 목표에 도달할 수 있다"고 쥘 미슐레는 그의 저서에서 기술했다.[36]

이러한 동화주의자들의 인식에는 매우 많은 이들이 강조한 '모델'이 존재하는데, 그것은 바로 로마 제국이었다. 식민지 시기 내내 식민지 선전단체들은 진정한 '라틴적인 신비함'을 발견했고, 그것을 전파했다. 이들에게 로마의 성공은 식민화가 달성될 수 있으며, 사회구조를 근본적으로 변화시킬 수 있고, 정신적 영역을 전복시키고, 지속적으로 정신을 형성할 수 있다는 부인할 수 없는 증거였다. 그것이 필연적인 이유는 로마의 문명이 정복민들의 문명보다 모든 점에서 우월했기 때문이라고 그들은 생각했다. 아시아에 대한 부질없는 희망보다 아프리카로의 팽창을 적극적으로 주장했던 지리학자 오네짐 르클뤼(Onésime Reclus) 역시 같은 논지를 전개했다.

> 식민화 업적은 어떤 인종이건 간에 우리 언어를 공통언어로 갖는 우리들의 아프리카인들을 동화시키는 데 있다. 왜냐하면 언어의 통일은 조금씩 의지의 통합을 야기할 수 있기 때문이다. 우리는 단지 칼로 지배한 후에 우리들의 조상들을 '라틴화'시키고, '지중해화'시킨 로마를 모방하고자 한다. [……] 정복한 지역들을 로

36 Jules Michel, *Introduction à l'histoire universelle* (Paris, 1831).

마는 어떻게 동화시킬 수 있었는가? 로마라는 이름의 위엄을 통해, 문화적 우월성을 통해, 제국언어의 전파를 통해, 촘촘한 전략적 도로망을 통해, 도시의 위생에 대한 놀라운 관심을 통해, 지방정부에 대한 존중을 통해, 완전한 종교적 관용을 통해. 결국 꾸준한 인내를 통해 그것이 가능했다.[37]

이후부터는 상상력을 보여줄 어떤 필요도 없게 된다. 빠짐없이 로마의 정치를 답습하면 성공은 보장될 것이었다. 한 세기, 두 세기, 세 세기 후에 오늘날 프랑스 국기가 흩날리는 모든 지역들은 프랑스의 풍속과 관습, 개념들을 채용할 것이다. 그 지역들은 '프랑스적'이 될 것이다. "우리가 미래를 위해 구상하는 것은 더 이상 그들 구성원들과 우리들 사이의 '접합(soudure)'이 아니라, '융합(fusion)'이다"라고 르클뤼는 강조했다.

동화주의자들의 이론은 오늘날 웃음거리가 될 수 있다. 하지만 당대의 서구인들에게 그것은 가장 일관성 있고, 가장 합리적인 논지였다. 그들은 서구의 가치들이 일관성 있고 합리적이라는 측면에서 보다 우월하고, 더 나아가 지구상에 모든 이들이 그것을 공유하고, 서구인들처럼 생각하고, 서구인들처럼 행동하고, 서구의 법률과 관습을 채택한다는 측면에서 지구상에서 유일하다고 생각했다. 계몽주의 사상과 그 산물인 프랑스혁명은 다른 곳에서처럼 식민지에서도 19세기를 통해 선명한 흔적을 남겼다. "좋은 법은 모든 사람들에게 좋아야 한다. 진실한 명제가 모두에게 진실할 수 있듯이"라고 콩도르세(Nicolas de Condorcet)는

37 Onésime Reclus, *Un grand destin commence* (Paris: La Renaissance du Livre, 1917).

기술했다.[38] 몽테스키외(Montesquieu)는 그의 『법의 정신』(*L'Esprit des Lois*)(1748)에서 "정복 초기에 필요한 피정복자의 종속은 정복자와 함께 '일종의 정신의 일치'가 이루어진다면 거기서 중단되어야 한다"고 언급했다. 후에 콩트(Auguste Comte)는 사회의 이상적 모델을 구상했는데, 그가 동시대인들에게 제안한 것은 모든 기후와 모든 인종에게 반드시 적합한 체제였다. 그에 따르면 서로 다른 인종 간에는 이상을 향한 "단순한 속도의 차이"만이 존재할 뿐인데, 당분간은 백인만이 유일하게 그곳에 도달해 있는 상태였다고 한다.[39]

동화 정책은 분명히 시간을 요구한다. 하지만 그것이 중요한 것은 아니다. 그 같은 규모의 임무는 모든 노력을 기울일 가치가 있다. 동화주의자들의 끈기를 부정할 수는 없는지도 모른다. 그것이 비록 착각에 기인했다고 가정해도 말이다. 이 이념을 가장 잘 설명해 주는 문장은 1923년 11월 5일 식민지 학교(Ecole coloniale) 학생들에게 행한 식민부 장관 알베르 사로(Albert Sarraut)의 연설일 것이다.

> 인권선언의 나라의 전통에 스며든 정의의 위대한 사상은 어떤 인종의 영원한 열등성을 명시한 잔인한 교리를 거부한다. 이 사상은 그들의 진보의 지연을 인정하지만 그 결과를 수정하고자 하면서 발전의 단계들을 가속화한다. 수많은 원시인들의 형태가 없는 점토를 가지고 이 사상은 새로운 인류의 얼굴을 끈기 있게 만들어간

38 Nicolas de Condorcet, *Observations sur le XXIXe livre de l'Esprit des Lois* (Paris: 1780), cité par Tzvetan Todorov, *Nous et les Autres. La réflexion française sur la diversité humaine* (Paris: Ed. du Seuil, Coll. La Couleur des idées, 1989).

39 Auguste Comte, *Système de Politique positive ou Traité de sociologie instituant la Religion de l'Humanité* (Paris: Chez l'auteur et chez Carillan-Goeury & V. Dalmont, 1854).

> 다. 나는 '끈기 있게'라고 말한다. 이 단어를 기억하라. 그것은 식민지적 노고의 진정한 경구로 표현된다. 그것은 실행하기에 가장 고귀하고 어려운 가운데 당신 안에 위치한 첫 번째 가치로 표현된다. 끈기는 식민지 업적의 핵심단어이다. 어떤 순간에 우리는 보이는 것 앞에서 실망한다. 원주민들에게서 어떻게 우리가 한 번에 부술 수 없는 단단한 맥석의 두께 안에서 인간성을 지닌 다이아몬드 원석을 구분해 낼 수 있겠는가? 끈기를 가져야 한다. [……] 온화함과 인내를 가지고 천천히 눈부신 모습으로 인간 사상의 표출을 언젠가 이루기 위해 당신의 손이 쪼개고, 자르고, 윤기 내야 하는 소중한 돌을 발견하기 위해 거친 덮개를 마멸시키고 닦아내야 한다.[40]

그런데 동화주의자들의 전략의 중심에는 교육이 있었다. 프랑스가 문명화하고자 하는 각각의 새로운 영토에 도착했을 때 프랑스는 이미 주어진 상황을 물려받게 되었다. 프랑스는 이미 '고착화된' 어른들의 공동체를 변화시킬 가능성을 지니고 있었는가? 아마도 그렇지 않았을 것이다. 아니면 표면상으로만 가능했을 것이다. 아이들의 경우는 달랐다. 프랑스의 동화주의자들은 잠정적으로 그들 부모의 도덕적 결함에 의해 오염되지 않은 가운데 아이들은 프랑스의 영향을 받을 수 있다고 생각했다. 당연히 그들에 대해 프랑스의 영향을 행사할 수 있고, 행사해야 한다고 생각했다. 그들을 통해 문명으로의 접근이 성공할 가능성이 있다고 생각했다. 그것을 위해 프랑스의 '거푸집'에 이 어린아이들을 넣어야 한다고 생각했다.

---

40 Raoul Allierl, *Le non civilisé et nous*.

당시 프랑스에서 발행된 출판물들은 모든 유색인종들이 백인 선생님 앞에서 얌전히 줄지어 서 있는 그림들과 우편엽서들로 가득차 있다. 모든 비종교적인 '좋은 선생님들'이 지식의 길로 인도하기 위해 프랑스의 어린 아이들의 손을 잡고 있는 것처럼, 백인은 문명화되지 않은 이들에게 도움을 준다고 책들은 설명했다. 왜냐하면 프랑스는 어린아이 같은 식민지 민족들을 위해 할 일이 있다고 생각했기 때문이다. 해외 영토에 사는 모든 유럽인들은 교사이고, 교육자이며, 또 그래야만 했다. 예를 들어 의사이자 생리학자이며 정치가인 폴 베르(Paul Bert)는 프랑스 학교에서, 그곳에서 사용되는 언어에 의해, 그곳에서 교육되는 가치에 의해 프랑스는 정신을 양성할 수 있다고 생각했다.[41] 상원에서 에밀 콩브(Emile Combes)는 "원주민 교육, 내가 말하고자 하는 바는 국민 다수의 교육인 기초 교육은 (프랑스와 식민지 사이의) 간극을 메우는 효과를 지녀야 하고, 그것을 통해 같은 개념을 지니며 살게 해야 하고, 같은 민족, 같은 인류의 가족의 구성원으로서 고려하고 대우하도록 해야 한다"[42]고 선언했다. 폴 베르는 앞에서 언급한 연설을 그의 모든 사상을 요약한 다음 문장으로 결론지었다. "프랑스 정신이 신속하게 이 나라에 침투하고 스며들기를."

---

41 Paul Bert, *Lettres de Kabylie. La politique algérienne* (Paris: Alphonse Lemerre, 1885) cité par Paul Isoart, "Poétique et politique. Rimes françaises au Viet Nam", *Approches-Asie*, Univ. de Nice, no. 10, nouv. série, 1989–1990.

42 Emile Combes, "Rapport fait au nom de la Commission chargée d'exanimer les modifications à introduire dans la législation et dans l'organisation de divers de l'Algérie (instruction primaire des indigènes)", *Bulletin Universitaire de l'Académie d'Alger*, 1892, cité par Fannuy Colonna, *Instituteurs algériens, 1883–1939* (Paris: Presses de la FNSP, 1975).

동화주의 교육과 관련해서는 먼저 프랑스어를 언급할 수 있을 것이다. 그것은 분명하게 정신을 정복하는 도구로서 인지되었다. "유럽 민족이 가장 효과적으로 외국 인종의 정신을 정복하는 수단은 그에게 언어를 가르치는 일이다. [……] 우리는 알제리인들이 프랑스어를 말할 때 절대적으로 알제리의 지배자가 될 것이다"라고 1890년 공교육 감독관(Inspecteur général de l'Instruction publique)이며, 프랑스 언어·문화 교육기관인 알리앙스 프랑세즈(Alliance française)의 창설자인 피에르 퐁생(Pierre Foncin)은 단언했다.[43] 같은 시기 하노이의 주교 퓌지니에(Mgr Paul François Puginier)는 한자의 빠른 소멸과 베트남어의 로마자 표기(Quoc Ngu)로의 대체, 그리고 다음에 프랑스어로의 대체는 "통킹에 극동의 작은 프랑스를 건설하는 데 있어 매우 정치적이고, 매우 실용적이며, 매우 효과적인 수단"이라고 언급했다.[44] 동화주의자들은 식민지의 학교에서 아랍어, 베트남어, 크레올어(créole)는 금지되어야 한다고 생각했다. 한 세기 전에 브르타뉴어(breton)와 오크어(옥시타니아어. occitan. 프랑스 루아르강 남부에서 사용되었던 언어)가 그랬던 것처럼 말이다.

하지만 언어로써 끝나서는 안 되며, 프랑스를 중심으로 교육을 행해야 했다. 식민지에서 사용하는 교과서 교육은 대부분 역사적·지리적·문학적·문화적 규범으로 활용되는 것이 프랑스적이라는 것을 보여

43 Pierre Foncin, *Rapport de la Section Algérie et Tunisie*, Congrès colonial National (Paris: 1889-1890, vol. II, *Rapports des Commissaires, Documents, Annexes* (Paris: Librairie. des Annales Economiques, 1890).

44 Puginier (Monseigneur), *Notes sur el Tonkin* (Paris: 1887), cité par Nguyen Van Phong, *La Société vietnamienne de 1882 à 1902 d'après les écrits des auteurs français* (Paris: PUF, Publ. de la Fac. des Lettres et Sc. Humaines de Paris-Sorbonne, 1971).

준다. "우리들의 조상 골루아족(Nos ancêtres les Gaulois)." 어린 흑인아이가 자신들의 조상을 백인 골루아족이라고 외치는 이 황당한 문장은 적어도 부분적으로는 동화주의 이념과 정책의 현실을 보여준다고 할 것이다. '원주민' 아이가 똑똑하지 않더라도 자신의 나라의 강과 산이 아니라 프랑스의 강과 산을 아는 능력 정도는 있다고, 하지만 중세 이슬람 세계를 대표하는 역사가이자 사상가이며 정치가인 이븐 할둔(Ibn Kaldoun)이나 베트남 레 왕조[후 레 왕조 또는 후여조(後黎王朝)]의 건국 공신인 응우옌짜이(Nguyen Trai)는 모른다고 시인이자 동화작가인 라퐁텐(Jean de la Fontaine)은 이야기했다.

2) 연합(association), 현실주의의 승리?

동화주의자의 이론은 식민지 정복의 열정에 의해 19세기 말에 전성기를 누렸다. 의기양양한 백인들에게 불가능은 없어 보였다. 그들은 세상을 만들어 가고 있었기에 '열등인종'을 새롭게 개조하는 것은 그리 힘든 일이 아니라고 생각했다. 하지만 조금씩 실망감이 쌓여 갔다. 현실은 '서정적 고양(envolées lyriques)'이 거짓임을 드러냈다. 초기의 유토피아는 현실주의(réalisme)에 자리를 내주었다. 많은 이들이 알제리의 양치기와 안남의 관료들을 일반 프랑스인으로 만드는 것이 불가능하다는 것을 깨달았다. 그리고 시간은 이 문제를 해결하지 못한다는 사실도 많은 이들이 알게 되었다. "식민지 원정 초기부터 우리에게 굴복한 무슬림들에게 우리 문명의 희망을 얘기했고, 그들은 "비록 당신들이 100년 동안 기독교 고기와 무슬림 고기를 같이 끓인다 해도 두 국물은 서로 섞이지 않을 것이다"라고 대답했다"고 의사이자 알제 도지사인 오귀스트 바르니에(Auguste Warnier)는 기술했다.[45] 19세기 말 중국학자이자 천문학자이며 프랑스 해군 장교인 레오폴드 드 소쉬르(Léopold de Saussure)는 동화주의 이론에 대한 진정한 반대의 선언문이 되기를 원하는 저서 『원주민 사회에 대한 프랑스 식민화의 심리학』(*Psychologie de la colonisation française dans les rapports avec les sociétés indigènes*)에서 "프랑스의 '피보호자들'의 정신 구조를 변화시키기를 원하는" 이 정상을 벗어난, 그리고 달성할 수없는 프랑스의 보편주의 정신을 비난했다.

> 프랑스인은 인류가 교육에 의해서만 서로 다르다는 것을 인정한다. 인종을 구분하는 근본적인 정신적 차이는 프랑스인에게 피상적으로 보인다. 프랑스인은 유전적 특성의 법에 반대하여 생산적이지 않은 투쟁에 열중한다. 그것은 미친 짓이다! 원한다 할지라도 우월인종의 제도와 도덕으로 (열등인종을) 동화시키고자 하는 것은 한 인종에 속하는 일이 아니다. 정신적 조직을 변화시키고자 하는 것은 그에게 속하지 않는다. 아무리 노력한다 해도 개구리가 황소와 같아질 순 없다.[46]

레오폴드 드 소쉬르는 개별적인 경우, 심지어 뛰어난 이들의 경우, 동화가 가능하다는 사실을 부정하지는 않았다. 하지만 단지 개별적인 경우에만 그렇다고 했다. 그에 따르면 프랑스의 모든 행위들을 예외적인 경우에 기반을 두어 구축하는 것은 현명치 못했다, 에드몽 노레스

45 Auguste Wanier, *L'Algérie devant le Sénat* (Paris, 1863).

46 Lépold de Saussure, *Psychologie de la Colonisation française dans ses rapports aavec les sociétés indigènes* (Paris: Félix Alcan, 1899).

(Edmond Norès)도 같은 입장이었다. 그에 따르면, 원주민들의 본성을 변화시킬 수 있다고 믿는 이들에게 기대하는 것은 "불행하고 실망스러운 착각"이다. "릴(Lille)과 그르노블(Grenoble)의 착한 부르주아의 정신, 개념, 도덕과 습관을 동시에 갖게 하기 위해 외국의 어떤 이, 백인, 흑인 또는 황인종, 무슬림 또는 물신 숭배자를 프랑스 시민의 자격을 갖춘 '프랑스인'으로 부르는 것으로는 충분치 않다."[47]

그렇다면 이 다다를 수 없는 '이상'의 자리를 무엇으로 대체할 수 있을까? 식민지 노력을 포기해야 할까? 아니다! 각각의 특성을 존중하는 가운데 무엇보다 대치하고 있는 '인종들'의 운명을 연결할 수 있게 하는 방식을 인내심을 갖고 강구해야만 한다. 이 방식은 연합(Association)이다. 인도차이나 총독이 된 폴 베르는 현실에 직면하여 그의 동화주의자로서의 논리들을 누그러뜨렸다. 그는 하노이에서의 연설에서 다음과 같이 말했다,

> 어떤 이유로 한 민족이 다른 민족의 영토에 발을 들여 놓으면 취해야 할 세 가지가 있다. 정복된 민족을 제거하는 것, 그들을 치욕적인 노예 상태로 만드는 것, 혹은 그들의 운명과 협력하는 것이다. 실제로는 세 번째 부분만을 선택해야 한다, 이익의 부분, 정직함의 부분. 협력을 통해 최상의 재물과 문명으로 이 민족을 이끌어야 한다. 그렇다, 우리의 운명과 이익을 위해 이 민족과 연합해야 한다.[48]

---

47 Edmond Norès, *L'oeuvre de la France en Algérie. La Justice* (Paris: Félix Alcan, 1931).

48 Paul Bert, Proclamation au peuple annamite, 1886, cité par Joseph Chailley-Bert, *Paul Bert au Tonkin* (Paris: G. Charpentier & Cie, 1887).

연합주의의 입장은 경쟁자의 문명, 사고방식, 행동의 차이를 보다 존중한다. 하지만 그들 역시 '인종 간의 서열'을 그 어떤 경우에도 부정하지는 않는다. 그들의 목표는 그들의 주인과 '원주민'을 유사하게 만드는 것이 아니다. 보다 온건하게 그들을 단계적으로 프랑스를 향해 진보하게 하는 것이다. 폴 베르나르(Paul Bernard)는 알제 아카데미(Académie d'Alger)에서 간행된 『원주민 교육 보고서』(*Bulletin de l'Enseignement des Indigènes*)에서 동화는 오랫동안 "순수하게 사변적이고 철학적인 이상"이라고 기술했다. "그렇다면 아랫단계의 동화이자 실용적인 동화인 연합이 남게 된다."[49]

연합주의자들에 따르면 위로부터 사회는 변모한다. 따라서 '식민지의 엘리트들'이 프랑스의 지배를 수용하고, 그 다음으로 프랑스와 연합하게 해야 한다. 이를 위해 그들 스스로가 프랑스의 도덕적 우월성을 인정해야 한다. 아이들은 식민지에서 중등교육을 이수할 수 있고 '프랑스 본국'에서 고등교육을 받을 수 있다. 하지만 정치적이고 물질적인 '이해 공동체(communauté d'intérêt)'를 만들어야 한다. 프랑스는 '원주민 주권'의 몇몇 형태는 존중할 것이다. 안남이나 캄보디아의 왕위도, 라바(Rabat)의 군주의 권위도 소멸되지 않을 것이다. 외형적인 모습은 존중될 것이다. 하지만 정치권과 결정권은 강력하게 그 세력을 잃게 될 것이다. 어떠한 보호령에서도 총독이나 고관의 권위보다 우월한 지배력의 권위를 보지는 못할 것이다. 이 권위가 고집을 부리고, 그에게서

49 Paul Bernard, *Bulletin de l'Enseignement des Indigènes* (Alger, 1908), cité par Antoine Léon, *Colonisation, enseignement et éducation. Etude historique et comparative* (Paris: L'Harmattan, Coll. Bibl. de l'Education, 1991).

박탈되었던 권력의 일부를 다시 찾고자 하고, 그에게 남은 권력을 수호하려고 한다면, 그리고 너무 공개적으로 민족주의자의 원칙에 따라 행동한다면, '원주민의 옹기 항아리'는 프랑스의 '철 항아리'의 충격에 산산조각이 날 것이다.[50]

그렇다면 문명화 사명과 어떤 식으로든 연결될 수밖에 없는 동화주의와 협력주의를 통해 프랑스는 식민지를 어느 수준까지 문명화시키려고 했을까? 식민화의 정당화를 위해서는 프랑스와 같은 문명의 수준으로 끌어올리는 것이 필수적이나, 그 목적이 달성되었을 때 프랑스는 식민지에서 물러날 수밖에 없는 딜레마에 처하게 되지 않았을까?

연합주의자들은 식민지인들이 프랑스의 이념 안에 녹아드는 것을 막아야 한다고 생각했다. 취학이 이루어져야 하지만 그것은 실용적이어야 했다. 몇몇 뛰어난 두뇌들은 위험한 이념만을 취한다. 프랑스의 미래의 연합국들을 위해서는 실용적인, 오직 실용적인 교육만이 이루어져야 했다. 여학생들에게 가정의 훌륭한 여주인의 원칙을 가르쳐야 하며, 남학생들에게는 이 '인종들'의 실제적 지적 수준에 잘 부합하는 육체노동의 일을 가르쳐야 했다. 다음에 이 '원주민들'에게 사회적 위계질서 안에서 그들의 위치를 알게 해야 했다. 백인에 종속되는 바로 그 위치말이다. 그것이 식민지 사회의 조화로운 발전의 비밀이 될 수 있다고 연합주의자들은 생각했다.

이 연합 정책은 다수의 점증하는 정치인들과 행정가들에 의해 권장되었다. 그것은 단지 현실적일 뿐 아니라 프랑스의 이익을 유지하는

---

50 Alain Ruscio, *Le Credo de l'Homme Blanc. Regards coloniaux français XIXe – XXe siècle*.

데 가장 적합하다고 생각되었다. 정치적으로도 가장 덜 위험하다고 판단되었다. 프랑스의 '피보호자들'의 도덕과 관습과 충돌하지 않으면서 불필요하게 프랑스의 식민자, 병사, 행정가들을 갑작스러운 분노의 사건과 유혈의 반란에 노출시키지 않을 수 있다고 생각했다. 경제적으로도 덜 비용이 든다고 인식되었다. 만약 '동화'가 그것이 품고 있는 '야망'으로 인해 프랑스에 엄청난 비용을 부담하게 한다면, 연합은 이 비용의 일부를 절약할 수 있게 했다. 인구 통계학적으로 특히 제1차 세계대전의 참상을 겪은 프랑스는 국경 너머로 "넓고 관대한 임무"를 수행하기 위해 프랑스의 가장 훌륭한 자식들을 보낼 수 없게 되었다. 결국, '원주민 공무원들'이 몇몇 일들을 완벽하게 행할 수 있게 되었다. 이러한 실행은 쥘 페리가 언급했듯이 "프랑스로 하여금 위에서부터 감시하고, 위에서부터 통치하고, 서로 다른 두 문명의 접촉을 가져올 수 있는 행정의 모든 세세한 일들, 모든 사소한 사건들, 모든 작은 충돌들에 대한 책임을 지지 않게"[51] 하는 역할을 할 수 있었다.

5. '자가중독'과 환상의 지속

프랑스의 수학자이자 정치가이며 계몽주의 철학자인 콩도르세는 좋은 법은 모든 인간에게 좋다고 확언했다. 하지만 만약 어떤 이들이

51 Jules Ferry, Discours, Chambre des Députés, 1er avril 1884, cité par Charles-Robert Ageron, "Jules Ferry et la colonisation", François Furet(éd.), *Jules Ferry, fondateur de la République* (Paris: Ed. de l'EHESS, 1985).

그것을 원치 않는다면, 혹은 그것을 사용할 준비가 되어 있지 않다면 어떻게 해야 하는가? 프랑스 공산당은 식민지인은 그들 스스로를 해방시킬 능력이 없다고 생각했다. 식민지인들의 수장이 민족의 형태로 그들의 민족을 해방시키려고 시도할 때, 프랑스 공산당은 "민족주의자들과 소부르주아의 일탈"을 비난했다. 식민지인에 대한 그들의 진정한 정책이 무엇인지 알 수 없는 사회당에 대해서는 언급할 필요가 없을 것이다. 그들은 프랑스 내 당원들의 자유주의와 지방당원들의 거의 식민주의적 이데올로기 사이에서 분열되고, 마비되었다. 프랑스에서는 관대하고 해외 영토에서는 주저하는 프리메이슨(Freemason/franc-maçon)들의 경우도 마찬가지였다. 프랑스 진보주의자들은 계몽주의의 적자들이었다. 두 차례 대통령을 역임한 프랑수아 미테랑(François Mitterrand)은 내무부 장관 시절에 "알제리는 곧 프랑스다(L'Algérie, c'est la France)"라고 선언했고, 알제리를 정복함으러써 알제리인들에게 가장 아름다운 선물을 선사했다고 믿었다. 알제, 오랑(Oran), 콩스탕틴(Constantine) 세 개의 프랑스에 속하는 도(道)로 형성된 알제리는 샤랑트(Charente)와 로제르(Lozère)와 같은 자격으로 공화국의 보호를 받게 될 것이라고 생각했다.

이러한 프랑스의 '자가중독(auto-intoxication)'은 식민지의 삶의 실체를, 특별히 식민지인의 일상적이고 진정한 삶을 보는 것을 방해했다. 식민지 독립은, 그것에 대한 공산주의자들의 기여를 간과하지 않는다 할지라도, 무산계급의 방식이 아닌 국가적 방식을 통해 달성되었다. 식민부 장관을 역임했던 사회주의자 마리우스 무테는 식민지인들이 프랑스의 점령을 열정적으로 수용했다고 믿었다. 인도차이나전쟁을 종식시키는 데 기여했던 망데스 프랑스(Pierre Mendès-France)는 프랑스가 좀 더 일찍 식민지에 진출했다면 식민지들은 프랑스의 품을 떠나지 않았을 것이라고 말했다. 그리고 식민지의 '원주민들'이 프랑스의 지배를 비판할 때, 프랑스인들은 분노 할 뿐이었지 그러한 입장을 이해하지는 못했다. 프랑스인들은 식민지인들이 프랑스가 아낌없이 주는 '혜택들'을 거부할 수 없을 것이라고 확신했다.

프랑스 국민들이 이제는 환상에서 깨어났고 그들 자신들의 긍정적 이미지, 그렇지 않다면 미화하는 이미지로부터 벗어났다고 말할 수 있는가? 더 나아가 훨씬 일반적으로, 프랑스 내에 존재하는 외국인들, 프랑스인들이 관대하게 받아들이지만 경계하는 외국인들에 대해 생각하는 종래의 방식으로부터 탈피했다고 볼 수 있는가? 항상 의식하지 못하는 가운데 프랑스인 다수는 그들의 특성을 '보편적인 것'으로 포장한다. 여기서 동화에 대한 오해가 생긴다. 식민지에서 발생하는 것들이 이런 것들이 아닐까? 다수의 이익을 위한 보편이라는 이름의 술책은 여전히 작동하고 있는 것은 아닐까?

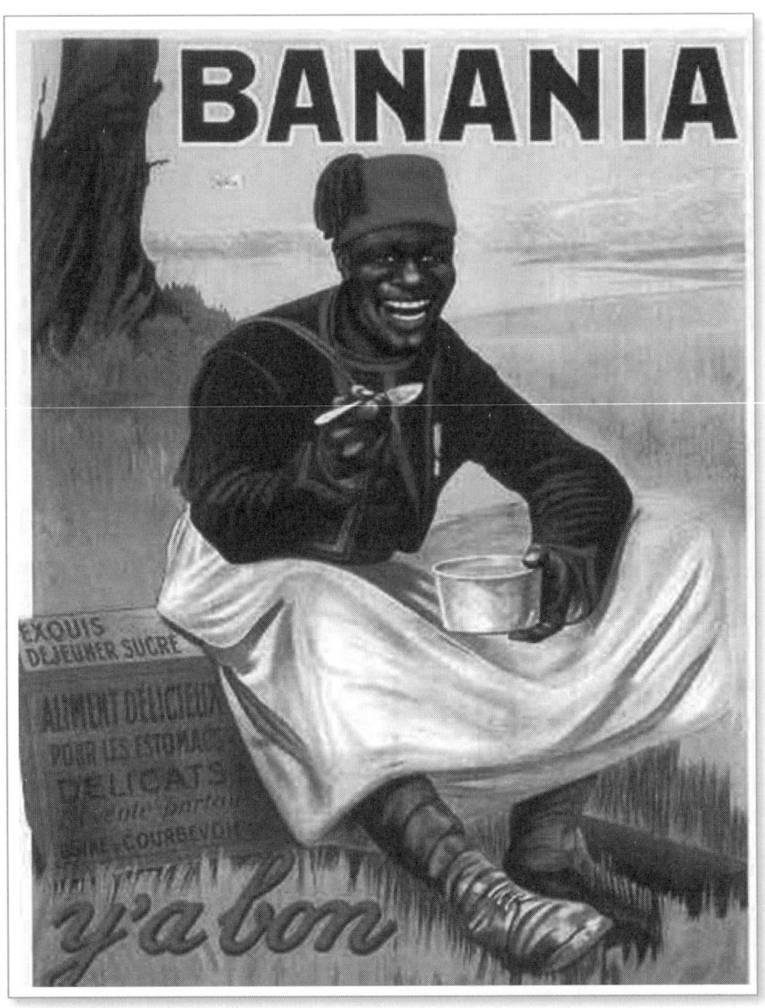

출처: 자코모 드 안드레이스(Giacomo de Andreis), “맛있어 바나니아(Y'a bon Banania)”, 1915.

2장
프랑스 식민주의 문화의 형성

2장

프랑스 식민주의 문화의 형성

1. 식민지 팽창과 식민주의 문화

식민화 작업을 통해 진보로의 여정을 계속하며, '뒤처진 민족'에게 서양의 문명과 자유를 전파한다는 프랑스의 이상적인 시각과는 별개로, 19세기 두 차례의 정복의 물결은 전 세계 산재해 있는 국가들의 운명보다는 내적이고 정치적인 이익을 위해 진행되었다. 부르봉 왕정복고(Restauration) 말기 행해진 1830년의 알제리 정복이 국내정치 영역에서 실패한 샤를 10세(Charles X) 정부가 국외정치 영역으로 관심을 돌리기 위한 차원으로 행해진 데 반해, 1879년부터 시작된 인도차이나, 사하라 이남 아프리카(Afrique subsaharienne)[1], 마다가스카르(Madagascar)

1 사하라 사막을 경계로 남쪽에 위치한 아프리카는 지금까지 '검은 아프리카(Black Africa/Afrique noire)'로 불려왔으나, 식민주의적이고 인종주의적인 의미를 담고

와 북아프리카(Afrique du Nord) 등지에서의 제3공화국의 첫 번째 정복의 물결은[2] 1885년까지[3] 국제적 차원에서 힘의 원리에 기반한 정당성을 지닌 '기회주의적 공화주의자들'의 새로운 체제의 건설과, 보불전쟁(Guerre franco-allemande de 1870) 당시 스당 전투(bataille de Sedan)의 패배로 굴욕을 당한 군대를 위한 복수 의지의 결과물이었다. 두 번째 정복의 물결은 특히 이전의 정복들의 전략 지정학적 목표 설정이기도 했다. 모로코는 '게르만' 팽창 의지에 대한 외교적 대응이었으며, 모리타니아(Mauritanie)와 니제르(Niger) 지역은 제국의 조직에 있어 내적인 행정적 정비였다. 1920년대 리프전쟁(Guerre du Rif)은 프랑스의 힘을 과시하려는 욕망일 뿐 아니라, 공산주의자들의 '적극적 행동주의'를 반대하며 그의 '민족적 기질'을 주장하는 좌파 연합의 욕망이기도 했다. 레바논에서의 전략은 무엇보다 중동에서 백여 년 동안 적대관계를 형성

있는 용어로 볼 수 있기에 '사하라 이남 아프리카(Afrique subsaharienne)'라는 용어를 사용하는 것이 적절하다고 본다.

2 프랑스 제2제정의 몰락을 초래한 스당(Sedan) 전투(1870)에서의 패배 직전에 프랑스의 식민지 영역은 100만 km2에 걸쳐 있었고 550만 명 이상의 주민을 포함하고 있었다. 앙티유 제도(Les Antilles), 프랑스령 기아나(Guyane), 인도양의 레위니옹과 인도의 5개 척식회사, 태평양의 타히티(Tahiti), 투아모투(Tuamotu), 마르키즈 제도(les Marquises), 누벨칼레도니(Nouvelle-Calédonie) 등 구체제로부터 물려받은 식민지 이외에 알제리는 가장 중요한 영역이었다. 세네갈, 코나크리(Conakry)와 아시니(Assinie) 요새, 그랑바삼(Grand-Bassam), 코토누(Cotonou), 리브리빌(Libreville) 등 사하라 이남 아프리카의 지위는 보잘 것 없었다. 마지막으로 아시아에서 프랑스는 코친차이나와 캄보디아와 함께 인도차이나 지역의 식민화에 착수했다.

3 이 첫 번째 식민주의 물결은 쥘 페리의 몰락, 10월의 국회의원 선거를 통한 다수당의 변화(선거를 통해 왕정주의자 우파는 90명에서 220명의 의원을 배출했고 기회주의자들은 몰락했다), 그리고 서구 열강에 의한 첫 번째 공식적인 아프리카 분할 등과 함께 막을 내렸다.

했던 영제국에 대한 대응이었다. 이렇듯 수많은 사례들이 "식민지 팽창에 대한 프랑스의 운명"과는 거리가 있어 보였다.

1871년부터 1931년까지의 이러한 식민화의 과정을 통해 프랑스는 프랑스 본토만의 영역으로부터 제국적 환경으로 진입하게 되었다. 동시에 1930년 알제리 정복 백주년 기념과 1931년 세계식민지박람회를 통해 절정에 달하게 되는 '식민주의 문화(culture colonial)'가 등장했다. 다양한 형태의 이 문화는 이후 30년 동안 식민지의 독립과 알제리전쟁 때까지 프랑스 사회에 전파되고 각인되었다.

식민지 정복은 먼 지역으로의 모험 이상으로 내적 역동성 안에서 공화국을 강화하고 정당화하고 북돋아 주는 프랑스 사회의 접착제였다. 식민주의 문화는 선전자들의 단순한 주장이나 국가적 차원의 실용화가 아니라 식민화 자체와는 결국 아무런 상관이 없는 대중적인 침투 행위였다. 식민지 팽창과 동시에 식민화 업적을 정당화하기 위해 프랑스 제3공화국은 아직 확립되지 않은 과학적 지식과, 이국적인 매혹, 국가적 자부심과 믿을 만한 정치적 예상의 이상한 집합체인 이 식민주의 문화를 의식적으로 고안하고, 조직하고, 전시하고, 설명했다. 식민지 업적은 영화, 연극, 문학, 학교, 노래, 군대와 다양한 선전 매체를 통해 찬양되었다. 프랑스의 쇠퇴에 대한 불안감과 결합된 식민주의적 선전은 공화국의 초대작인 1931년 세계식민지박람회를 기점으로 프랑스 제국의 깃발 아래 대부분의 정치계와 경제계, 그리고 일반대중들을 결집시키는 역할을 수행했다.

2. 식민주의 문화의 기원

제3공화국의 탄생과 함께 프랑스는 '식민화 사업(entreprise coloniale)'에 착수했다. 이 기간 내내 프랑스식 식민주의 문화를 구성할 토대가 마련되었다. 이 문화는 당시 모든 사고와 지식, 제도에 영향을 미치는 다양한 지식들이 결합된 응집력 있는 교리의 본체가 되었다. 이 장의 목적은 식민주의 문화 전파의 가장 강력한 물리적 실현 매체(교육, 문학, 노래, 카바레(cabaret)[4], 선전, 연극, 언론, 박람회, 전시회, 교과서, 독본, 사진, 그림, 영화 등)와 중계 역할을 하는 주요한 사회적 공간(학교, 군대, 경제 조직, 선전 기관, 학계, 공화국의 연설 등)뿐 아니라, 그것을 촉진시키는 핵심적인 순간들(식민지박람회와 세계박람회, 제1차 세계대전, 각종 기념들, 국민연합(union nationale), 식민지 정복 등)의 윤곽을 그리는 것이다.

이 과정 가운데 제1차 세계대전은 "다수의 식민지인 보병 집단과 북아프리카, 인도차이나, 아프리카 출신들의 노동자들이 대거 유입되면서 '타자성(他者性, altérité)'의 발견과 식민지인의 등장이 이루어지는"[5], 즉 식민지 현실이 "프랑스 사회에 깊이 각인"되는 결정적인 전환점이 되었다. 우리는 프랑스 사회에 식민주의 문화가 서서히 유입되는 과정을 세 개의 순간으로 구별할 수 있다. 1870년 스당 전투의 패배로

---

4 음악과 춤, 쇼를 즐기며 술과 음료를 마시고 식사도 할 수 있는 장소.

5 Sandrine Lemaire et Pasal Blanchard, "Exhibitions, expositions, médiatisation et colonies", Pascal Blanchard et Sandrine Lemaire, *Culture coloniale. La France conquise par son Empire, 1871–1931* (Paris: Ed. Autrement, 2003). 1914년 이후 모든 이주민을 포함하여, 1백만 명 가량의 '식민지인들'(징집된 중국인과 유럽 출신의 '식민자들'을 포함하여)이 프랑스에 유입되었다.

부터 1912년 모로코를 평정하기까지의 '침투(imprégnation)의 시간', 제1차 세계대전부터 1920년대 중반의 리프 전쟁까지의 '정착(fixation)의 시간', 그리고 1931년 장식미술전시회(Exposition des Arts décoratifs)부터 같은 해 세계식민지박람회까지의 '절정(apogée)의 시간'이 그것이다. 연표와 다양한 매체, 쟁점, 다루는 담론의 대상을 교차적으로 살피면서, 우리는 이 표현 방식들을 보다 잘 규정하기 위해 접근방식을 다양화하고자 한다. 이 과정의 횡단성은 매우 단순한 현상의 복잡성을 이해하게 해준다. 어떻게 프랑스인은 심지어 그것을 원하지 않고, 심지어 잘 알지도 못하면서, 심지어 예상하지도 못하는 가운데 '식민주의자(colonialiste)'가 될 수 있었는가? 식민화의 주역이나 식민주의의 열정적인 지지자라는 의미에서의 식민주의자가 아니라, 자기 정체적이고 문화적이며 물질적인 의미에서의 식민주의자라는 말이다. 한마디로, 엄밀한 의미에서 해외 영토의 식민지 사업과는 관계 없는, 그리고 식민주의나 당시 '식민지 정당(parti colonial)'[6] 내에서 조직된 압력단체와는 매우 구분되는 이 식민주의 문화는 어떻게 형성되었는가?

식민주의 문화의 정의를 내리는 것은 최근의 한 저서가 보여주듯이[7] '대중문화(culture de masse)'라는 개념이 복잡한 것처럼 이론적

6 식민지 정당은 엄밀한 의미에서 정치 정당이 아니라 식민지 문제에 대해 일정한 영향력을 행사하기 위해 결집한 모든 정당 출신의 국회의원, 과학자, 학자, 지리학자 등으로 이루어진 매우 불균질한 세력 집단을 말한다.

7 Jean-Pierre Rioux et Jean-François Sirinelli, *La Culture de masse en France de la Belle Epoque à aujourd'hui* (Paris: Fayard, 2002). 저자인 리우와 시리넬리는 이 책에서 대중문화의 다형적 성질을 강조하면서 문화사의 복합성과 프랑스사의 중요한 몇몇 현상을 이해하기 위한 연구의 필요성을 강조한다.

이고 추상적인 영역으로 들어가는 것을 의미하는데, 이는 우리 연구의 목적이 아니다. 에드워드 사이드의 저서 『문화와 제국주의』(*Culture and Imperialism*)(1993)와 프랑스 역사가 라울 지라르데(Raoul Girardet)의 '식민지 이념'에 대한 기념비적인 저서, 『프랑스의 식민지 이념』(*L'idée coloniale en France*)(1972)의 연장선상에 있는 이 광대한 연구 영역의 요소, 즉 식민주의 문화가 무엇인지에 대한 정의는 이것 하나만으로도 이 저서의 주제가 될 수 있을 것이다. 본 저서에서 우리는 대체적인 윤곽을 그리고자 한다. 식민주의 문화, 특히 프랑스의 식민주의 문화는 식민제국이건 그렇지 않건 간에 다른 서구 열강과 비교해 볼 때 프랑스와 다른 나라, 옛 식민지, 그리고 세계와의 관계 속에서 프랑스를 구별 짓는 특징이라 할 수 있다. 프랑스만이 가지는 특성은 통합, 프랑스화, 알제리전쟁 등과 같은 정치적 쟁점과 소수자의 위치, 인종주의, 외국인의 투표권 등과 같은 '미디어적 쟁점'을 심지어 언급하지 않고도 프랑스 안에서 모든 수준에서, 그리고 실질적인 면에서 제도나 가치, 쟁점, 예술작품 등에 미치는 이 문화의 심대한 영향인 것이다. 식민주의 문화는 식민주의의 영향을 분석할 때 1830년 이후 시민권의 발전, 식민지 기획에서 공화국의 참여, 1931년 뱅센느(파리) 세계식민지박람회의 대중적 성공, 경제위기의 특별한 충격, 인구통계 문제, 군대의 변화, '국민'이라는 개념에 대한 토론, 이민의 물결, 이민정책, 반공산주의 투쟁 등 프랑스의 최근 역사와 관련하여 특히 의미를 지니고 있는 것이다.

식민주의 문화는 프랑스 제국을 지칭하는 "위대한 프랑스(La Plus Grande France)", 제국(Empire), 프랑스 해외 영토(France outre-mer), 프랑스 연합(Union française) 등으로 차례로 불리게 되는 프랑스 사회 안에서의 식민지 영역의 편재(遍在)이다. 프랑스인의 '상상계(imaginaire)'와 조직 안에 존재하는 식민지 영역의 지위는 국가적 차원의 선전의 유일한 결과물이 아니라 오늘날에서야 그 중요성을 가늠하는 영향과 중계, 상호작용의 집합체인 것이다. 이 문화는 따라서 다양한 계층에 의해 구축된다. 이 과정에서 세계박람회, 특별히 1889년 박람회는 식민주의 문화의 구조를 결정하는 중요한 사건이 되었다. 그것은 프랑스 혁명 100주년과 에펠탑의 설립을 통한 '근대로의 진입'이었을 뿐 아니라, '대중성'이라는 측면에서 확실히 프랑스에서 식민주의 문화의 첫 번째 절정을 이루었다. 비록 이전의 파리세계박람회들(1855, 1867, 1878)[8]이 처음으로 식민지 구역을 마련했고, 프랑스 밖에서 열린 지난 10년 동안의 박람회들이 식민지에 점점 더 많은 공간을 내주었지만,[9] 1889년의 박람회는 새로운 '의지의 표현'이었다. 사하라 이남 아프리카인들과 20여 명의 타히티인들(Tahitiens)과 누벨칼레도니아인(Kanak)들을 포함한 400명이 전시된 '인간 동물원'[10]과 함께 북아프리카와 인도차이

8 19세기 파리의 세계박람회에서 식민지와 식민지인이 증가한 측면에 대해서는 Raphaëlle Ernst의 석사논문, *Les Mondes coloniaux dans les expositions universelles à Paris (1855–1900). Le Cas de l'empire français*, Mémoire de Maîtrise (Université de Paris X, 1998)을 참조할 수 있다.

9 특히 앙베르(Anvers)(1885), 바르셀로나(Barcelone)(1888), 브뤼셀(Bruxelles)(1888), 암스테르담(Amsterdam)(1883)의 경우가 그렇다. 앙베르 박람회에서 프랑스는 처음으로 프랑스 본국(42)에 비해 더 많은 식민지 '출품자(exposant)'(58)를 배출했다.

10 동물원, '괴물쇼', 박람회 등의 형태를 띤 식민주의와 제국주의 시기의 인종전시를 일컫는 '인간 동물원'에 대해서는 본 저서의 제4장 『식민주의와 '인간 동물원(Human Zoo)': '호텐토트의 비너스'에서 '파리의 식인종'까지』를 참조할 수 있다.

나 구역은 박람회의 커다란 구경거리였다. 이때 개최된 식민지 회의(Le congrès colonial)는 원주민의 동화, 프랑스 문화의 우월성, 모두를 위한 경제적 자유주의, 정치적 자유, 공화국 법의 단일화 등 프랑스 공화국의 식민지 이데올로기의 입장을 정립하는 데 할애했다. 식민지에서 결코 실행되지 않을 수많은 '그럴듯한 원칙들', 박람회와 회의의 연장선상에서 '프랑스 본국'에서 식민지 이념의 확산과 엘리트들의 교육에 관여하는 식민지 압력단체(lobby colonial)의 구조적 토대가 이 시기에 확립되었다. 1890년에 창립된 상당한 권력을 지닌 프랑스 아프리카 위원회(Comité de l'Afrique française), 그로부터 2년 후 의회 내의 식민지 단체, 마지막으로 1893년의 식민지 연합(Union coloniale) 등 '식민지 정당'으로서의 활약을 예고하는 수많은 선전단체들이 등장했다. 모든 경향의 정치세력과 권력을 지닌 경제와 행정 관련 단체들이 이 식민지 압력단체를 구성했다. 이후에는 이집트 위원회(Comité de l'Egyptc), 프랑스 아시아 위원회(Comité de l'Asie française), 모로코 위원회(Comité du Maroc), 프랑스 오세아니아 위원회(Comité de l'Océanie française) 등 매우 전문적인 위원회들이 조직되었다. 이와 병행하여 의회 내의 식민지 단체는 1902년에 200명의 의원을, 1894년부터 1900년 사이에는 식민부 장관의 75%를 배출하면서 성장을 멈추지 않았다. 식민지 연합(Union coloniale)은 많은 연계 단체에 의해 교대로 움직이며, 『식민지의 2주』(*La Quinzaine coloniale*)와 같은 관련서적과 잡지, 그리고 『식민 정책』(*La Politique colonniale*)이나 『식민지 통신』(*La Dépêche coloniale*) 등의 잡지에 제정지원을 하는, 단연 가장 활동적인 선전 기구였다. 엘리트들의 점점 더 확고해지는 식민지 의식의 '구조화'는 학회와 토론회를 겸한 만찬이나 학술회의를 통해 이루어졌다. 그리고 식민주의 이데올로기의 전파에 있어 마지막 기둥이라 할 수 있는 식민지 학교(Ecole coloniale)는 해외 영토로 보낼 행정 관료들을 양성할 목적으로 1899년 설립되었다.[11]

이렇듯 식민지 이념을 전파하기 위한 많은 활동들과 전략적인 조직들이 있었지만, 그것들이 다수의 대중운동을 유발했다고 보기는 힘들다. 1914년 프랑스의 한 식민지 잡지는 "프랑스인에 대한 식민주의 교육은 해야 할 일이 남아 있다."[12]라고 기술했다. 게다가 이 시기에 국가예산에서 식민지가 차지하는 비중은 보잘 것 없었는데, 전체 예산의 2%, 즉 공교육 예산보다 3배가 낮은 비율이었다. 하지만 수많은 위원회, 기구, 학회, 회의, 40여 종의 잡지와 식민지 공보, 수많은 전국적 규모와 지방에서의 박람회 등을 통해 여론은 다방면에 있어 식민지의 편재를 경험할 수 있었다. 프랑스인들은 확실히 식민지에 열광하지는 않았지만,[13] 그들은 해외 영토 제국을 보유한 이웃 나라들보다 식민주의 문화에 훨씬 더 깊게 젖어 있었다. 정치적 참여 이상으로 문화적 측면에서 해외 영토에서의 영향력이 드러났다고 볼 수 있는 것이다. 이와 더불어 1914년 반식민주의자들의 '변신'이 이러한 사실을 증명하기도 한다. 소위 반식민주의자들 중 어느 누구도 식민주의의 종식을 언급하지 않았으며, 기껏해야 '인도적인' 식민주의를 주장할 뿐이었다. 제1차 세계대전 직후 프랑스는 선전자로서의 그의 사명과 기존의 다양한 위

11 하지만 식민지 학교에 대한 평가는 좋지 않았는데, 그 이유는 제1차 세계대전 직전 이 학교 출신으로 해외 영토 행정관의 자리에 있는 사람은 전체 식민지 관료의 5분의 1에도 미치지 못했기 때문이다.

12 *Bulletin de la Ligue coloniale*, 1914.

13 독일 식민지 연맹들은 같은 시기 프랑스보다 3–4배의 당원들을 보유했다.

원회와 협회를 재조직할 필요성을 인식했다. 식민부 장관인 알베르 사로는 1920년 이러한 필요성에 대해 역설했다.

> 신문, 학회, 영화, 박람회가 말과 이미지를 통해 우리나라의 어른들과 아이들에게 작동하기 위해서는 체계적이고 진지하고 지속적인 선전이 절대적으로 필요불가결하다. [……] 우리들은 우리들의 초등학교, 중학교, 고등학교에서 우리 역사와 식민지 영역의 구성에 대한 너무나도 개략적인 교육을 개선시키고 확장해야 한다. 이 교육은 보다 활력이 넘치고 표현적이며, 실용적이어야 하고 이미지와 영화, 시사회가 식민지를 모르는 우리들의 젊은 프랑스인들을 교육하고 그들에게 관심을 갖게 해야 한다.[14]

식민주의 문화의 형성기를 거친 후 이제는 대중화를 향해 나가야 할 필요성이 대두된 것이다.

3. 문화적 선전매체와 식민주의의 대중화

프랑스는 제1차 세계대전 직후 식민지 기구와 공식적 박람회를 통해 식민지 이념의 증진의 사명을 담당하게 되면서 이미 19세기 중반 이후부터 그러한 역할을 담당하고 있었던 지식인 세계와 다양한 경제계, 그리고 공연계의 뒤를 잇게 되었다. 문학 역시 국가적 차원의 선전 휠

---

14 Pascal Blanchard et Sandrine Lemaire, *Culture coloniale. La France conquise par son Empire, 1871–1931*, p. 11에서 인용.

씬 이전에 역사가 알랭 뤼치오(Alain Ruscio)가 강조하듯이 식민화 기획의 장려 과정에서 핵심적인 역할을 하였다. "식민주의의 지지자들은 자신들의 입장을 표명할 수많은 장소와 기회를 가졌다. 그들의 반대자들 혹은 비판자들은 주변화 되었다."[15]

'식민지 노래'나 '식민주의 교육'과 마찬가지로 이국적인 문학(littérature exotique)은 이 식민주의 문화의 핵심적인 중계자였다. 공화주의 학교는 프랑스인들의 의식 속에 프랑스 식민지 체제의 우월성에 대한 확신을 깊게 심어 주면서 이 문화의 대중화를 위한 중요한 역할을 담당했다. 빠른 시간 안에 영화와 사진이나 그림 같은 이미지 매체들은 그것이 지닌 시각적 효과로 말미암아 도시뿐 아니라 시골에까지 인구 전반에 걸쳐 식민주의적 열정을 강화하고 전파하는 데 커다란 기여를 했다. 다양한 문화적 매체를 통해 제시되는 각각의 이미지들은 대중들의 식민지에 대한 상상계의 형성에 기여했다. 1920년대 후반 대중언론과 사회주의 좌파로부터 민족주의 우파에 이르는 정당 내에서 식민주의 문제를 둘러싼 국민적 합의가 보여주듯이, 여론은 점점 해외 영토 사업과 제1차 세계대전에서의 핵심적인 기여와 끊임없이 약속된 자급자족 체제 시장, 해외 영토 사업의 전략적 중요성에 설득되었다. 식민지 문제에 대한 '국민연합(union nationale)'은 뱅센느 박람회 당시 분명한 방식으로 표출되었다. "새로운 식민지 시대가 1931년 뱅센느 세계식민

15 Alain Ruscio, "Littérature, chansons et colonies", Pascal Blanchard et Sandrine Lemaire, *Culture coloniale. La France conquise par son Empire, 1871–1931*. 이 주제와 관련하여 엑상프로방스(Aix–en–Provence)에서 열린 심포지엄의 결과물인 Jean-Robert Henry et Lucienne Martini (dir.), *Littérature et temps colonial. Métamorphoses du regard sur la Méditerranée et l'Afrique* (Aix-en-Provence: Edisud, 1999) 역시 참조할 수 있다.

지박람회 직전에 도래했으며, 이 순간에 프랑스의 정치계는 식민지 기획 뒤에서 거의 만장일치의 모습을 보였다. 모두가 같은 감정을 공유했다. 프랑스는 제국을 필요로 하고, 프랑스는 식민지 강국이며, '반식민주의적'이 되는 것은 곧 '반프랑스적'이 되는 것을 의미했다. 정치적이고 이념적인 구분을 초월하는 이러한 정치적 합의는 대중문화를 변화시키는 과정을 촉진시켰다.

확실히 이러한 식민지적 상상계는 교과서에서부터 파리의 극장에서 상영되는 유명한 영화의 장면들에 이르기까지 서로 다른 문화적 형태를 구성하였으며, 그것의 매우 광범위한 전파는 대중문화의 도래와 함께 가능해질 수 있었다.[16] 그 효과들은 스스로 유지될 수 있었는데, 그 이유는 식민지박람회, 언론, 우편엽서 등 하나의 문화적 형태로부터 또 다른 형태에 이르는 세계와 민족의 서열화, 유럽문화와 계몽주의의 찬양 등과 같은 상상계를 형성하는 핵심적인 구조들은 그 형태들이 본질적으로 비정치적이기 때문에 내용의 실질적인 변화 없이 상호 화답하며 강화될 수 있었기 때문이다.

식민주의 문화가 의미를 갖는 것은 바로 이러한 측면에서였다. 그것은 단순히 선전자(propagandiste)의 주장이나 국가적 차원의 노력이 아니라, 1920년대부터 본래 의미의 식민화와는 큰 상관이 없는 광범위한 대중적 침투였다. 프랑스는 변화했다. 군대와 학교처럼 식민지는

16 Dominique Kalifa, *La Culture de masse en France, 1860–1930, t. I* (Paris: La Découverte, 2001) ; Jean-Pierre Rioux et Jean-François Sirinelli (dir.), *La Culture de masse en France de la Belle Epoque à aujourd'hui* (Paris: Fayard, 2002).

공화주의 행적의 일부가 되었다. 프랑스는 길, 마을,[17] 지리, 세계박람회, 식민지와 전국박람회, '실물교육(leçon de choses)', 역사, 프랑스의 운명, 경제, 선전,[18] 예술, 음악, 문학,[19] 영화, 정치인 혹은 장교 등 모든 분야에 있어 식민지의 편재를 경험했다. 제1차 세계대전과 함께 '선전(propagande)'은 새롭게 발전했고, 모든 연령층에 영향을 미쳤다. 이후부터 사진 혹은 그림이 담긴 수백 장의 우편엽서, 선전 삽화, 포스터, 신문의 1면이나 탐방기사, 가공 제품, 군대소설과 군대영화 등이 충직한 흑인병사 '이아봉(Y'a bon)'[20], 잔인한 '알제리 저격병', 용맹한 아프리카 원주민 기병 혹은 통킹인의 용맹성을 찬양했다. 식민지와 관련된 이야

---

17 이 주제와 관련해서는 Pascal Blanchard, Eric Deroo et Gilles Manceron, *Le Paris noir* (Paris: Hazan, 2001)과 Éric Deroo, Driss El-Yazami, et al., *Le Paris arabe* (Paris: La Découverte/Générique/ACHAC, 2003)을 참조할 수 있다.

18 Raymond Bachollet et al., *Négripub: l'image des Noirs dans la publicité* (Paris: Somogy, 1992); Abderrahman Slaoui, *L'affiche orientaliste: Un siècle de publicité à travers la collection de la Fondation A. Slaoui* (Casablanca: Editions Malika, 1997); Nicolas Bancel, Pascal Blanchard et Laurent Gervereau (dir.), *Images et Colonies: Iconographie et propagande coloniale sur l'Afrique française de 1880 à 1962* (Nanterre: BDIC-ACHAC, 1993) 등과 같은 저서들은 이국취향의 혹은 식민지의 성격을 지닌 이러한 '선전'에 대한 개관을 제안한다.

19 알랭 뤼치오는 "19세기 초부터 1931년까지 다수의 저명한 작가들 역시 식민지에 관한 글을 기술했다"라고 명확하게 말했다: 위고(Victor Hugo), 도데(Alphonse Daudet), 보들레르(Charles Baudelaire), 랭보(Arthur Rimbaud), 베른(Jules Verne), 모파상(Guy de Maupassant), 아폴리네르(Guillaume Apollinaire), 지드(André Gide), 셀린(Louis-Ferdinand Céline) 등. 오늘날 덜 알려졌지만 당시 나름 저명했던 작가들 역시 그랬다. 베르트랑(Louis Bertrand), 데슴(Jean D'Esme), 밀(Pierre Mille) 등. 게다가 1903년에 창설된 공쿠르 상은 그 첫해에 이 장르의 여러 소설들에게 상을 수여했다." Alain Ruscio, "Littérature, chansons et colonies", Pascal Blanchard et Sandrine Lemaire, *Culture coloniale*, p. 15.

20 성공한 코코아 분말 제품 바나니아(Banania)가 선택한 광고 문구이자, 흑인병사를 상징하는 용어이다.

기들은 인기를 끌었으며, 식민지 문제와 관련한 사건들이 끊임없이 생산되고, 보도되며, 전파되었다. 해외 영토는 프랑스인에게 친숙해졌고, 가까워졌으며, 평범해지고, 자연스러워졌다.

가시적인 방식으로 혹은 비가시적인 방식으로 세 세대에 걸친 정치인들이[21] 이 식민지 공간으로부터 출현했고, 영향 받았으며, 형성되었다. 도리오(Jacques Doriot)에서 리요테까지, 강베타(Léon Gambetta)에서 쥘 페리까지, 포르(Edgar Faure)에서 푸앵카레(Raymond Poincaré)까지, 두메르그(Gaston Doumergue)에서 르브룅(Albert Lebrun)까지, 라로크(François La Rocque)에서 페탱(Philippe Pétain)까지, 알베르 사로에서 비올레트(Maurice Viollette)까지, 클레망소(Georges Clemenceau)에서 프랑수아 미테랑까지, 국가의 상당수의 '정치 엘리트들'이 그들의 운명이 식민지와 함께 변화될 것임을 감지했다. 우리들은 너무 자주 '스당 전투'의 패배로부터 1930년대 초까지 프랑스가 지속적인 '식민지 전쟁' 상태였다는 사실을 잊는다. 그것은 제국이 군인들을 빨리 승진시키는 학교이며, 프랑스의 엘리트들, 공화국의 엘리트들을 교육하는 학교였다는 사실을 의미한다. 프랑스는 식민지 영역을 구성하는 '처녀지(vierge)'의 실험 영역 안에서 이 '새로운 인간들'을 형성하는 국가가 되었다. 이 상황은 언론, 만화 혹은 영화에서 보편적으로 존재하며, 특별한 세계와의 관계를 유발했다. 보편적 가치의 이름으로 행해진 지속적인 정복 활동은 프랑스 공화국을 '프랑스를 만든' 이전의 정부와 프랑스 혁명의 완벽한 연속선상 위에 위치시켰다. 운명(destin) 이상으로 그것은 이제 일종

21 이 시기 동안 여성들은 식민지 공간과 정치 영역으로부터 제외된 가운데 이러한 영향은 무엇보다 매우 남성적인 역사로 남는다는 것을 분명히 할 필요가 있다.

의 사명(mission)이 되었다. 식민지 정복이라는 이 자발적 운동으로부터 '문명화 사명'을 행했다고 생각했기 때문에 식민지 개척자들은 당시 자연적이고 정당한 우월성을 획득할 수 있었다. 식민화는 프랑스인에게 '인류의 이상(idéal humanitaire)'이었다. 식민화할 권리와 교육시킬 의무는 함께 갔다. 쥘 페리는 이 점을 분명히 했다. "우월한 인종들은 열등한 인종들에 대해 권리가 있다. 왜냐하면 그들을 위한 의무가 있기 때문이다. 그들은 열등인종들을 문명화할 의무가 있다."[22]

4. 식민지 기억의 침묵

식민지들의 독립 이후 이 식민주의 문화는 특별히 자취를 감추었거나, 은폐되고, 조작된 듯하다. 그것은 제2차 세계대전처럼 역사적인 집단 기억의 영역으로 들어가는 데 어려움을 겪는 프랑스의 과거 순간이 되었다. 최근의 학술회의를 통해 부각된[23] 이 두 역사적 사건의 관계는 두 전환적인 순간의 쟁점을 잘 보여준다. 하나는 특히 프랑스에서 비시(Vichy) 체제와 함께 현대사에서 전례 없는 파열을 야기했다. 다른 하나는 과거 식민주의 역사를 갖지 않은 나라들을 포함한 다수의 유럽국가에서 존재하고 있고, 프랑스에서 1990년대 중반 이후 옛 식민지 지역 출신 주민의 통합 문제에 관한 토론을 통해 다시 뚜렷해진 비가시

22 1885년 7월 28일 쥘 페리의 의회에서의 연설.

23 Colloque Erasmus de l'université de Rotterdam, "The Silenced Past. On the Nature of Historical Taboos", 1990.

적인 문화이다.[24] 프랑스에서 우리는 국가의 정치적·상징적·감정적 영역에서 매우 특별한 순간이라 할 수 있는 알제리전쟁을 제외하고 어떠한 식민지 순간도, 마치 그것이 타부인 것처럼, 현재 프랑스의 집단 기억 안으로 들어오지 못했다는 점을 확인하게 된다.[25] 실제로 알제리 정복 혹은 이집트 원정은 프랑스혁명과 파리코뮌과 같은 집단기억의 영역으로 들어가지 못했다. 마찬가지로 통킹, 튀니지 혹은 마다가스카르는 스당 전투나 드레퓌스 사건(affaire Dreyfus)의 영역으로 들어가지 못했다. 모로코 혹은 식민지박람회는 제1차 세계대전 전야와 같지 않았다. 1930년 알제리 정복 백주년, 1922년 마르세유 식민지박람회, 1931년 파리 식민지박람회, 리프 전쟁, 옌바이(Yen Bai) 전쟁, 세계 대공황 직전 레바논에서의 분쟁도 마찬가지였다. 인도차이나전쟁을 제외한 프랑스 연합(Union française)의 단 하나의 사건도 비시와 알제리전쟁의 영역으로 들어가지 못했다. 1988년 누벨칼레도니에 관한 국민투표를 제외하고는 결국 과거 식민지 문제와 관련된 그 어떤 것도 '68운동(Mai 68)'과 흑인-백인-마그레브 젊은이(beur) 세대가 함께한 1998년 월드

24 이 주제와 관련해서는 일반적인 방식으로 어떻게 식민주의 문화, 이국적인 것과 타자의 전시의 문화가 국경을 넘어 미국 같은 제국주의 국가들뿐 아니라 스위스와 같은 비식민제국에까지 전파될 수 있는가에 대해 보여준 Nicolas Bancel, Pascal Blanchard, Gilles Boëtsch, Éric Deroo et Sandrine Lemaire. (ed.), *Zoos humains. Au temps des exhibitions humaines* (Paris: La Découverte, 2002)를 언급할 수 있다. Nicolas Bancel et Pascal Blanchard, *De l'indigène à l'immigré* (Paris: Galliard, coll. Découvertes, 2002)은 프랑스에서 이러한 침투의 현대적 연장을 이해하게 해주며, 마찬가지로 산드린 르메르(Sandrine Lemaire)가 공동 편집한 "Colonisation, immigration: le complexe impérial"라는 제목의 2002년 5-8월호 *Migrations Société*에 수록된 논문은 유럽적 차원의 현상을 다룬다.

25 이 주제와 관련해서는 Marc Ferro, *Les Tabous de l'histoire* (Paris: Nil Editions, 2002)를 참조할 수 있다.

컵의 영역으로 들어가지 못했다. 식민지 문제는 프랑스의 역사, 프랑스의 실제 문화, 프랑스의 집단 유산에서 삭제된 것처럼 보인다고 해도 과언이 아니다.

확실히 식민화는 오늘날 '공화국의 판테온' 혹은 프랑스 역사를 구성하는 곳에서 자신의 지위를 거의 차지하지 못하거나, 아니면 매우 한정된 지위만을 갖고 있는 듯하다. 이미 언급한 것처럼 알제리전쟁만 예외로 하고 말이다. 프랑스의 식민지 과거는 여전히 들리지 않거나 수용할 수 없는 형상으로 다가온다. 이 역사를 드러나게 하는 데 있어서의 불가능성은 아마도 여러 요인들에 기인할 것이다. 단순한 시간의 문제, 즉 한 세대나 두 세대에 걸쳐 진행되는 이 유명한 '애도 작업(travail de deuil)'이 아직 실제로 시작되지 않았다고 볼 수도 있다. 게다가 식민지 역사는 사회적 상상계를 형성하는 수많은 '자기정체성의 관계항들(référents identitaires)'을 다시 문제 삼고, 이 관계항들에 대한 문제제기는 또 다른 문제를 야기하는데, 그것은 바로 이 관계항들(référents)의 (재)구성, (재)작성을 필요로 하며, 동시에 식민의 기억의 통합을 사회적 상상계와 양립할 수 있게 하기 위해 역사를 다시 기술하는 것을 요구하기 때문이다. 마지막으로 식민주의 문화라는 개념은 현재 프랑스 사회가 이 과거를 이해하는 것을 방해하는 여전히 '보이지 않은 여건(donnée invisible)'이다. 실제 프랑스인들은 '식민지적'이라고 스스로를 생각하지 않고, 오히려 그 반대의 경우라 할 수 있다. 그들에게는 식민지의 유산도, 연속도 없는 듯이 보인다. 모든 것이 1962년, 알제리 전쟁의 종식과 함께 멈춰졌다. 프랑스는 알제리에서의 고문이라는 '불행한 탈선'만을 예외로 하고, 순결하게, 거의 자랑스러워하며 탈식민화를 맞이한 가운데 자신들에게 주어진 사명을 완수했을 뿐이라고 생각하는 것이다.

출처: G. Bruno, 『두 어린이의 프랑스 일주』(*Le Tour de la France par deux enfants*), 1877.

3장

식민주의 교육과
'호모 임페리얼리스(Homo imperialis)'의 탄생

3장

식민주의 교육과 '호모 임페리얼리스(Homo imperialis)'의 탄생*

1. 문명화 사명과 식민주의 문화

제3공화국의 탄생과 함께 가속화된 팽창과 정복의 과정을 거치며 프랑스는 본토에 국한된 자신의 영역을 외부세계로 확대해 나갔다. 광대한 해외 영토를 보유함으로써 국가적 자신감과 자부심이 팽배한 가운데 프랑스는 다양한 문화적 기재를 활용하여 국민들에게 제국주의 국가의 우월성과 '야만 민족'에 대한 개화의 필요성을 인식시켜 주고자 하였다. 알제리 정복 100주년 기념식과 1931년 세계식민지박람회

---

* 이 글은 「프랑스의 식민주의 교육과 '호모 임페리얼리스(Homo imperialis)'의 탄생」, 『프랑스사 연구』 24호(2011. 2)를 수정, 보완한 것이다.

를 통해 절정에 이르는 소위 '식민주의 문화(culture coloniale)'[1]는 이러한 맥락에서 탄생하게 되었다. 식민주의 문화는 당시 프랑스인들의 사고와 의식과 제도의 모든 영역에 영향을 미치는 다양한 지식이 결합된 일관성 있는 이데올로기의 실체였다. 식민지들이 독립하고 알제리전쟁이 종결될 때까지 프랑스 사회에 널리 전파되고 깊이 각인된 다양한 형태를 지닌 식민주의 문화는 식민지배의 정당화 논리이자 담론인 '문명화 사명'의 문화적 표현이었다. 식민주의 문화는 문학작품, 언론, 교과서, 박람회, 그림, 영화, 연극, 노래, 카바레와 같은 강력한 문화적 매체를 활용하여, 식민지박람회, 세계대전, 기념식, 식민지 정복 등과 같은 중요한 순간마다 학교, 군대, 경제계, 선전기관(agence de propagande), 지식계 등의 사회적 공간으로 퍼져 나갔다.

문명화 사명에 기반한 식민주의의 선전과 전파를 위해 프랑스가 사용한 다양한 매체 중 '식민지 정당(parti colonial)'이라고 불리는 식민지 선전단체들, 그리고 언론 매체들은 제국주의 선전에 적극적이고도 중추적인 역할을 담당하였다. 소설, 만화,[2] 영화, 식민지 관련 삽화[3] 역

1 영어에서는 'colonial culture(식민지 문화)'와 'culture of colonialism(식민주의 문화)'를 구분하여 사용하지만, 불어에서는 'culture coloniale'이라는 단어 하나만 사용하며, 이에 대한 우리말 번역도 '식민주의 문화'와 '식민지 문화'를 혼용한다. 두 단어를 굳이 구분하자면 '식민주의 문화'는 '식민지 문화'에 비해 좀 더 '식민주의적 속성'을 지닌 의미로 활용된다고 볼 수 있다. 'colonial culture'와 'culture of colonialism'의 미묘한 차이에 대해서는 David Spurr, *The rhetoric of empire: colonial discourse in journalism, travel writing, and imperial administration* (Durham: Duke University Press, 1993), pp. 1~12를 참조할 수 있다.

2 이와 관련해서는 Christian Jannone, *La vision de l'Afrique dans les bandes dessinées belges et françaises*. Thèse de doctorat d'histoire (Université Aix-Marseille, 1998)를 참조할 수 있다.

3 이미지를 통한 식민지 문화의 선전과 전파에 관해서는 Nicolas Bancel, Pascal

시 프랑스 문화 속에 '제국'이라는 소재를 깊이 각인시키며 매우 특징적인 문화적 지형도를 형성하였다. 하지만 식민주의적 인식의 형성에 있어 그 무엇보다 큰 영향력과 대중적 파급 효과를 지닌 것은 아마도 '교육'일 것이다.[4] 식민주의 교육은 크게 두 부류로 나누어 생각해 볼 수 있는데, 첫 번째는, '식민지 본국'에서 자국의 국민들을 대상으로 행해졌던 교육이었다. 당시 교육의 대상이었던 어린이들과 청소년들은 인종주의에 기초한 제국주의 이념[5]을 교육받았고, 그 결과 식민지 본국인으로서의 자부심과 애국심을 지닌 '제국주의적 인간(혹은 제국주의적 인종, Homo imperialis)'으로 성장할 수 있었다.[6] 식민주의 교육의 두 번째 범주는 식민지인을 대상으로 행해졌던 교육이었다. 문명화 사명의 일

Blanchard et Laurent Gervereau (dir.), *Images et Colonies: Iconographie et propagande coloniale sur l'Afrique française de 1880 à 1962* (Nanterre: BDIC−ACHAC, 1993) ; Nicolas Bancel, Pascal Blanchard et Francis Delabarre, *Images d'Empire. Trente ans de photographies officielles sur l'Afrique française (1930−1960)* (Paris: La Documentation française/La Martinière, 1997) ; Nicolas Bancel, Pascal Blanchard, Gilles Boëtsch, Éric Deroo et Sandrine Lemaire (dir.), *Zoos humains. Au temps des exhibitions humaines* (Paris: La Découverte, 2002) ; Eric Savarese, *La Colonisation et sa légitimation* (Paris: L'Harmattan, 2000)을 참조할 수 있다.

4 프랑스 혁명기간 중인 1793년부터 출생이나 신분에 구별 없이 모든 이에게 교육을 받을 권리가 천명되었고, 19세기 후반 제3공화국 시기 1882년의 의무교육법인 쥘 페리 법(loi Jules Ferry)으로 교육의 일반화가 실질적으로 실현된 측면을 감안하면, 교육이 어린이와 청소년에게 미친 지대한 영향력과 파급력을 상대적으로 가늠할 수 있을 것이다.

5 프랑스 공산당에 의해 창간된 『라 누벨 크리티크 (*La Nouvelle Critique*)』지 1954년 1월호에 개제된 기사에서 에메 세제르(Aimé Césaire)는 "인종주의 없는 식민주의는 존재하지 않는다(Il n'y a pas de colonialisme sans racisme)"라고 단언했다. 인종주의와 식민주의의 연관성에 대해서는 본 저서의 제4장 「식민주의와 '인간 동물원(Human Zoo)': '호텐토트의 비너스'에서 '파리의 식인종'까지」를 참조할 수 있다.

6 이 글에서 다루어질 내용도 '식민지 본국'인 프랑스 내에서 프랑스인들을 대상으로 한 식민주의 교육이다.

환으로 시행된 식민지에서의 교육은 피식민 국가의 통치와 수탈을 한층 원활히 하는 데 공헌하며, 궁극적으로 식민지인의 정체성의 혼란과 파괴를 야기하였다. 1차 대전 이후, 적어도 프랑스가 행한 식민주의 교육이 식민지와 본국을 구분하지 않는 내용상으로 유사한 통합교육을 추진하였지만 그것이 끼친 영향과 야기한 결과는 근본적으로 차이가 있었던 것이다. 교육이야말로 식민지를 통치하기 위해 활용할 수 있었던, 프랑스에게는 최고의, 식민지에게는 최악의 매체였던 셈이다.

프랑스에서의 식민주의 교육은 자라나는 아이들의 교육과 선도를 위한 특별한 방식을 통해 '호모 임페리얼리스(Homo imperialis)'의 탄생에 현저히 기여했다. 그 첫 번째 방식은 학교인데, 본 장에서는 교과서에 수록된 그림과 텍스트의 분석을 통해 '제국주의적 인간'이 형성되고 발전되는 측면을 고찰해 보고자 한다. 여기서 우리가 관심을 갖는 것은 역사교과서나 지리교과서와 같은 공식적인 교과서보다 더 지속적이고 효과적인 역할을 수행했다고 평가되는 제2의 보조서적이라 할 수 있는 준교과서류 도서이다. 특별히 우리는 프랑스 초등학교에서 사용된 기간이나 보급의 규모를 놓고 볼 때 자라나는 아이들의 의식 형성에 지대한 영향력을 행사했다고 추정되는 『프티-장』(*Petit-Jean*)과 『두 어린이의 프랑스 일주』(*Le tour de la France par deux enfants*)라는 독본 교과서(livre de lecture scolaire)에 대한 분석을 통해 프랑스 제3공화국의 식민주의 교육의 일면을 고찰해 보고자 한다.

식민주의 교육의 두 번째 방식은 '스카우트 운동'이라는 범주에서 형성된, 전통적인 교육적 원칙을 벗어난 학교 외의 교육활동이다. 스카우트 운동에 대한 분석을 통해서는 공교육 정책이 아니라 청소년교육을 위한 일종의 보조기관의 역할과 준교육활동의 의미를 재해석해 보고자 한다. 제국 전역에 조직을 만들고 단체정신, 집단행동, 협동정신 등을 주입시킴으로써 제국주의를 직간접적으로 고양하는 데 중요한 역할을 한 스카우트 운동은 광범위한 대중적 인기를 향유하며 제국주의의 대중화에 기여했다는 점에서 식민지 '압력단체'로서의 중요성을 지녔다고 볼 수 있다. 이같이 두 특징적인 '선전매체'의 교차된 연구는 아이들과 청소년들이 접하게 되는 식민주의 교육에 대한 복합성과 깊이를, 또한 교육기관에서의 지식의 체계적인 전수와 스카우트 활동을 통한 가치의 무의식적인 체내화[體內化] 사이에서 창출되는 교묘한 방식을 이해하는 데 도움을 줄 것이다. 교육 분야에 있어 두 영역의 결합된 연구만이 이 시기 식민지 문제, 특별히 문명화 사명에 대한 프랑스인의 인식과 관심, 더 나아가 식민지 독립 이후의 식민지 과거에 대한 '은폐'를 이해하게 해 줄 것이다.

2. 『프티-장』과 『두 어린이의 프랑스 일주』를 통해 본 제3공화국의 식민주의 교육

보불전쟁에서의 패배와 유럽 도처에서 민족주의가 강화되는 가운데 프랑스에서 학교는, 역사적 사실에 기반하기보다 오히려 신화를 만들어 내며, 무엇보다 제국주의적 자부심과 애국심을 고양하는 역할을 수행하였다. 이는 '민족의 교사(instituteur national)'라 불리는 프랑스의 역사가 라비스(Ernest Lavisse)가 뷔송(Ferdinand Buisson)의 『교육학 사전』(*Dictionnaire de pédagogie*)의 「역사」 항목에 기술한 내용에서 잘 드러난다.

> 학생들에게 심지어 신화로 포장하면서 우리들의 조상 골루와족(les Gaulois)과 푸아티에(Poitiers)의 샤를 마르텔(Charles Martel), 롱스보(Roncevaux)의 롤랑(Roland), 잔 다르크(Jeanne d'Arc), 베야르(Bayard) 등 과거의 모든 영웅들을 숭배케 하자. 조국에 대한 열광과 찬미 가운데 식민지 팽창에 대한 가치부여는 중요한 의미를 지니게 된다.[7]

미래의 교사들을 위한 1913년 지리 교과서에서도 유사한 내용의 교사용 지침을 발견할 수 있다.

> 초등과정의 지리 교육에 있어 우리들의 식민지 제국에 대한 수업에 많은 시간을 할애할 것을 요구하고자 한다. 식민지는 지금부터, 그리고 점점 더 프랑스 경제생활에서 중요한 역할을 담당할 것이다. 따라서 어린 프랑스 학생들이 우리 국기가 펄럭이는 광활한 영토에서 생산되는 자원에 대해 아는 것은 중요하다. 그들은 삶의 조건, 성공의 가능성뿐 아니라 우리들의 중요한 소유지에서 식민지 정착민이 직면한 위험 또한 알아야 한다. 학교는 이와 같이 정당한 식민지 사명을 확고히 함과 동시에 비합리적인 열정은

7 Ernest Lavisse, article "Histoire", Ferdinand Buisson, *Dictionnaire de pédagogie*, 1885. Gilles Manceron, "*Ecole, pédagogie et colonies*", Pascal Blanchard et Sandrine Lemaire, *Culture coloniale. La France conquise par son Empire, 1871–1931*, p. 93에서 인용. '민족의 교사' 에르네스트 라비스와 '공화국의 복음서'인 『아동용 라비스(*Petit Lavisse*)』에 대해서는 Pierre Nora, "Lavisse, instituteur national", Pierre Nora (dir.) *Les lieux de mémoire. 1. La République* (Paris: Gallimard, 2004), pp. 239~275를 참조할 수 있다.

저지시켜야 한다.[8]

'우리', '우리들의' 등과 같은 소유격을 세 차례나 사용하면서 교사용 지침서는 학생들에게 개인적으로 식민지 영토의 소유자라는 생각을 갖게 해주며, 식민지의 미래가 그들의 손에 달렸다는 인식을 심어주었다.

제3공화국 시기 초등학교 교과서의 본문 내용과 수록된 삽화는 수 세대에 걸쳐 학생들의 사고를 형성하였다. 언어, 프랑스 역사, 도덕 수업이 중시되며, 이들 내용들이 서로 혼재되어 있는 모든 교과서가 1880년대부터 애국주의적이고 제국주의적인 주장을 담고 있었다. 공립학교는 물론이고 종교학교(école religieuse)에서 사용되는 교재에서도 프랑스의 '문명화 사업'은 강조되었다. 학생들의 의식과 사고를 형성한다는 분명한 목적 하에 국가가 의도하는 바는 명백했다. 식민지 문제와 관련하여, 앞으로 설계될 미래와 벌어질 '예언적인 상황'들이 기술되어야만 했다. 예를 들어 한 지리교과서에서 "알제리는 장래에 우리들의 가장 소중한 자원 중 하나가 될 것이다"라는 문구를 발견할 수 있다.[9]

제국주의의 선전 방식으로 역사책에 의존한다거나 교육을 활용한다는 점은 그리 새로운 사실이 아니다. 제국주의 이념의 활성화는 항

8 "L'Europe et la France", Joseph Fèvre et Henri Hauser, *Précis de géographie*, deuxième année (Paris: Alcan, 1913), p. 838.

9 Pierre Foncin, *Troisième année de géographie. Les Cinq Parties du monde*, à l'usage de l'enseignement secondaire et primaire supérieur (Paris: Armand Colin, 1885). Gilles Manceron, "*Ecole, pédagogie et colonies*", p. 94에서 인용. 본 각주에서 인용한 저자 퐁생(Pierre Foncin)은 "프랑스의 영향력 유지와 확장"이라는 목적을 갖고 '제국주의 팽창시기'인 1883년 파리에 설립된 프랑스 언어문화 교육원인 알리앙스 프랑세즈(Alliance Française)의 설립자이기도 하다.

상 책과 교과서를 통해 이루어졌다. 우리가 여기서 특별히 관심을 갖는 분야는 역사교과서나 지리교과서와 함께, 아니 어쩌면 그 이상으로, 학생들의 제국주의적 사고를 형성하는 데 지속적이고 효과적인 영향력을 행사했다고 볼 수 있는 초등학교용 독본(읽기책)이다. 사용된 기간이나 보급의 정도를 가늠하여 볼 때 특별히 인기 있는 독본은 공식 교과서 이상으로 제국주의적 이념과 인종주의적 사고를 자라나는 아이들에게 심어주는 데 지대한 역할을 하였다. 이를 증명하는 가장 상징적인 예로 수차례 재판[再版]되었고, 여러 초등학교에 가장 널리 보급되었으며, 거의 한 세기 동안 사용되었던 두 권의 책을 꼽을 수 있다. 첫 번째 교재는 1846년에 간행되어 1930년대까지 전국의 초등학교에서 사용되었고, 제2제정기(1852–1870)에는 거의 공식적인 독본 교과서로 활용되었으며, 제3공화국 시기(1870–1940) 동안에도 가톨릭 학교에서 사용되었던 샤를 자넬(Charles Jeannel)의 『프티–장』(*Petit–Jean*)이다.[10] 또 다른 교재는 1877년 처음 출간되었고, 제3공화국과 제4공화국 시기(1946–1958) 수차례에 걸쳐 재판 인쇄된 브루노(G. Bruno)라는 필명으로 활동한 푸이에 부인(Mme Augustine Fouillée)의 『두 어린이의 프랑스 일주』(*Le tour de la France par deux enfants*)이다.[11] 두 아동용 준교과서는 첫 번째 책

10 샤를 자넬의 『프티–장』은 1846년 처음으로 출간되었고 1853년 두 번째 판본이 간행되었으며, 제2제정의 도래와 함께 들라그라브(Delagrave) 출판사에서 1874년까지 29쇄를 인쇄했다. 제3공화국의 상황에 맞게 1879년 간행된 세 번째 판본은 1884년까지 네 차례 재판되었으며, 1930년까지 열아홉 번 간행되었다. 이와 관련해서는 Dominique Maingueneau, *Les Livres d'école de la République, 1870–1914. Discours et idéologie* (Paris: Le Sycomore, 1979)를 참조할 수 있다. 본 연구를 위해 사용된 저서는 1879년 들라그라(Delagrave) 출판사 간행본이다.

11 『두 어린이의 프랑스 일주』(*Le tour de la France par deux enfants*)는 1877년부터

에서는 루이즈(Louise)와 프티-장이라는 고아가 은퇴한 선원인 모리스(Maurice) 아저씨의 이야기를 통해, 두 번째 책에서는 보불전쟁의 패배로 독일땅이 된 로렌(Lorraine) 출신의 고아인 줄리앙(Julien)과 앙드레(André) 형제가 프랑스 전역에 걸친 여행을 통해 삶을 경험하고 배워나간다는 내용으로 구성되어 있다.

식민지 문제, 그중에서도 알제리 문제와 관련하여 『프티-장』의 경우는 주목할 만하다. 1789년 이전의 프랑스사 관련 내용을 자세히 수록한 이 저서에서 사라센(Sarrasin)과 십자군에 관한 역사를 매개로 간접적인 암시를 주는 내용을 발견할 수 있다. 1846년에 처음으로 간행된 이 저서에는 알제리정복과 관련된, 당시로서는 매우 시사적인 사건이 두 장에 걸쳐 수록되었으며, 알제리의 반[反]프랑스 운동지도자 압델카데르(Abd el-Kader)를 굴복시킨 루이 필립(Louis-Philippe)은 생 루이(Saint Louis)와 비견되며 찬양되었다. 먼저 나폴레옹의 이집트 원정이 생 루이의 십자군 원정과 비유되어 설명되었다. "나폴레옹이 용맹스러운 소수의 군대를 이끌고 이집트를 공격하여 무슬림에 대해 찬란한 승리를 거두었던 지금으로부터 50년 전에는 단 한 명의 프랑스인도 아프

1901년까지 약 6백만 부가 인쇄되었으며, 1976년까지 총 850만 부가 출간되었다. 이 책을 읽은 실제 독자수를 산출하려면 이 막대한 출간 숫자에 얼마를 곱해도 무방할 것이다. 이 책은 학교도서관에서 가장 많이 대출됐던 책이요, 이 책을 갖고 있지 않은 사람도 서슴없이 제목을 인용할 수 있는 책이었다. 이 점은 모든 프랑스 문학 가운데서 유일한 것이 아닌가 싶다. 『두 어린이의 프랑스 일주』가 이처럼 양적으로 성공을 거둔 이유에 대해서는 이미 많이 언급된 바 있다. 많은 연구들 가운데서도, 1877년판 원본을 그대로 재출판한 100주년 복사본에 대한 장피에르 바르도즈(Jean-Pierre Bardoz)의 탁월한 편집후기를 꼽을 수 있다. 피에르 노라 외, 『기억의 장소 1. 공화국』, 김인중·유희수 외 옮김 (나남, 2010), 290쪽. 본 논문을 위해 사용된 저서는 1991년 블랭(Belin) 출판사 간행본이다.

리카에 살고 있지 않았다." 뒤이어 1830년의 알제리 정복의 기억을 상기시켜 주었다. "30년 후에 프랑스인들은 마호메트의 왕국을 완전히 파괴시켰으며, 나(저자) 역시 그들에 대항하여 전쟁을 치렀고, 예전에는 마호메트의 도시였지만 지금은 기독교와 프랑스의 도시가 된 알제 시(市)에 포격을 가했다."[12] 1830년의 알제리 점령은 기나긴 시간에 걸친 토벌 원정으로 설명되었다. "샤를 5세는 알제 시에 직접 함대와 부대를 이끌고 쳐들어가 도시를 완전히 파괴하였다. [……] 루이 14세는 강력한 함대를 두 차례나 알제리에 파견하였다."[13] 시대착오적인 문제는 외면한 채, 시디-페루쉬(Sidi-Ferruch) 항의 상륙은 그보다 한 세기 전에 일어났던 지중해에서의 해적(정부의 허가를 받은 민간 무장선) 활동과 약탈행위에 대한 대가로 정당화되었다.

> 땅을 경작하거나 살기 위해 일하는 대신 무장을 한 그들은 기독교인들의 상선을 공격했다. 그들은 방어능력이 없는 사람들을 무자비하게 공격하였으며, 저항하는 자들은 목 졸라 숨지게 했고, 다른 이들은 포박했으며, 돈과 물건을 훔치고, 그들이 잡은 포로와 함께 아프리카로 돌아갔다. 예수 그리스도의 종교를 포기할 것을 강요했으며, 저항하면 노예처럼 팔아버렸다. [……] 이 파렴치한 강도들은 해안가로 내려와 외떨어진 촌락에 불을 질렀으며, 서둘러 도적질하고, 여자들과 아이들을 납치해 갔다. 남자들은 배에 실려 떠나가는 자신들의 딸과 어머니와 아내를 바라보며 울부짖었으며, 귓가에 희미하게 들리는 그녀들의 비명에 치

12 Charles Jeannel, *Petit-Jean* (Paris: Delagrave, 1879), p. 131.

13 Charles Jeannel, *Petit-Jean*, p. 319.

를 떨어야만 했다.[14]

연도와 날짜가 명기되지 않은 이러한 '야만적인 행위'는 정복에의 권리를 정당화했다. "먼지가 채 사라지기 전에 우리 병사들은 요새를 공격하였다. 평화롭고 찬란한 프랑스 국기는 의기양양하게 폐허 속에 나부꼈다. 도둑들의 소굴은 파괴되었다." 열정적인, 그리고 프티-장(Petit-Jean)도 같은 감정을 느꼈을 이 이야기는 또 다른 미래를 언급하는데, 모리스 아저씨는 아이들에게 언젠가 그들도 알제리에 가게 될 것임을 시사했다. "과거에 (프랑스에) 적대적이었고 야만적이었던 알제리는 프랑스의 일부가 되었다. 너희들도 아마 때가 되면 잔인하고 믿음이 없는 민족에 대항하여 종교와 법과 인류애의 대의를 지키기 위해 싸우러 가게 될 것이다."[15] 아저씨의 예언은 실현되었는데, 마지막 장[章]은 청년이 되어 알제리에 프랑스 군인으로 참전한 프티-장의 영웅적인 활약상이 그려졌다. 보병대 중사인 그는 잔인한 아랍인들에 의해 위험에 처한 중령을 구해낸다.

> 두터운 덤불 속에 숨어 있던 여섯 명의 아랍인들이 총을 쏘아 중령은 부상을 입었다. 프티-장은 중령이 죽은 것으로 착각하고 그의 머리를 베러 온 아랍인을 사살했지만 나머지 다섯 명이 그에게 다가오고 있었다. 프티-장은 혼자 그들을 상대했으며 유능하게 총검을 다루며 그들을 제압했다. 중령은 장전된 총을 발견했고 세 번째 아랍인의 머리를 쳐 으스러뜨렸다. 나머지 두 명은 달아났는

14 Charles Jeannel, *Petit-Jean*, p. 294.

15 Charles Jeannel, *Petit-Jean*, pp. 322~323.

데 프티-장은 그중 한 명을 총을 쏘아 쓰러뜨렸다.[16]

프티-장처럼 다른 아이들도 이 '감동적인' 이야기를 읽으며 앞으로 그들이 경험할지도 모를 영웅적인 모험을 꿈꾸었을 것이다. 20개의 삽화가 삽입된 1884년 판부터 1930년대까지, 더 나아가 제2차 세계대전 종전 시기까지 식민주의를 정당화하는 알제리 관련 이야기는 계속 이 아동용 교과서에 실리게 되었다.

1877년에서 1887년 사이에 3백 만 부가 출간된 브뤼노(G. Bruno)[17]의 『두 어린이의 프랑스 일주』는 블랭(Belin) 출판사에서 간행된 이후 1901년까지 6백 만 부가 판매된 베스트셀러였다. 청소년들을 위한 시민·지리·과학·역사 그리고 도덕교육을 목표로 간행된 '매우 애국적인' 이 책은 1866년 제2제정 시기에 태어난 아이들부터 제2차 세계대전 이후 1946년 베이비 붐 시대에 태어난 아이들까지 다섯 세대에 걸쳐 초등학교 독본교과서로 사용될 정도로 대단한 인기를 누렸다. 두 명의 고아는 줄리앙과 앙드레라는 당시 초등학교의 첫해와 마지막 해에 해당

---

16 Charles Jeannel, *Petit-Jean*, p. 329.

17 『두 어린이의 프랑스 일주』는 1885년 결혼한 푸이에(Alfred Fouillée)의 부인인 오귀스틴 귀요(Augustine Guyau)가 브뤼노라는 필명으로 블랭 출판사에서 간행한 책이다. 수차례 재판된 이 책은 1950년대까지 8백 50만 부가 인쇄되었다. 원판본은 1977년 블랭 출판사 창립 100주년을 기념하여 재간행되었다. 이 책에 대해서는 Jacques et Mona Ozouf, "*Le Tour de la France par deux enfants*. Le petit livre rouge de la République" Pierre Nora, *Les Lieux de mémoire*, t. I: *La République*(Paris: Gallimard, 2004), pp. 277~301을 참조하라. 저자의 두 번째 남편인 알프레드 푸이에는 『개인, 성별, 인종에 따른 성질과 특성 (*Tempérament et caractère selon les individus, les sexes et les races*)』(Paris: Alcan, 1893)의 저자이기도 한데, 이 책에서 푸이에는 혼혈인은 감정적 분열과 성격장애를 일으킬 수 있는 '퇴화된' 인간이라고 기술하면서 그의 인종주의적 사고를 표명하였다.

되는 나이인 7살과 14살의 두 명의 형제들인데, 1870년 보불전쟁에서의 패배 이후 로렌 지역을 떠나는 상황으로부터 이야기는 시작된다. 『프티-장』에 비해 '세속적'이고 덜 전투적인 내용을 담고 있는 이 책은 과거 왕정시기의 프랑스에 대한 이야기보다 근대적인 경제문제에 관심을 가졌다. 과학적 진보에 대한 굳건한 믿음에 기초한 이 저서는 '암흑'과 '구식'으로 점철된 과거에 비해 학교 덕분에 '미래'와 '문명'을 상징하게 된 제3공화국의 발명가와 학자들을 프랑스의 진정한 위인으로 찬양했다. 두 소년의 여행은 알제리로 안내하지는 않았다. 프랑스에 한정하며 다른 책들에서 대부분 언급된 식민지 세계와 직접적으로 관련된 어떤 상황도 등장하지 않았다. 애국주의적이긴 하지만, 군국주의적이거나 식민주의적이지는 않았다. 제3공화국의 적극적인 식민지 정복이 이루어지기 전인 출판 년도를 생각하면 이해할 수 있는 상황이다. 하지만 본문의 몇몇 구절들은 인종에 대한 정형화가 과학만능주의와 실증주의 담론에 기초한 제3공화국의 세속적인 교육관에 스며들어 있음을 여실히 보여준다.

마르세유에 정박된 대형 여객선에 경탄하며 줄리앙과 앙드레는 "우리들은 노란색의 넓은 바지를 입은 중국인과 부리부리하고 야생의 눈을 가진 아랍인을 만날 수 있었다. 왜냐하면 선원들 일부는 중국인과 알제리인으로 구성되었기 때문이다"[18]라고 말한다. 제40장 「마르세유 항구에서의 산책」에서 저자는 인종에 대한 간단한 교훈적인 설명을 하고자 했다. "인류는 네 개의 인종으로 구성되어 있다. 넥타이와 양복을

18 G. Bruno, *Le tour de la France par deux enfants* (Paris: Belin, 1991), p. 184.

입고 가슴을 당당히 내민 수염이 있는 유럽인, 목걸이를 하고 머리에는 두 개의 깃털을 꼽고 상체를 벗고 있는 홍인종, 길게 땋은 머리와 긴 수염을 지니고 머리에 작은 검은 모자를 쓴 중국인, 펄럭이는 반팔소매의 단순한 속옷을 입은 흑인"[19] 본문의 내용은 웅변적이다.

> 인종 중 가장 완벽한 백인종은 특히 유럽과 서아시아, 아프리카 북쪽과 아메리카에 살고 있다. 머리는 타원형이고 입은 크지 않고 입술은 두껍지 않다. 게다가 그의 피부색은 다양하다. 황인종은 주로 동아시아, 중국과 일본에 살고 있다. 얼굴은 납작하고, 광대뼈가 튀어나와 있고, 코도 평평하며, 째진 눈꺼풀과 가늘고 긴 눈을 가졌으며, 머리카락이나 수염이 적은 편이다. 과거 아메리카 대륙에 살았던 홍인종은 붉은색의 피부를 지녔으며, 움푹 패인 눈, 길고 활처럼 휜 코, 뒤로 젖혀진 이마를 지녔다. 특히 아프리카와 오세아니아주 남쪽에 분포한 흑인종은 매우 검은 피부와 숱이 많고 곱슬곱슬한 머리카락, 납작한 코, 두꺼운 입술, 매우 긴 팔을 지녔다.[20]

이러한 신체적 묘사는 명백한 인종적 서열화에 기반한 것이었다. 전 세계의 인종을 백인종, 황인종, 홍인종과 흑인종으로 구분하며, 백인종 이외의 세 인종의 신체적 특징은 표준이 되는 백인종과는 차이가 나는, 그중에서 흑인종은 '그들의' 기준에서 가장 멀리 벗어나 있는 존재로 인식했던 것이다.

『두 어린이의 프랑스 일주』의 교사용 지침서는 마지막 장의 결론에

19 G. Bruno, *Le tour de la France par deux enfants*, p. 184.

20 G. Bruno, *Le tour de la France par deux enfants*, pp. 184~185.

서 다음과 같이 묻는다. "여러분은 방금 읽은 이야기를 잊을 겁니까?" 우리는 이에 대한 답이 "아니요"라는 것을 알고 있다.[21] 프랑스인의 집단기억에 깊이 각인된 이 아동용 독본은 출간 100주년 기념으로 1977년 블랭 출판사에서 다시 펴낸 양장본과 2006년도 판 간행본[22]을 통해 잠자던 인종주의와 식민주의 이념을 다시금 일깨우는 역할을 했을 것이다.

식민주의자들의 주장은, 앞서 언급한 책들보다는 판매량에서 뒤지지만, 많은 삽화가 첨부된 1889년 이후 간행된 것으로 추정되는 에두아르 프티(Edouard Petit)와 조르주 라미(Georges Lamy)의 『장 라브니르』(*Jean Lavenir*) 같은 독본 교과서에서도 공공연하게 드러난다. 튀니지와 알제리의 아프리카 파견 부대에서 복무하는 친구가 젊은 장(Jean)에게 보낸 편지의 형식으로 소개된 이 책은 독자로 하여금 자부심을 느끼게 하는 프랑스의 식민지화에 대한 찬양이다.

> 미티자(Mitidja) 평원은 포도밭과 곡물로 풍성한 땅이며, 오렌지나무와 과수원으로 뒤덮여 있다. [……] 프랑스인이 1830년에 이곳에 도착했을 때 물은 괴어 썩어 있었고, 사방에서 악취가 풍겼으며, 오늘날 너무나도 비옥한, 과거 열병의 근원지였던 평원은 오랫동안 우리 병사와 식민지 개척자들의 무덤이 되었다. 정복 초기에 뒤비비에(Duvivier) 장군은 '보잘 것 없고 황폐한' 미티자를 포기할 것을 제안했으며, "우리는 이 땅을 재칼(jackal)과 아랍 도적

21 피에르 노라 외, 『기억의 장소 1. 공화국』, p. 293.

22 G. Bruno, *Le tour de la France par deux enfants: devoir et patrie*, livre de lecture courante, cours moyen (Paris: Ed. France loisirs, 2006).

들과 영광 없는 죽음의 영역에 내버려둘 것이다"라고 탄식했다. 이러한 견해가 받아들여지지 않아 다행이다. 정화되고 경작된, 그리고 오염수가 사라진 미티자는 식민자들의 천국이 되었다. 그 누가 프랑스인이 천재적인 식민지 개척자라고 말하지 않을 수 있겠는가![23]

내용상의 차이에도 불구하고 위에서 언급한 아동용 도서들은 프랑스인들의 의식 속에 애국심과 프랑스 제국에 대한 인식, 그리고 식민화를 정당화하는 식민지인에 대한 우월의식을 뿌리내리게 했다. 다른 교과목의 교과서들 역시 -심지어 문법책도 교훈적인 내용과 세계에 대한 시선을 담고 있었는데- 식민화는 인류를 위한 문명의 혜택이며, 식민지는 학생들의 것이고, 프랑스와 프랑스인들을 풍요롭게 해 줄 것이라는 인식을 심어 주었다. 물론, 가톨릭 학교에서 사용하는 교과서와 공립학교에서 사용하는 교과서 사이에는 내용상의 차이가 존재했다. 공립학교용 교과서가 식민지 장교를 다리와 도로 건설 기술자, 교사들과 연계시켜 식민지 활동의 주역으로 묘사할 때, 종교학교용 교과서는 선교사를 식민지 장교와 연관시켜 기독교 문명의 전파자로 소개했다.[24] 그러나 두 종류의 교과서 모두 인종주의를 공유했다. '열등 인종'에 대한 '문명화 사명'이라는 공통적 인식이 있었기에 가장 열성적인 세속주의의 주창자들은 식민지에서의 교회의 활동을 비판하는 것을 삼가했던

23 Edouard Petit et Georges Lamy, *Jean Lavenir: éducation du sentiment, science et progrès pratiques, vie sociale, mutualité, solidarité*, livre de lectures courantes, cours moyen et supérieur, cours d'adultes (Paris: A. Picard, 1918), pp. 297~298.

24 Jacqueline Frayssinet-Dominjon, *Les manuels d'histoire de l'école libre, 1881-1959* (Paris: Presses de la FNSP, 1969).

것이다.[25]

식민지 이미지와 식민지인의 정형화된 모습은 탈식민지 시기까지 계속 존재했지만, 교과서에 수록된 내용들은 시간이 지날수록 덜 호전적이고, 더 가부장적이며, '발전론적'이 되었다. 호전적인 식민화의 찬양은 문명적이고 인류애적인 찬양으로 바뀌었다. 그것이 어쩌면 가장 기만적일 수 있고 또한 가장 지속적일 수 있기 때문이었을 것이다. 이러한 관점에서 현재 몇몇 아프리카 국가의 빈곤과 선진국에 의한 인도적 지원의 문제를 부각시키는 모습에 대해 숙고할 필요가 있다. 식민지 시기의 담론을 지속시키는 이러한 표상들(représentations)은 아직도 도처에 존재하고 있는 것이다.[26]

3. 교과서 교육과 식민지 의식의 형성

1870년과 1914년 사이, 즉 제국의 팽창 시기이자 식민주의 이념의 형성기에 모든 아동용 교과서에 수록된 삽화들은 예외 없이 식민지 정복과 관련된 내용을 다루고 있었으며, 그중 4분의 3에 해당되는 분량은 알제리와 관련된 것이었다.[27] 알제리 정복의 구실이 되었던 알제 태

25 Gilles Manceron, "Le missionnaire à barbe noire et l'enseignant laïque", *in* Bancel, Blanchard et Gervereau (dir.), *Images et Colonies*, pp. 70~72.

26 Françoise Vergès, Abolir l'ésclavage, une utopie coloniale. Les ambiguïtés d'une politique humanitaire (Paris: Albin Michel, 2001).

27 Yves Gaulupeau, "L'Afrique en images dans les manuels élémentaires d'histoire (1880-1969)", Bancel, Blanchard et Gervereau (dir.), Images et Colonies,

수 후세인(Hussein)이 프랑스 영사 드발(Deval)의 머리를 부채로 치는 장면과 프랑스 군대의 시디-페루쉬 항의 상륙과 알제 점령 등과 같은 그림은 거의 100여 년 동안 반복되어 게재되었던, 교과서에 가장 많이 등장한 삽화들이었다. 뒤를 이어 압델카데르와 알제리 총독을 역임할 뷔조(T. R. Bugeaud)의 대면은 갈리아(Gallia)의 부족장 베르생제토릭스(Vercingétorix)와 갈리아의 총독이었던 카이사르(Julius Caesar)의 대면과 비교되어 설명되었다. 두 경우 모두 굴복한 영웅들은 비록 패배했지만 그들의 용기는 높게 평가되며 묘사되었다. 알제리의 유일한 선택은 그를 정복한 제국인 프랑스에의 복종인데, 로마제국이 프랑스를 과거에 식민화하고 평화와 문명의 혜택을 가져다주었듯이, 프랑스는 알제리를 같은 길로 인도할 것이며, 프랑스의 해외 영토로의 팽창은 지속되어야 함을 역설했다.[28]

아랍인들은 종종 잔인하고 교활하게 묘사되었다. 역설적으로, 정당방위 상태에 있는 프랑스 군대를 공격하는 인물로 알제리인을 묘사했는데, 대표적인 사례가 12,000명의 아랍인들이 123명의 프랑스인들을 굴복시키지 못한 마자그랑(Mazagran) 요새의 방어와 관련된 일화였다. 프랑스 군대가 영웅적으로 묘사될수록 관련된 그림은 비현실적이 되었다. 학생들에게 피로 얼룩진 정복의 모습을 알리는 교과서는 매우 드물었다. 1897년 중급 과정의 교과서는 알제리인의 잘린 머리가 꽂힌

---

pp. 66~69 ; "Les manuels par l'image: pour une approche sérielle des contenus", Histoire de l'éducation, no. 58(septembre 1993).

28 Gilles Manceron, "Ecole, pédagogie et colonies", Pascal Blachard et Sandrine Lemaire, *Culture coloniale*, p. 100.

창을 알제 성벽위에서 흔들고 있는 프랑스 병사들의 모습을 보여주기도 하지만, 식민화에 대한 찬양과 정당화는 대부분의 교과서 어디에서나 발견할 수 있었다.[29]

하지만 수업용 도서가 모두 한결같이 같은 목소리를 내고, 식민주의 교육의 주체인 교사들 모두가 식민지 이념의 전파자 역할을 자임했다고는 볼 수 없을 것이다. 19세기 말부터, 매우 드물기는 했지만, 식민지 정복을 비판적으로 소개하는 시도도 있었다. 1905년경 에르베(Gustave Hervé)가 저자였던 초등학교 상급반 교과서에 실린 한 장의 삽화는 "아프리카에서의 유럽 문명: 한 아랍 부족을, 알제리 다라(Dahra) 동굴에 있는 남자, 여자와 아이들을 불사르는 프랑스 부대"[30]라는 설명문을 담고 있었다. 또한 '혁명적인' 한 노동조합원 분파는, 초등학교 내에서, 1903년부터 간행된 『교사의 해방』(*Emancipation de l'instituteur*)[31]과 1910년부터 간행된 『해방된 학교』(*L'Ecole émancipée*)[32]와 같은 반군국주의적이고 반식민주의적인 학술지를 중심으로 교육활동을 전개했는데, 이들의 활동이 당시의 초등교육에 실질적으로 미친 영향을 가늠하기는 쉽지 않다. 같은 맥락에서 식민주의적 주장에 반대하는 한 중급 과정의 교과서가 통일노동총연맹(CGTU: Confédération générale du travail

29 Gilles Manceron, "Ecole, pédagogie et colonies", p. 100.

30 Gustave Hervé. *Histoire de France et notions d'histoire générale*, à l'usage des cours supérieurs et des écoles primaires supérieures (Paris: Bibliothèque d'éducation, 1904).

31 *L'Émancipation de l'instituteur*, organe mensuel de la Fédération nationale des instituteurs et institutrices de France, no. 1(1903) – no. 401(1935).

32 *L'École émancipée*, revue pédagogique hebdomadaire publiée par la Fédération nationale des syndicats d'institutrices et d'instituteurs publics de France et des colonies.

unitaire) 교육연맹에 의해 1920년 말에 간행되었는데, 제4공화국 시기 식민지 고유의 역사에 대해 소개하고자 한 숄레(André Cholley), 클로지에(René Clozier), 드레쉬(Joseph Dresch)의 책[33]이나 알제리에서 사용된 보내팽(Aimé Bonnefin)과 마르샹(Max Marchand)의 책[34]과 마찬가지로 적은 분량만 학교에 보급되었다.

교육기관에 의해 활용된 식민주의적 담론, 특별히 프랑스의 식민주의 문화가 절정에 달하는 1930년대 초반 이후의 초등학교 역사교과서에 담겨 있는 내용에 대한 분석은 몇몇 선행연구의 주제였다.[35] 식민주의와 교육 간의 연관성을 탐구하는 데 있어 주의할 점은 교과서에서 사용된 텍스트와 이미지를 정형화할 수는 없다는 점을 지적하는 것이다. 대상 학생들과 출판 연도, 저자에 따라 다양한 내용이 나타나는 것이다. 하지만 이 미세한 차이들은, 삽화를 통해 아이들에게 교육되며, 1880년대부터 1962년까지, 즉 제국주의 의식의 형성기로부터 식민지 이념의 대중화 시기를 거쳐 탈식민화에 이르는 시기까지, 지속적인 일관성으로 특징지어지는 식민지 담론의 전반적인 체계를 변화시키지는 못했다. 이 시기 동안 학교는 '식민지 의식'의 형성에 적극적으로 관여하면서 식민지 이념을 전수했다.

프랑스와 같은 제국주의 국가들이 식민지 팽창시기에 내세웠던 대

---

33 André Cholley, René Clozier et Joseph Dresch, *La France et l'Union française*, classe de 1re (Paris: J.-B. Baillière et fils, 1948).

34 Aimé Bonnefin et Max Marchand, *Histoire de France et d'Algérie*, premier livre, cours élémentaire et moyen 1er année (Paris: Hachette, 1951).

35 Yves Gaulupeau, "L'histoire par l'image: pour une approche sérielle des contenus", *Histoire de l'éducation*, no. 58 (septembre 1993).

표적인 가치는 '문명화 사명'이었다. 그들은 아직 미개한 문명을 지닌 식민지에 보다 우수한 문명을 전파한다는 일종의 '복지 논리'를 내세웠고, 식민지 통치는 그들의 숭고한 의무이며 오히려 자신들의 부담이라는 논리를 통해 식민지화를 정당화하고자 했다. 문명화 사명에 기반한 프랑스의 식민지 정복 이야기는 교과서에서 절대적인 부분을 차지했는데, 역사가 골루포(Yves Gaulupeau)에 따르면 1880년에서 1899년 사이 전체 교과서 삽화의 90%, 전간기에는 75%, 1945년에서 1959년 사이에는 68%가 식민지 관련 이미지로 채워졌다고 한다.[36] 교과서에 주로 소개된 인물들은 정복활동을 통해 프랑스에 강대국으로서의 지위와 위상을 유지시키는 데 기여했다고 평가되는 식민지 정복에 참여한 군인들이었다. 정복과 팽창의 과정이 완성되는 시기인 1920년대의 교과서에는 잇단 전투에서 보인 영웅적인 행동과 더불어 프랑스에 합병된 식민지 영토의 모습도 등장했다. 식민지 관련 삽화의 3분의 1에 해당되는 그림들은 프랑스의 보호 하에 놓이게 되면서 얻게 될 혜택을 승인하는 것처럼 보이는, 원주민 지도자가 굴복하는 모습을 담고 있었다. 이러한 장면들에서는, 종종 텍스트의 설명과 함께, 식민자와 피식민자, '기술적 문명의 전파자'와 '미개한 사회의 지도자'라는 매우 대조적인 이미지를 발견할 수 있었다. 알제리 정복은 가장 빈번하게 언급되었는데, 그 이유는 프랑스 제국주의의 부활을 알리기 때문이었고, 식민지 행정조직과 개발에 있어 기준이 되는 '식민지 모델'로 건설되었기 때문이었으며, 프랑스 영토의 연장으로서의 정착 식민지였기 때문이었다.[37] 사하

36 Yves Gaulupeau, "L'histoire par l'image: pour une approche sérielle des contenus".

37 Sandrine Lemaire, "Du joyau impérial à l'amnésie nationale: l'image de l'Algérie dans

라 이남 아프리카의 정복과 관련해서는 노예 해방이 군사적 정복의 직접적인 결과인 것처럼 소개되었다.[38]

전간기 초기의 식민지 정복 관련 삽화는 세 가지 주요 테마로 특징지어졌다. 하나는 식민지에서의 영웅적 행위로 인해 특별히 부각된 프랑스의 강력한 군대이고, 다른 하나는 식민지 팽창이 문명화로 연결된다는 설정인데, 이러한 측면에서 많은 삽화가 로마 제국의 형성과 프랑스의 식민지 건설을 연관시켜 설명했다. 마지막은 식민지 영토의 프랑스 본국에로의 병합, 정복하는 군대와 원주민 사이에 이루어지는 통합의 문제를 다루었다. 식민지 기획은 처음부터 일련의 정복을 통한 영토의 병합이 아니라 프랑스와 식민지 간의 상호 필요성에 의한 통합으로 소개되었다. 이러한 특징적 묘사는 전간기 시기를 거치며 강화되기 시작했고, 2차 대전 이후에는 더욱더 강조되었다. "위대한 프랑스(La plus grande France)"를 위해 목숨도 불사하는 프랑스 군인들의 용감한 행동을 통해 이루어지는 애국적인 식민지 건설 관련 삽화와 더불어 식민지가 프랑스를 1억의 인구를 보유한 거대한 국가로 만든다는 생각을 학생들에게 심어 줄 수 있는 그림들이 등장했다. 이러한 지리적, 정치적 연속성을 강조하는 주제와 완전히 허구적인 영토를 창조하는 작업은 역사교과서뿐 아니라 당시 널리 사용되었던 독본 교과서에서도 발견되

---

les manuels scolaires français", *Internationale Schulbuchforschung/International Textbook Research* (mars 2004).

38 Nicolas Bancel et Daniel Denis, "Eduquer: Comment devient-on 'homo imperialis'", Pascal Blanchard et Sandrine Lemaire, *Culture impériale. Les colonies au coeur de la République, 1931-1961* (Paris: Ed. Autrement, 2004), pp. 94~95.

었다.[39] 학교에서의 식민지 관련 주제들의 내재화 작업의 결과, 식민화는 더 이상 식민지 정복자들의 행동의 정당성에 대한, 또한 제국 경영의 방식에 대한 논쟁을 불러일으키지 않게 되었다. 식민화는 국가적 행위에 점차적으로 동화된 젊은 세대에게 명백한 진리가 되었던 것이다.

긴 맥락에서 볼 때 두 차례에 걸쳐 정복자의 이미지는 교과서에서 점차 감소하게 되었다. 먼저, 알제리정복 100주년 기념과 세계식민지 박람회를 통해 식민지 이념이 절정에 이르는 1930년대에는 공식적인 식민지 선전과 더불어 식민지인의 정복에 대한 덜 폭력적이고 덜 모욕적인 이미지가 자주 등장하게 되었다. 첫 번째 정복시기의 군사적인 용맹성으로, 또한 폭력성으로 특징지어졌던 도드(Alfred Dodds) 혹은 뒤쉐네(Jacques Duchesne)와 같은 선구적인 영웅들은 점차 평화로운 정복의 상징인 드 브라자(Pierre Savorgnan de Brazza)나 모로코에서 종종 직접적인 충돌을 피하며 '능숙하게' 식민지 정책을 시행한 위베르 리요테로 대체되었다.

탈식민화 시기인 제2차 세계대전 후의 두 번째 시기에는 충분히 이해될 수 있는 이유로 이러한 변화가 가속화되었다. 제국 내에서의 움직임, 세계적 차원에서의 탈식민화 운동의 전개, 국제연합을 중심으로 한 국제적 차원의 식민주의에 대한 비판은 식민지 문제에 대해 이전과

---

39 특히 Lucien Vasseur, *Enfants du XXᵉ siècle*. livre de lecture courante pour le cours moyen et supérieur (Paris: Hachettte, 1935)를 참조할 수 있다. 이 저서에 대해 분석한 Daniel Denis, "Apprenre à lire la Plus Grande France", Jean-Robert Henry et Lucienne Martini (dir.), *Littératrues et temps colonial. Métamorphoses du regard sur la Méditerranée et l'Afrique* (Paris: Edisud, 1999)와 같은 책에 수록된 Laurence Javion, "L'Orient comme récompense", Eric Savarèse, "Livres noirs pour petits blancs"도 유용하게 참조할 수 있다.

는 다른 담론을 등장시켰다. 먼저, 1920년대와 1930년대 이미 널리 퍼져 있었던 '문명화 사명' 담론이 초등학교 학생들을 대상으로 한 식민지 담론의 중심축을 형성하게 되었다. 이 담론은 매우 단순한데, 프랑스는 식민지에 경제적·사회적·과학적·기술적 진보를 가져다주었다는 것이다. 1930년대부터 학교에서 가르쳐지는 문명화 사명은 식민지 선전을 위해 사용된 표현들과 매우 유사했다. 모든 영역에서 프랑스는 원주민의 이익을 위해 행동한다는 것이었다. 도로, 항구, 공항 등의 개발을 통한 '공간의 변화', 농업의 기계화, 산업의 도입과 같은 '경제적 근대화', 일반교육과 기술교육, 식민지 관료체제로의 편입을 통한 '사람의 변화', 그리고 '야만적 관습'과의 투쟁이나 여성의 지위향상 등을 통해 이루어지는 '사회의 변화' 등이 문명화 사명의 주요한 구성요소가 되었다. 동시에 식민자에 의해 전수된 근대성과 대비되는 식민지 원주민의 이미지는 종종 낮게 평가되며 야만적이고 저급하게 묘사되었다.

교과서에 묘사된 식민지는 식민지 본국이 스스로에게 희망하는 모습이 투영되는 공간이기도 하였다. 경제적 진보, 모든 사회계층의 통합, 요원한 평등에의 전망이 구현될 수 있는 공간으로 인식되었던 것이다. 프랑스의 문명화 사명은 학교교육의 이상이었으며, 성장하는 아이처럼, 원주민들이 교육을 통해 변화될 수 있다는 믿음이었다. 평등에의 전망은 학교에서 교육되는 인종주의적 측면[40]을 약화시키는 결과를 야기할 수도 있었지만, 프랑스는 원주민의 진보에의 전망을 제시하며 교

40 1880년대와 1890년대부터 백인종의 우월성을 주장하는 『두 어린이의 프랑스 일주』에서 묘사된 인종의 구분과 차등에 대한 그림은 학생들의 인종에 대한 인식에 지대한 영향을 미쳤다. G. Bruno, *Le tour de la France par deux enfants*, p. 185.

과서에서 언급된 문명화 사명을 통한 변화에의 노력이 헛되지 않았음을 보여줄 필요가 있었다.

그러나 제2차 세계대전 이후 아동용 교과서에서 묘사되는 식민지 세계는 철저하게 허구의 세계로 존재했다. 1946년과 1950년 사이에 발생한 세티프(Sétif)와 겔마(Guelma), 마다가스카르와 코트디부아르(Côte d'Ivoire)에서의 반란과 1955년의 카메룬(Cameroun)에서의 반란 등과 같은 어떠한 탈식민주의적 소요도, 식민자와 피식민자 사이에 존재하는 빈곤, 결핍, 법적·정치적·경제적 차별의 모습도, 식민지 사회의 본질적인 사회, 인종적 차원의 구조적 차별도 언급되지 않았다. 하지만 이러한 허구는 효과적으로 작동했다. 그것은 지도자의 권모술수 혹은 식민지 정복자의 이중성 때문이 아니라, 학교가 적극적으로 이 식민화의 물결에 동참했기 때문이었다. 프랑스의 아이들은 식민지에 수혜를 베풀고, 평화가 지배하고, 식민자와 식민지인들 사이의 협력이 이루어지는 사회를 수립하는, 본질적으로 관대한 프랑스라는 생각에 동화되었다. 동시에 교과서를 통해 전수되는 식민지 담론은 탈식민화에 의해 야기된 충격을 더 이상 이해할 수 없게 하고, 그것을 빨리 잊게 했다. 탈식민화의 물결은 설명될 수 없는, 빨리 은폐되어야 할 현상으로 인식되었다.

학교가 식민지 이념의 전파에 적극적으로 참여했다면, 그것은 그들만의 방식을 통해서였을 것이고, 교과서에 대한 비판적 분석만으로는 드러나지 않는 다양한 조건과 맥락을 이해하는 것이 필요했기 때문이었을 것이다. 어떠한 방식과 내용의 수업을 통해 교사들은 교과서에서 언급된 몇몇 주장들을 뒷받침하였는가? 어떤 내용들이 침묵과 망각을 초래하였는가? 수많은 질문들이, 교실에서 잘 간직된 비밀 가운데, 식민지 이념의 수용조건을 파악하기 위한 경험적인 연구의 필요성을 제기한다. 20세기 초반 "위대한 프랑스"를 위한 정책을 수립하는 데 가장 적극적으로 관여한 식민지 단체로부터 비롯된 몇몇 주도적 행위를 고려하면서 학교가 개입하는 방식과 그 성격에 대해 세밀하게 역사적으로 검토하는 작업이 필요할 것이다. 주도적인 식민지 선전단체들은 식민지 문제에 대해 학교라는 교육기관의 활동의 한계와 부족함을 분명하게 지적했다. 그들은 오로지 책을 통해서만 식민지 문제에 접근하고자 하는 태도를 문제 삼고 식민지 이념의 증진에 있어 교사들의 부족한 열정을 비판했다. 이러한 가운데 식민지 선전단체의 지지자들이 점차적으로 공교육기관에 침투하는 데 성공하기를 희망하는, 훨씬 더 여론을 결집시키게 될 학교 외의 교육기관이 탄생하게 되었다.

4. 식민지 압력단체로서의 '스카우트 운동'

식민지 문제와 관련된 모든 교육기관 중 자연 속에서 도덕적·신체적 교육을 시행하는[41] '스카우트 운동(scoutisme)'은 교육학적으로 가장 성공한, 사회·정치학적 측면에서 가장 상징정인 형태의 '발명품'이라

41 자연 속에서의 스포츠 활동과 식민지 문제와의 관계에 대해서는 "L'aventure n'est-elle qu'une mode?", *Agora*, no. 11(mars 1998), INJEP/L'Harmattan과 Christian Pociello et Daniel Denis (dir.), *A l'école de l'aventure. Pratiques sportives de plein air et idéologies de la conquête du monde (1890-1940)* (Paris: Presses universitaires du sport, 2000)을 참조할 수 있다.

할 수 있다. 스카우트 운동이 1930년에서 1960년 사이에 프랑스의 젊은이들을 지도자로 양성하는 과정에서 결정적인 역할을 행한 점을 고려한다면, 이 영국의 발명품[42]이 프랑스에서 확산된 상황을 정확하게 묘사하는 것은 필요할 것이다. 이러한 과정은 두 가지 측면에서 살펴볼 수 있는데, 한편으로 최초의 프랑스 스카우트 조직인 '프랑스 스카우트(Eclaireurs de France)'의 책임자와 식민지 조직과의 밀접하고 구조적인 관계를 살피는 것이며, 다른 한편으로 식민화에 대한 구체적 행동이 부재한 상태에서 어떻게 아이들과 청소년들의 신체와 상상 속에서 세계의 정복이라는 개념이 싹트게 되었는지를 파악하는 것이다.

프랑스에서의 스카우트 운동의 도입은 1911년 협회가 창설될 때 자신들의 사무실과 직원들을 자유로이 사용하게끔 도움을 준『여행 일기』(*Journal des voyages*)의 지속적인 노력과 선전에 의해 시행되었다. 이처럼 '프랑스 스카우트'의 기원은 식민지 사업을 장려한 한 잡지의 적극적인 지원과 관련이 있는데, 이 잡지는 1877년 이래 '해외로의 모험'을 가장 핵심 주제로 삼은, 당시 가장 명망이 높고 또한 대중적인 잡지였다.[43] 이곳에 실린 글들은 프랑스 '식민지 압력단체(lobby colonial)'들

42 프랑스의 경우와는 다르게 영국의 경우 이 주제에 대한 연구는 풍부한 편이다. 특별히, James A. Mangan, *The Games Ethic and Imperialism. Aspects of the Diffusion of an Idea l*(New York: Viking, 1986) ; Michael Rosental, *The Character Factory. Baden-Powell and the Origins of Boy Scouts Movement* (London: Collins, 1986) ; Edward Said, *Culture and Imperialism* (New York: Vintage, 1994); Alan Sandison, *The Wheel of Empire* (New York: Macmillan, 1967) ; John Springhall, *Youth, Empire and Society. British Youth Movement 1883–1940* (London: Croom Helm, 1977) ; Jim Teal, *Baden-Powell*(London: Hutchinson Editions, 1989)을 참조할 수 있다.

43 이와 관련해서는 Marie Palewska, *Les romans d'aventure publiés par le* Journal des voyages *de 1877 à 1915*. DEA de littérature française (Université Paris IV, 1997)을

과 긴밀하게 연계되어 있는 파리지리협회(Société de géographie de Pais)와 상업지리협회(Société de géographie commerciale)의 찬사를 받았다.[44] 『여행 일기』 편집장인 폴 샤르팡티에(Paul Charpentier)는 프랑스 스카우트의 사명이 "제국주의적 모험과 제국의 보호에 새로운 세대가 관심을 갖게 하고, 더 나아가 이들을 결집시키는 것"이라고 생각했다.[45] 그는 1911년 12월 '프랑스 스카우트'가 창립될 때 총재로 임명되었다.

특별히 프랑스 스카우트의 후원회는 '식민지 압력단체'[46]의 복사판이라고 할 수 있다. 지리협회(Société de géographie)는 10명 이상의 후원자를 배출했는데, 그중에는 협회의 사무총장인 윌로(Etienne Hulot)

참조할 수 있다.

44 게다가 『여행 일기』의 장정판은 수상 도서였으며, 교사들은 이 잡지의 애독자였다. 이와 관련해서는 Mona Ozouf, Jacqeus Ozouf, Véronique Aubert et Claire Steindecker, *La République des instituteurs* (Paris: Gallimard/Le Seuil, 1992)를 참조할 수 있다.

45 Nicolas Bancel et Daniel Denis, "Eduquer: Comment devient-on 'homo imperialis'", p. 99에서 인용.

46 식민지 압력단체 관련 인물의 전기에 관한 연구는 모든 이들이 하나같이 공통점을 지니고 있음을 알게 해준다. 바로 식민지 팽창과 밀접한 연관이 있다는 사실이다. 갈리에니(Joseph Gallieni), 위베르 리요테, 두메르(Paul Doumer) 등의 인물이 식민지 문제와 관련이 있다는 사실은 명백하지만, 다른 인물의 경우에는 이러한 사실이 분명하게 드러나지 않는다. 예를 들어 쥘 아르망(Jules Harmand)에게 주어진 명예대사라는 직위는 1875년에 그가 가르니에(Francis Garnier)와 함께 해군에 복무하는 의사로서 인도차이나 원정에 참여하고 그곳에 머물며 1883년 통킹의 민간인 총독이 된 사실을 말하지 않는다. 아노토(Gabriel Hanotaux)가 아카데미 프랑세즈 회원이라는 사실은 그가 식민지부 장관이었고 또한 여러 차례 외무부 장관을 지냈다는 사실을, 더불어 많은 저서의 저자, 그중에서도 수상작으로 유명한 방대한 『식민지사』(*Histoire de la colonisation*)의 저자라는 사실을 말하지 않는다. 또한 대서양해운회사(Compagnie générale transatlantique) 회장인 샤를 루(Charles Roux)가 해외 영토의 경제개발과 관련된 기업과 은행의 모임인 매우 활동적인 식민지 연합(Union coloniale)을 주재하는 인물이라는 사실도 우리는 잘 알지 못하고 있다.

남작을 비롯해, 갈리에니(Joseph Gallieni), 루(Charles Roux), 마랭(Louis Marin), 두메르(Paul Doumer), 데샤넬(Paul Deschanel), 아노토(Gabriel Hanotaux) 등이 포함되어 있었고, 이들은 모두 국회 내의 식민지 단체(groupe colonial)의 회원들이었다. 후원회의 식민지 문제에 대한 일관성은 식민지 탐험을 재정 지원하고 그 결과를 보급하는 데 앞장 선 주요 식민지 기관들(예를 들어 '지리협회'와 '더치 드 라 뫼르트(Deutsch de la Meurthe)')의 매우 결속력 있는 조직망을 통해서도 드러났다. 이 식민지 기관들은 1885년부터 1900년 사이에 아프리카 정복활동에 참여한 도즈(Alfred-Amédée Dodds), 몽테이(Monteil), 마르샹(Marchand) 등의 경우에서처럼 '적극적인' 군사행동을 주도하였고, 아르망(Jules Harmand), 갈리에니, 두메르, 리요테의 경우처럼 정복한 지역을 관리하였다. 그들은 식민화의 경제적이고 상업적인 사명을 환기시켰고, 식민지 문제와 직접 관련된 프랑스 기업들, 특히 루(Jules Charles Roux)로 대변되는 식민지 연합(Union coloniale)과 봉발로(Gabriel Bonvalot)가 책임자로 있는 뒤플렉스 위원회(comité Dupleix)를 결집시켰다. 또한 뒤부아(Dubois)와 가브리엘 아노토를 중심으로 특성화된 연구와 적합한 교육을 개발했다. 이 같은 맥락에서 볼 때 항공과 해공군 병용 연구의 자금 조달과 발전에 기여한 인물들(Deutsch, Conneau, de la Vaulx)과 북극과 남극 탐험으로 유명하며, 1914년부터 1921년까지 '프랑스 스카우트' 회장으로 식민지 선전 운동의 중심인물이 되는 샤르코(Jean-Baptiste Charcot)를 식민지 문제와 연관시키는 것은 지극히 타당할 것이다. 20세기 전환기에 종종 1면과 삽화 삽입본을 식민지 팽창의 활동을 찬양하는 데 할애한, 종종 100만 부 이상을 발간한 프랑스에서 가장 대중적인 신문 중 하나인

『르 프티 주르날』(*Le Petit Journal*) 역시 프랑스 스카우트의 후원자 역할을 자임하였다.[47]

'프랑스 스카우트'의 활동은 지도부 구성을 통해서 볼 때도 식민지 정복 문제와 태생적으로 연관되어 있음을 알 수 있다.[48] 이 단체에 부여된 교육적 목적은 적어도 이론상으로는 명확했다. 새로운 세대에게 모험의 위험에 직면하게 하고, 제국의 활동을 지지할 준비가 된 '기개 있는 인물'로 준비시키는 것이었다.[49] 식민지 문제를 지도하고 집행하는 사무국을 개설하기보다는 제국을 원하고 식민지 이념을 지지하는 프랑스의 젊은이들을 양성하고자 했던 것이다.

'프랑스 스카우트'의 교육적 모형은 1876년부터 1910년까지 인도와 아프리카에서 근무했고, 1899년 기병대 장교로 보어전쟁에 참전하여 이때의 경험을 바탕으로 스카우트 운동을 기획한 영국 식민지 고위 장교를 지낸 베이든파월(Robert Baden-Powell)의 구상을 따른 것이었다.

---

47 식민지 관련 주제와 식민지 모험을 주요 테마로 삼는 대중소설가와 신문에 연재소설을 기고하는 문인들로 구성된 '문인협회(Société des gens de lettres)'의 활동도 간과할 수 없을 것이다. 이와 관련해서는 Anne-Marie Thiesse, "Les infortunes littéraires. Carrières de romanciers populaires à la Belle Epoque", *Actes de la recherche en science sociale*, no. 60(novembre 1985), pp. 31~46을 참조할 수 있다.

48 이러한 사실은 협회 집행위원회의 인적 구성을 통해서도 드러난다. 이와 관련해서는 Daniel Denis, "L'école de la vie sauvage: un bain de jouvence du parti colonial?", Christian Pociello et Daniel Denis (dir.), *A l'école de l'aventure* (Paris: Presses universitaires du sport, 2000), pp. 21~35를 참조할 수 있다.

49 이와 관련해서는 '프랑스 스카우트' 교본인 *Le Livre de l'Eclaireur*에서 루와이예(Royet) 중령이 명기한 내용을 음미할 필요가 있다. "스카우트란 용어는 힘과 고귀함, 판단과 결정, 현실감각에 있어 지도자적인 역할을 담당할 수 있는 인물이며, 문명과 상업, 산업, 해양, 군사 그리고 식민지 활동에 있어 진정한 선구자적 역할을 수행할 수 있는 능력을 가진 사람을 말한다." Nicolas Bancel et Daniel Denis, "Eduquer: comment devient-on 'Homo impérialis'", p. 102에서 재인용.

"연대, 상부상조, 존중"의 기치를 내세워 소년들의 시민정신을 육성하고 군대에서와 같이 야외생활 기술을 익히게 하려는 그의 구상은 대단한 성공을 거두었다. 스카우트 운동은 단체정신, 집단행동, 협동정신 등을 주입시킴으로써 제국을 고양하는 데 기여했으며, 정치가들로부터 하층 중간계급의 평범한 사람들에 이르기까지 모든 사회계층으로부터 지지를 받은 진정한 대중운동이었다. 그것은 스카우트 선서를 통해 형식화된 자발적이고 열정적인 동의와 함께 자연 속에서 육체를 단련함으로써 세계와의 관계를 변화시키고 정복의 상상계를 이상화시키는 모험 속으로 빠져들게 하였다. 도심 변두리 공간은 아주 먼 곳에 있는 '놀이터'로 정복하고 방어할 공간으로 인식되었다.

베이든파월은 식민지 영토를 항상 새로워지는 정복의 공간으로 비유했는데, 이는 그의 저서 『소년을 위한 스카우트 활동』(*Scouting for Boy*)[50]의 주된 내용이었다. 프랑스에서는 전간기가 되어서야 이러한 사고가 '프랑스 스카우트'에 반영되기 시작했다. 인류애를 강조하는 레토릭에도 불구하고 스카우트 운동은 근본적으로 제국주의적 정서를 키웠음이 틀림없어 보인다. "보이 스카우트는 총 쏘는 법과 극기 훈련과 제국을 방어하기 위해 자기 몸을 다할 것을 배운다"는 모토에서도 제국주의적 내용은 풍성하였고, 나아가 스카우트의 정신은 애국심과 복종을 조장하면서 제국주의적 가치를 부추겼다.[51] 프랑스 스카우트 운동과 식민지 문제와의 연관성에 대해서는 다음과 같은 지표를 제시할 수도 있을 것이다. 1945년 이후 공무를 수행한 식민지 관료 중 63%가 1930년

---

50 Robert Baden-Powell, *Scouting for Boys* (London, C. Arthur Pearson Ltd), 1908.

51 박지향, 『제국주의: 신화와 현실』, pp. 181~182.

대 스카우트 운동을 경험해 본 이들이었다. 이러한 수치는 이 시기에 놀이와 운동을 통해 식민지 활동을 위한 신체적 단련을 행했다는 가정을 신뢰하게 한다.

다른 청소년 운동처럼 스카우트 운동의 식민주의적 측면에 대한 분석은 프랑스에서만 한정해서는 안 될 것이다. 이 운동은 1930년대 초부터 식민지 내에서도 전개되었다. 처음에는 식민지 정복자들에게 한정되었지만, 점차적으로 '백인사회'와 가장 가까운 사회계층 출신의 '원주민'들, 즉 식민지의 관료, 상인, 지도자의 자제들에게도 기회가 주어지게 되었다. 이 운동의 구체적인 성격과 기능, 이 운동의 확산의 결과는 또 다른 연구주제가 될 수 있겠지만, 식민지에서의 스카우트 운동은 식민지 영토의 정치적 해방을 위한 적극적인 활동에 참여함과 동시에 식민지 본국의 규범과 가치에 동화되는 형태를 띠게 된다는 점을 주의해 볼 필요가 있다. 외견상 역설적인 이러한 과정에 대한 연구는 프랑스 제국의 경우 시작에 불과하지만,[52] 다른 사회계층과 분리하면서 권력을 장악한 식민지 엘리트의 문화변용(acculturation)과 같은 식민지 내에서의 사회문화적인 변화를 살피는 데 분명 도움을 줄 수 있을 것이다.

52 이와 관련해서는 Nicolas Bancel, Daniel Denis et Youssef Fates (dir.), *De L'Indochine à l'Algérie. La jeunesse en mouvements des deux côtés du miroir colonial* (La Découverte, 2003)을 참조할 수 있다.

5. 식민지 문제의 내면화

1882년 프랑스의 인종주의 정치인 폴 베르(Paul Bert)가 '국가 종교(religion de la patrie)'를 전파하는 사명이라고 표현한 프랑스 제3공화국 초기 초등학교에 부여된 분명한 정치적 목적의 맥락에서 프랑스의 식민화에 대한 찬양은 특별한 위치를 점하고 있다. 비록 식민화가 1923년이 되어서야 분명한 지침에 의해 공식적인 지위를 획득하게 되었지만, 1870년 이후 출간된 역사, 지리, 문법, 독본 등 모든 학교 교과서는 '프랑스의 식민지 모험'을 호의적으로 묘사했으며, 젊은 대중에게 식민주의 이데올로기를 전파하는 데 기여했다.

그러나 다른 한편으로 식민지 이념 혹은 식민지 정책에 대한 지지는 분명한 담론에 의해 이루어지는 것이 아니라, 그 의미를 인지하지 못할 수도 있는 유형의 형태를 통해 이루어질 수 있다는 사실을 인식할 필요가 있다. 1930년대 청소년 시기를 보냈던 30여명에 대한 여론조사에서,[53] "식민지 문제와 당신은 어떤 관계가 있는가?"라는 질문에 모두가 "아무런 관계도 없다"라고 대답했다. 하지만 이러한 인식과는 상반되는 식민지 문제의 편재를 드러내는 증거는 다양하게 존재했다. 식민지 문제에 할애된 역사수업과 시민교육, 교육기관에서 행해진 '해양 및 식민연맹(Ligue maritime et coloniale)'의 연례회의, 다양한 식민지박람회 방문, 영화, 놀이와 캠프파이어, 공연 등에서 말이다.

이렇듯 제국주의적 현상에 대한 분석을 명백한 선전이라고 인식되

53 "L'Appel de l'aventure", 1999, film de 52 minutes (produit par l'INJEP et le CRCS), réalisé par Sébastien Denis.

는 식민지 담론과 이미지에만 한정시켜서는 안 될 것이다. 식민지로의 팽창 이후 식민지 독립시기까지의 제국주의 문화가 그랬던 것처럼 중요한 문화적 그리고 사회정치적 지형이 의식에 새겨지는 일방적인 담론의 산물이라고 생각하는 것은 상황을 지극히 단순하게 파악하는 것이다. 다양한 문화적 형태의 식민지 선전매체들은 교묘하게 작동하며, 서로 다른, 가끔은 반대되는 동기를 지닌 선전자들에 의해 활용되며, 곳곳에 존재하면서도 동시에 파악하기 힘들다는 사실을 인식할 필요가 있다. 하지만 공식적인 구호와 매우 유사한 이데올로기를 전파하는 학교라는 공간 안에서, 그리고 암묵적이긴 하지만 신체적 단련을 통해 제국의 보존이라는 이상을 실현코자 하는 스카우트 운동을 통해서 식민지 교육이 프랑스의 여러 세대에게 적극적이고 심도 있는 식민지 문제의 내면화 작업에 참여하였다는 사실은 의심의 여지가 없어 보인다. 결국 20세기의 프랑스의 젊은이들은 오랫동안 의식하지 못한 채 '호모 임페리얼리스'가 될 수 있었던 것이다.

2부
식민주의 문화의 전파

출처: William Heath, 『사르키 바트만』 ("Saartjie Baartman"), 1810.

4장

식민주의와 '인간 동물원(Human Zoo)': '호텐토트의 비너스'에서 '파리의 식인종'까지

4장

식민주의와 '인간 동물원(Human Zoo)': '호텐토트의 비너스'에서 '파리의 식인종'까지*

1. '인간 동물원'과 식민지배의 정당화

'인종(학) 전시(ethnological expositions)' 혹은 '검둥이 마을(Negro Villages)'로도 명명되는 '인간 동물원(Human Zoo)'[1]은 서구 제국주의 국

* 이 글은 「식민주의와 '인간 동물원(Human Zoo)': 호텐토트의 비너스'에서 '파리의 식인종'까지」, 『서양사론』, 106호(2010. 9)를 수정, 보완한 것이다.

1 '인간 동물원'이라는 용어는 현대 도시문명의 문제점과 위기를 일컫는 용어로도 활용된다. 영국의 동물학자 데즈먼드 모리스(Desmond Morris)는 현대인이 몸담고 살아가는 도시 환경을 냉소적으로 비유하며 이 용어를 사용했고[Desmond Morris, *The Human Zoo*, 김석희 역, 『인간 동물원』(물병자리, 2003)], 비슷한 맥락에서 일본 SF 문학의 선구자 츠츠이 야스타카(筒井康隆)는 현대 사회의 여러 가지 폐단과 인간 본성의 추악한 면이 드러나는 공간을 빗대어 일컫는 용어로 활용했다[筒井康隆, 心理學, 社怪學, 양억관 역, 『인간 동물원』(북스토리, 2004)]. 본 장에서는 '인간 동물원'을 서양 역사학계에서 2000년대 이후부터 사용하기 시작한, '동물원', '괴물쇼', '박람회' 등의 형태를 띤 식민주의와 제국주의 시기의

가들의 식민지배에 대한 정당화 논리를 가장 집약적이고 효과적으로 보여주는 통로였다고 할 수 있다.

19세기 초, '호텐토트의 비너스(Hottentot Venus)'라 불린 남아프리카 코이코이(Khoi Khoi) 부족 여성, 사르키 바트만(Saartjie Baartman)이 유럽에서 '괴물 쇼(freak show)'라는 이름으로 '전시'된 이래 '인간 동물원'은 수많은 서구 관객들의 관심과 욕망의 대상이 되었다. 프랑스 제국주의가 절정에 달한 1931년 파리에서 열린 세계식민지박람회에서도 식민지에서 온 원주민들이 '식인종'으로 묘사되며, 춤을 추고 노래하며 그들의 의지와 상관없이 관람객들의 구경거리가 되었고, 낮은 보수와 텐트도 없는 열악한 환경에서 이동의 자유도 빼앗긴 채 관리되며 전시되었다. 이 '인간 동물학(anthropozoology) 전시'에서 식민지에서 온 남성과 여성 그리고 아이들은 야생의 동물들과 뒤섞인 가운데 우리 안에서 고함을 지르고, 활을 쏘며, 나무를 기어오르고, 기이한 춤을 추는 등의 '다채로운 공연'을 보여주며 원시적인 생활방식을 재현해야만 했다. 서구학자들에 의해 학문적으로 연구되고, 공식적인 박람회에서 전시되며, 서커스나 카바레에서 관객들의 눈요기 대상이 되었던 이 '이국적인 사람들'은 식민지 본국의 욕망에 의해 조작된 모습으로 역사 속의 인물들이 되어야만 했다. '인간 동물원'을 관람하며 제국의 시민들은 식민지인들이 얼마나 열등하며 상대적으로 자신들은 얼마나 우월한지를 시각적 체험을 통해 인지할 수 있었다. '과학적 인종주의(scientific racism)'와 '사회진화론'[2]의 수혜를 받은 이러한 인종전시는 다른 풍습을 가진 이들을 관

인종전시를 일컫는 용어로 사용하고자 한다.

2 사회진화론(Social Evolutionism)은 일반적으로 '사회다윈주의'(Social Darwinism)라고도

찰한다는 다소 '학문적'인 목적을 표방하고 있었지만, 실상은 그동안 우생학적으로 우월하다는 서구인들의 믿음을 확인시켜 줌과 동시에 제국주의에 대한 자부심을 갖게 하고, 그것을 긍정하고 정당화하며 본국에서의 식민지 팽창정책에 대한 반대논리를 잠재우고, 식민화에 대한 대중적 합의를 형성하는 적절한 수단으로 기능했다.

본 장은 '야만적인 것'과 '이국적인 것'을 전시하는 '인간 동물원'이 제국주의 시대 이후 '과학적 인종주의'에서 '대중적 인종주의'로의 이행을 촉진시킨 식민주의적 현상이라는 가정으로부터 출발하고자 한다. 먼저, 인간 동물원의 (허구적인) 이론적 논거라 할 수 있는 서구의 인종주의에 대해 고찰해 보고, 식민주의[3]의 전개에 인종주의가 어떠한 방식으로 연계하며 서구사회에서 기능할 수 있었는지에 대해 살펴보고자 한다. 뒤이어, '야만의 전시'라는 측면에서 동물원과 '괴물쇼' 그리고 박람회 등의 형태를 띤 인간 동물원의 역사에 대해 소개하고 다양한 사례에 대해 분석해 보고자 한다. 4장에서는 인간 동물원이 식민주의 문화의 형성과 전파라는 제국주의적 배경 속에서 과학적 인종주의에서 대

한다. 두 개념 사이의 차이점에 대해서는 염운옥, 「영국의 식민사상과 사회진화론」, 강만길 외, 『일본과 서구의 식민통치 비교』(선인, 2004), p. 31을 참조할 수 있다.

3 식민주의와 제국주의는 시대에 따라, 여러 학자에 의해 다양한 의미로 각각 정의되었다. 두 개념은 팽창, 정복, 경제적 착취, 정치적 지배, 문화적 침투라는 공통점을 공유하고 있지만, 팽창의 강도와 규모, 자본주의와의 연계성 등의 측면에서는 분명한 차이가 존재한다. 본 논문에서는 글의 성격상, 그리고 서양 사학계에서 두 개념을 혼용하여 사용하고 있음을 감안하여, 식민주의와 제국주의 두 용어를 혼용하기로 한다. 두 단어 사이의 차이점에 대해서는 박지향, 『제국주의: 신화와 현실』(서울대출판부, 2000)과 Jürgen Osterhammel, *Kolonialismus: Geschichte, Formen, Folgen*, 박은영·이유재 역, 『식민주의』(역사비평사, 2006)를 참조할 수 있다.

중적이고 실용적이며 효과적인 인종주의로의 변화를 촉진하는 매개체로 기능하게 됨을 살피게 될 것이다. 궁극적으로 본 장은 인간 동물원이라는 형태의 '식민주의 문화'를 통한 서구 열강의 정체성 형성 작업과 '타자 만들기'에 대해 고찰해 보는 작업이 될 것이다.

2. 식민주의와 인종주의

'지리상의 발견'이 이루어지는 식민주의 시기부터 등장하기 시작한 인간 동물원은 자연과 원시 상태에서 인간을 대중적으로 전시하는 행위를 말한다. 이러한 전시는 종종 유럽인과 비유럽인 사이에 존재하는 문화적 차이를 강조한다. 경제적 착취와 정치적 지배로 인식되는 식민주의는 무엇보다 서구열강이 지적·사회적·과학석·도덕적·예술적·상업적·산업적 문화의 특성을 지니지 못하고 있다고 생각하는 '미개한 인종'에게 우월한 백인종의 문화를 전달하기 위해 식민지인들과의 관계를 설정하는 행위라고 볼 수 있다. 서양인들은 식민화를 단순히 식민지인의 지배나 착취만으로 생각한 것이 아니라 문화적인 사명과 결부시켰다.[4] 식민화는 곧 '야만인들의 교화'를 의미하는 것이었기에 서구인들이 서유럽 문화가 우월하다는 전제 하에 식민지인들에 대한 문화적 동화전략을 수행함은 전혀 문제될 것이 없었다. 키플링(Rudyard Kipling)의 작품을 통해 가장 강렬하고 확실하게 표현된 '백인의 짐(The

4 식민주의자들의 '신조(creed)'라 할 수 있는 '문명화 사명'과 관련해서는 Alain Ruscio, *Le credo de l'homme blanc* (Paris: Ed. Complexe, 1995)을 참조할 수 있다.

White Man's Burden)'이라는 구실 덕분에 식민주의는 무지몽매한 다른 인종들에게 문명을 전하도록 운명 지워진 백인들의 고상한 행위가 될 수 있었다.[5]

'지리상의 발견'과 대항해시대를 거치며 유럽인들은 비유럽인들과 지속적으로 대면하게 되었고, 다른 종교와 생소한 생활방식을 지닌 이들을 열등하다고 생각하기에 이르렀다. 유럽사회에서 백인인 유럽인들은 식민지 침략과 지배의 정당성을 이러한 문화적 우월성, 그 가운데서 특히 인종적 우월성에서 찾았다. 아메리카 침략 당시 라스 카사스(Bartolomé de las Casas)와의 '바야돌리드 논쟁'[6]에서 아메리카 대륙의

---

5 이러한 맥락에서 내각수반을 두 번 역임하면서(1880–81, 1883–85) 프랑스의 식민주의 정책을 주창하고 실시한 강력한 식민주의 지지자였던 쥘 페리는 우월한 인종들은 열등한 인종들을 문명화해야 하는 의무가 있다고 주장하였다. "스페인 병사들과 모험가들이 중앙아메리카에 노예제를 도입했을 때 분명히 그들은 고급 인종으로서의 의무를 이행하지 못했습니다. [……] 하지만, 우리시대에 유럽 국민들은 관대하고 위대하고 그리고 성실하게 문명화의 드높은 의무를 수행하고 있다고 나는 단언하는 바입니다." (Jules Ferry, 「프랑스 식민지 팽창의 대의」, 출처: http://past.snu.ac.kr/02_document/oldfrance/oldfrance.html). 서구 제국주의 국가들의 '문명화 사명'과 관련해서는 Alice L. Conklin, *A mission to civilize : the republican idea of empire in France and West Africa, 1895–1930* (Stanford; Cambridge, 1997)와 Harald Fischer–Tiné and Michael Mann (ed.), *Colonialism as civilizing mission : cultural ideology in British India* (London, 2004)를 참조할 수 있다.

6 1550년 스페인 바야돌리드(Valladolid)에서 성 도미니크회 수사 라스 카사스와 신학자 세풀베다가 논쟁을 벌였다. 아메리카 신대륙에서 발견한 인디오들이 영혼을 갖고 있는 사람인지 아닌지를 판단, 이들을 노예화하는 것이 옳은지, 그른지를 가리는 것이었다. 이듬해까지 이어진 이 논쟁에는 막대한 경제적인 이해관계가 얽혀 있었다. 만일 인디언들이 당당한 인간, 즉 신의 어린 양들이며 그리스도의 죽음으로 죄 사함을 받았다면, 어느 누구도 이들을 노예로 부리거나 이들의 땅과 숲, 이들의 땅에서 나는 천연자원들을 빼앗을 권리가 없게 되는 것이다. 오히려 이들의 노동에 대해서 정당한 대가를 지불하고, 이들의 재산을 얻기 위해서는 합당한 값을 치러야 한다. 이렇게 된다면 스페인 제국을 파멸로 이끄는 결과를 초래할 것이 불을 보듯 뻔했다. '바야돌리드 논쟁'과 관련해서는

인디오를 “이성과 영혼이 없는 존재, 인간으로서의 자질이 없는 저급한 인류”라고 주장한 스페인의 궁정사가이자 신학자인 세풀베다(Juan Ginés de Sepúlveda)는 식민지 정복과 영토 팽창을 합리화하는 이론적 논거로서의 인종주의를 식민주의에 선사한 ‘선구적인’ 인물이었다.

유전되는 신체적 특징과 성격·지능·문화 사이에 인과관계가 있다는 이론으로서의 인종주의는 인종에 대한 편견과 차별 의식을 근간으로 지난 500년 동안 유럽 국가들이 그들의 힘을 전 세계로 확대하여 나가며 다른 대륙의 사람들을 살육하고 노예화하며 착취하는 데 있어 가장 중요한 구실을 해왔다. 식민주의의 전개에 있어 인종주의는 필수적이었는데, 서구 열강은 식민주의가 무력을 바탕으로 한 팽창과 정복이 아니라, 앞선 문명과 인종적인 우월성을 지닌 선진 국가들이 야만족을 개화시키고 동화시키는 숭고한 목적 하에 진행된다는 점을 보여줌으로써 식민지에 대한 지배와 착취를 정당화할 수 있었다. 인간 사이의 우열을 가정함으로써 인간의 인간에 대한 지배를 합리화하고, 열등하다고 생각되는 인간을 도구화하는 이러한 사고방식은 인종의 차이를 ‘환경결정론’에 의거하여 ‘퇴화이론’으로 설명한 프랑스인 뷔퐁(Georges-Louis Leclerc, comte de Buffon)과 독일인 블루멘바흐(Johann Friedrich. Blumenbach),[7] 인종주의적 사고를 의학 분야에 광범위하게 유포시킨 영

Jean-Claude Carrière, *La controverse de Valladolid*, 이세욱 역, 『바야돌리드 논쟁』(샘터, 2007)과 박설호, 『라스카사스의 혀를 빌려 고백하다』(울력, 2008)를 참조할 수 있다.

7 이들은 기후, 생활양식 등 환경적 요인과 혼혈이 하나의 인종을 여러 인종으로 분화시켰으며 비유럽인종을 퇴화시켰다고 생각했다. 이들의 주장은 근대 인종주의 이데올로기의 학문적 기초를 제공했으며, 19세기 중반까지 인종주의적 사고의 중심이 되었다. [한국서양사학회, 『서양문명과 인종주의』(지식산업사, 2002),

국인 녹스(Robert Knox)와 미국인 모턴(Samuel George Morton)[8]을 거쳐, 『인종 불평등론』(*Essai sur l'inégalité des races humaines*)(4권, 1853–1855)으로 유명한 프랑스의 고비노(Joseph Arthur Gobineau)[9]에 이르러 근대적인 '과학적 인종주의의' 형태를 띠게 되었다. 인종 사이의 차이를 강조하며, 계급이나 인종, 그리고 민족 사이의 불평등한 억압을 합리화하기 위하여 과학적 언어, 개념, 방법 그리고 과학의 권위까지 동원되기에 이르렀던 것이다.

19세기 중반 이후 성행한 인종전시와 '민족지학 동물원(ethnographic zoos)'은 인종 간의 지적, 도덕적 능력에는 차이가 있고, 한 인종의 지적 능력과 외형적 특성 간에는 밀접한 상관관계가 있다는 생각에 기인

---

pp. 19~22)].

8 영국인 해부학자 녹스는 많은 인간의 머리 골격이나 기타 몸체 구조의 분석을 통해 인간의 여러 종은 해부학에서 차이를 보이며 그 외부의 특질은 지난 6천 년 동안 변하지 않았다고 주장했다. 게다가 이들 사이의 지적인 차이는 신체의 차이보다 더 크다고 생각했다. 미국의 해부학자 모턴은 두개골의 부피를 인간의 도덕적·지적 자질과 연결시켜 백인과 흑인은 전혀 다른 인종일 뿐만 아니라 다른 성질과 기질을 가지고 있다고 주장하였다. (한국서양사학회, 『서양문명과 인종주의』, pp. 23, 25).

9 백인종의 우수성을 강조하며 "세계문명의 발전은 백색인종이 창조한 것이며, 열등인종과의 혼혈에 따른 인종적 퇴폐로 문명은 몰락한다"고 주장한 고비노와 1899년 출간된 『19세기 유럽 문화의 토대』(*Die Grundlagen des neunzehnten Jahrhunderts*)를 통해 '아리안 인종론'를 주장한, 고비노 사상의 계승자인 체임벌린(Houston Stewart Chamberlain)은 독일 나치의 인종주의 이론의 지적인 선구자로 평가된다. 이러한 인종주의는 식민주의를 합리화, 정당화하는 효과적 수단으로도 활용되며, 식민화와 제국주의는 무지몽매한 다른 인종들에게 문명을 전하도록 운명 지워진 백인들의 고상한 의무로 치장될 수 있었다. 고비노의 인종주의에 대해서는 김응종, 「오리엔탈리즘과 인종주의: 토크빌과 고비노의 논쟁을 중심으로」(『담론 21』, vol. 6, no. 2(2003), pp. 197~220)과 신응철, 「인종주의와 문화: 고비노 읽기, 칸트와 니체 사이에서」(『니체연구』, vol. 8(2005), pp. 121~146)를 참조할 수 있다.

한 것이었다. 이러한 사고체계는 생물학적 탐구, 비교해부학, 골상학을 토대로 한 '과학적 인종주의'의 발전으로 이어지게 되었다.[10] 퀴비에(Georges Cuvier)로부터 시작되어 인종 간의 다양성, 인간과 동물의 차이, 인종기원에 대한 논의에 열기를 더한 비교해부학이나, 캠퍼(Petrus Camper)와 닐랜드(S. S. Kneeland) 등에 의해 시도된 두개골 연구로부터 인종의 차이를 설명하는 골상학과 더불어, 자연계가 '생존경쟁'과 '적자생존'이라는 진화의 법칙에 따라 진보하고 있다고 주장한 다윈(Charles Darwin)의 진화론은 19세기 인류학자들 사이에 이미 관심거리였던 인종 간의 차이를 측정하는 운동을 한층 고무시켰다. 특별히 다윈의 진화론은 국가 간의 정치적 투쟁이 심화되는 시기에 나타나 전쟁을 정당화하였으며, 인종주의와 연계하여 아시아와 아프리카의 '문명화되지 않은 유색인종' 지역에 대한 지배를 합리화하였다.[11] 다윈주의의 한 부산물로 유전학적인 방법으로 인간을 개선시키고자 연구하는 학문인 골턴(Francis Galton)의 우생학(eugenics)과 다윈주의를 인간의 사회적 관계에 적용한 스펜서(Herbert Spencer)의 사회진화론(혹은 사회다윈주의[12])이 유

---

10 황혜성, 「인종주의」, 김영한 엮음, 『서양의 지적 운동 II』(지식산업사, 2002), p. 267.

11 다윈의 진화론 등에 의거하여 19세기 말 제국주의자들은 열등한 인종을 개화시킨다는 사명감 또는 '백인의 짐'을 지고 식민 사업을 펼쳐나갔고, 우생학, 제국주의와 결합된 인종주의는 최대 전성기를 맞이하였다. 황혜성, 「인종주의」, pp. 269~273.

12 사회진화론은 유럽 국가들의 제국주의 정책을 정당화하는 좋은 무기가 되기도 하였다. 이에 따르면 사회적 성취의 대부분은 유전에 의한 것이므로 유전적으로 우월한 유럽인이 열등한 식민지인을 지배하는 것은 자연법칙에 합당한 것이었다. 이리하여 유럽의 식민정책과 경제적 착취는 합리화 될 수 있었다. (한국서양사학회, 『서양문명과 인종주의』, p. 29).

럽에서 광범한 영향력을 행사할 수 있었던 것은, 앞서 등장한 인종주의와 연계된 이론들처럼, 그것이 자연과학의 외피를 둘러쓰고 있었기 때문이었다.

개개 인종의 생물학적·생리학적 특징에 따라 계급이나 민족 사이의 불평등한 억압을 합리화하는 사고방식으로서의 인종주의는 흔히 민족적인 지배나 정복을 정당화하였다. 식민주의와 인종주의의 산물인 인간 동물원을 통해 유럽인들은 인종주의적인 우월감을 지닐 수 있었으며, '전시된' 식민지인들을 –특별히 아프리카인들을– 유럽인과 유인원 사이의 중간쯤 되는 존재로 인식할 수 있었다. 결과적으로 인종의 차이를 측정하는 19세기의 모든 (비)과학적 방법 뒤에는 유색인종은 열등하다는 궤론[詭論]이 있었으며, 인간 동물원은 이러한 사고에 기반한 식민주의 문화의 또 다른 표현이었던 것이다.

3. '야만의 전시': 동물원, '괴물쇼(freak show)', 박람회

19세기 중엽부터 유럽과 미국의 관람객들은 인공적으로 만들어진 자연 속에서 기린, 타조, 코끼리, 악어, 원숭이 등과 함께 '기이한' 풍속과 '소름끼치는' 관습을 지닌 인간들을 발견했다. 산업혁명의 발달과 자본주의의 고도성장을 매개로 한 '후진지역'으로의 진출이라는 배경 속에서 '인간 동물원'이 탄생한 것이다. 수백만의 관람객과 더불어 시작된 19세기의 첫 번째 대중적 현상이라 할 수 있는 이 인간 동물원은 '타자'와 '타국'에 대한 서양의 환상과 두려움에 화답했으며, 당시 구축되고 있었던 인종주의 담론에 실체를 부여했다. 우월한 문명을 지니고 세상을 이끌어 나간다는 그들 역할에 확신을 가진 서양인들은 그들의 기대와 욕망에 부합하는 모습의 '타자'를 상상하고, 전시하며, 재단하고, 보여주며, 해부하고, 장식했다. 식민화의 권리만큼 자연스럽게, 서커스와 동물원에서 그리고 박람회에서 이 '이국적인 사람'들을 전시하는 권리로서의 인종전시는 함부르크에서 파리까지, 시카고에서 런던까지, 밀라노에서 바르샤바에 이르기까지 일반화되었다. 19세기부터, 서구인들은 세계를 이해하기 위해 매우 자연스럽게, 전반적인 여론의 반대 없이, 그들의 방식과 신념과 이해에 따라 세상과 인간의 이미지를 구축해 나갔다. 19세기 중반 이후, 특히 제국주의 시대의 도래와 함께 일반화되기 시작한 인간 동물원은 식민주의만큼 긴 역사를 가지고 있었다.[13]

최초의 인간 동물원이라고 알려진 멕시코의 몬테주마(Moctezuma) 동물원은 300여 명의 사육사들을 보유한 대규모 동물원이었으며, 다양한 동물들뿐 아니라 난쟁이, 백색증 환자(albino), 곱추 등과 같은 '비정상적'인 사람들로도 구성되어 있었다.[14] 르네상스 시기에 이르러 금융

13 서구의 역사에 있어 '인간 동물원' 현상은 식민화 시기 이전부터 시작되었다고 볼 수 있다. 비서구인을 전시하고 관찰하는 '비인간화' 과정은 서구문화의 오래된 전통이었다. 인간을 전시하는 행위는 서양 고대 시기부터 존재했지만, 식민주의와 인종주의에 근거한 인종전시는 '신대륙의 발견자' 콜럼버스가 1493년에 '신세계'로부터 스페인 왕실에 아메리카 원주민들을 데려와 '전시'하면서부터 시작되었다고 볼 수 있다. Kurt Jonassohn, "On A Neglected Aspect Of Western Racism", Paper presented at the meeting of the Association of Genocide Scholars, 9-12 June 2001 in Minneapolis, December 2000, Montreal Institute for Genocide and Human Rights Studies.

14 Bob Mullan and Marvin Garry, *Zoo culture: The book about watching people watch animals* (Illinois, Second edition, 1998), p. 32.

업으로 성장해 도시국가 피렌체의 권력을 거머쥔 메디치(Medici) 가문은 바티칸에 거대한 동물원을 만들었으며, 16세기 메디치 가문 출신의 히폴리투스 추기경(Cardinal Hippolytus)은 이국적인 동물뿐 아니라 다양한 종족의 사람들을 '수집'했다고 한다. 그는 20여 개 언어에 달하는 다양한 '야만인' 집단을 '보유'했으며, 무어인, 타르타르인, 인디언, 터키인, 그리고 아프리카인들도 그의 소유 하에 있었다고 전해진다.[15]

17세기 이후, 유럽에서 동물원의 성행은 여행과 해양무역의 발달로 세계에 대한 이해가 이루어지는 과정과 함께 진행되었다. 당시의 동물원은 도시라는 공간에 희귀하고 이국적인 동물들을 받아들이며 시작되었다. 같은 맥락에서, '학문적 목적의 수집'이라는 생각에서 비롯된 '박물관'은 세계에 대한 이해가 결국은 '지배'의 근원적 요소라는 생각이 분명해진 18세기에 일반화되었다. 이러한 관점에서, 동물원은 그 사명이 '살아있는 것들'의 목록을 작성하는 박물관의 부속기관처럼 인식되었다. 박물관처럼 동물원은 당시 일반적으로 서구의 자연환경에서 만날 수 없는 '동물 무리'가 모여 있는 장소였다. 18세기의 박물학자들이 인식했던 것처럼 동물원은 자연을 서구인들이 바라보는 시각에서 질서정연하게 배치한 공간이었다. 학자들에게 재량권이 맡겨진 이 공간은

15 Bob Mullan and Marvin Garry, *Zoo culture*, p. 98. 서양적인 기준에서 신체적·정신적·문화적으로 '정상적'이지 않은 사람들을 전시하는 행위를 반드시 식민주의나 인종주의 문제와 결부시킬 수만은 없을 것이다. 호기심과 과학, 오락, 교육의 관점에서 자신과 다르게 생긴 사람들을 관찰하는 측면도 있을 것이며, 인종주의와는 상관없이 사회 상층부와 하층부 사이의 대결이라는 국면으로 설명될 수 있는 전시도 분명히 존재할 것이다. 본 장에서는 '인간 동물원'에 혼재해 있는 이러한 전시들 중, 둘 사이의 구분이 명확하지 않는 경우도 있지만, 식민주의와 인종주의에 기반한 전시에 국한하여 논의를 전개하고자 한다.

학자들이 연구하고 실험하는 학술적 공간이었고, 신기한 혹은 야생의 동물들을 진열하는 전시의 공간이었으며, 가볍게 배우면서 즐길 수 있는 오락과 여흥의 공간이었다.[16]

19세기 들어 서양에서는 동물뿐 아니라 인간도 포함된 이러한 '수집품'들을 보여주기 위한 동물원과 '서커스'라는 두 개의 특별한 공간이 등장하게 되었다. 동물원의 경우, 미국은 유럽과는 달리 동물원이라는 공간에 자연을 연출해 내지 않았다. 미국인들은 북미 대륙이라는 야생의 광활한 공간을 정복하는 데 관심을 돌렸으며, 아직 도시화되지 않은 사회 속에서 자연은 바로 곁에 존재해 있었던 것이다. 반면에 유럽에서는 산업혁명기의 도시의 발달이 부분적으로 동물원의 비약적인 발전을 설명해 주는데, 동물원은 도심 가운데 자연을 대신하는 역할을 담당하게 되었다. 동물원이라는 형태로 새롭게 인위적으로 만들어진 자연은 산업혁명으로 인해 고향을 떠날 수밖에 없었던 수백만의 '시골 사람'들의 자연적이고도 사회적인 향수와 욕망을 대변해 주었다.[17]

미국에서는 '타국'과 '타자'에 대한 공연을 순회 서커스를 통해 주로 보여주었는데, 이와 관련한 가장 상징적인 인물로 서커스단 흥행사이자 사업가인 바넘(Phineas Taylor Barnum)을 꼽을 수 있다. 근대적 의미의 첫 번째 대중적 '인간 동물원'은 아마도 그가 1835년 기획한, 조지

16 Nicolas Bancel, Pascal Blanchard, Gilles Boëtsch, Éric Deroo et Sandrine Lemaire (ed.), *Zoos humains. Au temps des exhibitions humaines* (Paris, 2002), p. 7. 동물원의 역사와 기능, 그리고 동물원에서의 인종전시에 관해서는 Nigel Rothfels, *Savages and Beasts: The Birth of the Modern Zoo*, 이한중 역, 『동물원의 탄생』(지호, 2003)을 참조할 수 있다.

17 Bancel, Blanchard, Boëtsch, Deroo et Lemaire. (ed.), *Zoos humains*. pp. 7~8.

워싱턴 미국 대통령의 161세 된 흑인 유모라고 속이며 7개월 동안 카바레와 선술집, 박물관, 기차역과 콘서트 홀 등지에서 전시한 '조이스 히스(Joice Heth)쇼'[18]일 것이다. 뒤이어 바넘은 샴쌍둥이(Siamese twins)인 장(Chang)과 엉(Eng) 벙커(Bunker)의 전시[19]도 기획하였다. 이러한 전시들은 '괴물쇼(freak show)'라는 공통점을 지니고 있었다. 대중들은 희귀하고 기괴한 것에 흥미를 느낀다는 것을 알고 있던 바넘은 이러한 욕망을 충족시켜 주기 위해 진실성 여부를 제쳐 둔 채 죽은 것이든 살아 있는 것이든 모든 신기한 것들을 찾아다녔다. 바넘은 멋진 묘기와 반복적인 광고, 과장된 선전으로 전시와 쇼, 서커스, '인종쇼'와 '괴물쇼'와 같은 '오락 활동'을 기획하고 널리 대중에게 전파한 '선구적인 인물'이었

---

18 1835년 바넘은 조이스 히스(Joice Heth)라는 이름의 흑인 노예를 자신의 박물관에서 대중에게 전시하였다. 바넘은 이 흑인 노예가 조지 워싱턴의 유모라고 주장했다. 히스와 관련하여, 바넘은 우선 뉴욕시의 한 장소에 홀을 빌려 대규모의 홍보 캠페인을 펼쳤는데, 이때 사용했던 포스터와 광고들은 이제는 노인이 된 히스의 놀라운 이야기를 전하고 있었으며, 조지 워싱턴의 부친의 서명이 있는 히스 노예 매매 계약서 또한 포함되어 있었다. 히스는 조지 워싱턴의 어린 시절에 관한 그럴듯한 일화를 이야기 했으며, 이는 커다란 반향을 불러일으키며 수주간 뉴욕 지역의 여러 신문에 실리게 되었다. '조이스 히스 쇼'와 관련해서는 다음 논문을 참조할 수 있다. Benjamin Reiss, "P.T. Barnum, Joice Heth and Antebellum Spectacles of Race", *American Quarterly*, vol. 51, no. 1(march 1999).

19 1811년에 태어나 1874년 사망한, 시암(타이) 태생의 중국계인 장(Chang)과 엉(Eng) 벙커(Bunker) 형제는 바넘의 서커스단과 함께 미국 전역을 순회하였으며, '샴쌍둥이(siamese twins)'로 불려졌다. 이들은 각각 결혼해서 10명과 12명의 아이들을 낳았으며, 1874년 같은 날 사망했다. 이들은 흉골이 연골로 결합되어 있었지만, 현재 의학 기술이라면 충분히 분리할 수 있는 수준이었다. 장과 엉 벙커 형제와 관련해서는 다음과 같은 저서들을 참조할 수 있다. Amy and Irving Wallace, *The Two: The Story of the Original Siamese Twins* (Simon & Schuster, 1978) ; David R. Collins, *Eng & Chang: The Original Siamese Twins* (Silver Burdett Press, 1994) ; Darin Strauss, *Chang and Eng: A Novel* (Dutton, 2000).

다.[20] 조이스 히스 덕택에 '빛나는 경력'을 시작할 수 있었고 명성을 떨칠 수 있었던 바넘은 어떤 미국인도 행하지 못했던 대중적인 인종전시를 구상했는데, 이러한 구경거리는 서구인의 '인종주의적 정서'에 부합하는 것이었다. 바넘의 관객들은 누구나가 서양이 지배하는 무대 위의 주인공이 될 수 있었던 것이다.[21]

인간 동물원과 관련된 어쩌면 가장 유명한 사례로는 유럽에서 전시된 코이코이(Khoi Khoi. '인간'이라는 의미) 부족 출신의 사르키 바트만(Saartjie Baartman)을 언급할 수 있을 것이다. 영국인 의사 던롭(William Dunlop)은 남아프리카의 20살의 흑인 여성을 1810년 런던으로 데려와 5년간이나 영국 전역을 순회하면서 그녀의 신체 구석구석을 사람들에게 보여주는 '괴물쇼'로 큰돈을 벌었다. 유럽 여성들의 신체와 비교해 특이한 둔부를 가진 사르키 바트만은 그 둔부 하나로 당시 제국주의 유럽 인종학자들의 지대한 관심을 끌었다. 이들 학자들뿐 아니라 일반인들에게도 신체적 차이에 대한 호기심, 나아가 성적 관음증의 대명사가 된 사르키 바트만은 런던, 파리, 암스테르담 그리고 기타 유럽의 여러 도시에서 매춘을 강요당하며 인종전시의 대상이 되었다. 유럽인들이 사르키 바트만에게 붙인 애칭은 '호텐토트(열등 인종)의 비너스(Hottentot Venus)'였다. 무려 5년 동안 비인간적으로 이어지는 노역과 수모를 이기지 못한 바트만은 1815년 스물여섯 해를 채우지 못한 나이로 그 참

---

20 바넘의 생애에 관해서는 Bluford Adams, *E Pluribus Barnum: The Great Showman & the Making of U.S. Popular Culture* (University of Minnesota Press, 1997)와 Joel Benton, *Life of Phineas T. Barnum* (Edgewood Publishing, 1891)을 참조할 수 있다.

21 Benjamin Reiss, *Zoos humains et exhibitions coloniales* (Paris: La Découverte, 2011), p. 30.

담한 일생을 마감했다. 하지만 그녀의 비운은 숨이 멎은 뒤에도 끝나지 않았다. 그녀의 시신은 당시의 유명한 해부학자인 퀴비에(Georges Cuvier)에게 양도되었다. 프랑스 의사들은 과학적 검증이라는 명목을 내세워 바트만의 시체를 석고모형으로 뜨고 해부했다. 고통스런 얼굴로 눈을 감은 채 서 있는 그녀의 나체 모형은 파리 인류박물관에 진열됐다. 발라놓은 뼈와 뇌, 생식기 역시 1976년까지 186년 동안 그곳에 전시됐다. 1993년 들어선 남아공 민주정부는 프랑스 정부와 7년간의 협상 끝에 2002년 5월 사르키 바트만의 유해를 고국으로 가져왔다. 그리고 사후 192년 만에 그녀는 이스턴 케이프(Eastern Cape)의 감투스(Gamtoos) 강가에 묻힐 수 있었다. 200년이 지나서야 치러진 장례식에서 사람들은 무엇보다 그녀의 유해에 옷 입히는 의식을 정성스럽게 거행했다. 살아서는 물론이고 죽어서도 사람들의 눈요깃감이었던 그녀에게 진정한 인간으로서의 권리를 되돌려 준다는 의미에서였다. 사르키 바트만은 외모와 인종 때문에 이런 차별을 겪게 되었고, 훗날 여성학대, 식민 통치의 잔혹성, 인종차별의 상징적 인물이 되었다.[22]

그런데 인간 이하의 취급을 받다 사망한 사례는 이것이 전부가 아니었다. 마치 식민주의 시대의 문화적 소산인 양 곳곳에서 이 같은 인종차별에 기인한 인종전시가 행해졌다. 1854년 미국인의 꾐에 넘어가 미국과 유럽의 구경거리가 된 멕시코 인디언 여성 줄리아 파스트라나(Julia Pastrana)는 '사람과 오랑우탄의 혼혈'이라는 비참한 별명을 갖게

---

22 사르키 바트만의 비극적인 생애에 관해서는 Stephen Jay Gould, *Le sourire du flamand rose* (Paris: Seuil, 1988)와 Gerard Badou, *L'enigme de la Venus hottentote* (Paris: Payot, 2000)를 참조할 수 있다.

되었다. 얼굴이 흉하게 생기고 온 몸이 털로 뒤덮인 그녀 역시 동물처럼 끌려 다니다가 5년 뒤 아이를 낳다 숨졌다. 잔인한 사람들은 산모와 아기 시체를 미라로 만들어 또 다시 돈벌이에 이용했고, 이는 1970년까지 110여 년 동안이나 계속됐다.[23]

이국적인 사람들을 눈요깃거리로 삼고 동물과 관련지어 무대에 올리고 공연을 보여주고자 하는 생각은 19세기 초 그 기원을 찾을 수 있지만, 1870년대 제국주의 시대를 맞이하며 본격적으로 성행했다고 볼 수 있다. 1889년 프랑스는 당시 식민지였던 아프리카 원주민과 그들의 마을 전체를 파리박람회 전시장에 옮겨 놓았으며, 1903년 일본은 아이누, 말레이, 자바, 마드라스 등의 인종들을 박람회에 선보였다. 이듬해 제3회 올림픽 대회가 열린 미국 세인트루이스(St. Louis)에서는 '인류학의 날'이라는 명목으로 아메리카의 수족 인디언, 멕시코 코코파족, 아프리카 피그미족, 필리핀 루손 섬의 이고로트족 등 원주민들을 선수로 내보낸 번외 경기가 사람들의 눈요깃감이 되었다.[24] 이 밖에도, 1877년부터 1912년 사이에 30여 개의 '인류학 전시'가 지속적인 성공을 거두며 프랑스 동물원에서 열렸으며, 다른 유럽 국가들과 미국의 경우도 예외는 아니었다. 1878년과 1889년의 파리박람회에서는 수백 명의 원주민들로 구성된 '검둥이 마을'이 큰 인기를 끌었는데, 관람객들은 프랑스

23 줄리아 파스트라나에 대해서는 Christopher Hals Gylseth and Lars O. Toverud, *Julia Pastrana: The Tragic Story of the Victorian Ape Woman* (Sutton: History Press Limited, 2004)을 참조할 수 있다.

24 미국의 제국주의 전시장이자 인종전시장으로서의 세계박람회(특별히 1893년의 시카고 박람회와 1904년의 세인트루이스 세계박람회)에 대해서는 박진빈, 『백색국가 건설사』(앨피, 2006), pp. 127~133와 양홍석, 『고귀한 야만』(동국대학교 출판사, 2008)을 참조할 수 있다.

언론이 "이국의 동물들과 그에 못지않은 특이한 사람들"이라고 명명한 원주민들을 보기 위해 박람회장으로 향했던 것이다. 1906년과 1922년의 마르세유 식민지박람회와 1907년과 1931년의 파리 세계식민지박람회도 대단한 성공을 거두었으며, 상업적 요구와 지방의 요청에 부응하기 위해 지방에서도 이러한 인종전시는 개최되었다. 전국을 돌아다니며 공연하는 '식민지 유랑극단'이 조직되었고, 1894년 리옹(Lyon)의 전시회에 등장한 유명한 '검둥이 마을' 혹은 '세네갈 마을'은 큰 인기를 얻었다.[25]

사회진화론의 인종차별적 위계론과 문명화 논리, 힘의 우위에 의한 적자생존의 도태논리 등이 '진보'의 이름으로 수용되고 내면화 되는 가운데, 1870년대부터 1930년대 초반까지, 수백만의 서구인들이 '타자'와 조우할 수 있었다. 무대에 선 '타자들'은 전 세계에서 온, 혹은 제국의 식민지인인 '기이하고 호기심을 자아내는' 존재들이었다. 전시된 식민지인은 곧 제국의 실재를 말해 주는 것이었고, 식민지에 살고 있는 사람들의 '괴물'과 같은 이미지를 정형화하는 것이었다. 나아가 그들을 세워놓고 구경하는 행위 자체는 곧 지배-피지배의 권력을 가시화하는 것이었다.[26] 대부분의 식민지 본국인들이 생애 처음으로 만나게 된 '타자'는 바로 이들이었다. 유럽인이나 비유럽인 모두에게 '타자'와의 첫 번째 만남은 이렇듯 불행하고 '잘못된 만남'이었던 것이다.[27]

---

25 Bancel, Blanchard, Boëtsch, Deroo et Lemaire. ed., *Zoos humains*. pp. 63~64.

26 박형지·설혜심, 『제국주의와 남성성: 19세기 영국의 젠더 형성』, p. 74.

27 이것을 굳이 남의 일이라고 치부할 수만은 없다. 구한 말 1907년 일본 도쿄에서 열린 박람회에 살아있는 조선 사람이 진열된 것이다. 상투를 튼 남성과 장옷·한복을 입은 여성이 눈을 끔뻑거리며 서 있었다. '조선 사람'이 '조선 동물'로 비하된 데 격분한 조선인 유학생들은 본국에 이 사실을 알렸고, 당시 대한매일신보는 이 끔찍한 사건을 보도했다.

그렇다면 사르키 바트만과 줄리아 파스트라나의 경우와 같은 야만적인 전시가 1970년대 서구에서 사라질 수 있었던 이유는 어떻게 설명될 수 있을까? 무엇보다 '68운동'의 영향이 컸다고 할 수 있을 것이다. 68운동을 통한 서구문명 자체에 대한 비판과 대안문화에 대한 성찰, 다시 말해 '근대성(modernity)'에 대한 문제제기와 도전이 인종전시에 대한 반대여론을 형성하고, '인간 동물원'에 종지부를 찍게 하였던 것이다.[28] 서구적 근대성을 상징하는 이성 및 과학에 의한 문명화를 표준으로 하여 결과론적인 힘의 논리를 정당화하는 제국주의의 방식은 결국 과학과 합리성을 강조하는 근대의 산물이라고 볼 수 있다. 서구적 근대의 한 측면인 단선적 진보사관, 그리고 단일한 기준으로 서로 다른 문명을 하나의 기준 속에 선진, 후진의 형태로 시간적으로 통합하는 근대화 논리는 19세기 이래 제국주의와 식민주의를 정당화시켜 온 이념들이었다.[29] 그런데 68운동은 인간 이성에 대한 신뢰와 기계론적 세계관에 대한 맹신, 인간이 이룩한 물질문명에 대한 신화 등 인류가 이룩한 '근대'와 그 안에 내재된 '근대성'에 대한 철저한 해체와 재구성 그리고 뒤집기를 시도한 작지만 거대한 움직임이었다. 68운동을 통해 진보와 역사발전이라는 미명 하에 자행된 제국주의적 침탈행위는 비판되었으며, 식민지인, 이민자, 여성 등과 같은 종전에 소외되어 왔던 '주체'들

28 17세기 이래 인류세계를 '진보'에 대한 확신으로 이끌어 왔던 계몽주의적 서구사상은 제2차 세계대전 이후 식민지에서 전개된 독립운동과 해방을 통해서도 근본적인 도전에 직면하게 되었다. '식민지 본국'에 대한 식민지의 독립전쟁은 '서구적 근대'의 문화적 논리와 제국주의, 식민주의의 문제가 별개가 아니라는 점을 알게 해주었다.

29 이윤미, 「식민지 교육의 연속성에 대한 관점과 식민주의의 근대성에 대한 논의」, 『한국교육사학』, 26권 2호(2004), pp. 195, 213.

은 인류의 중대한 문제로 전이될 수 있었다.[30]

4. '과학적 인종주의'에서 '대중적 인종주의'로

2000년 여름, 『르 몽드 디플로마티크』(*Le Monde Diplomatique*)와 『식민지사에 관한 논쟁』(*Polémique sur l'histoire coloniale*) 특집호에 실린 '인간 동물원'에 대해 처음으로 종합적으로 분석한 기사[31]에서 방셀(Nicolas Bancel), 블랑샤르(Pascal Blanchard), 르메르(Sandrine Lemaire) 등의 역사학자들은 이러한 전시들의 특징과 서구사회와 대중에 미친 영향에 대해, 서양과 '타자'와의 관계 형성에 이바지한 측면에 대해 기술했다. 2001년 6월, 프랑스 마르세유에서 열린 국제학술대회에서 50여 명의 저명한 식민지 문제 전문가들은 이 주제에 대한 논의를 진전시키며 열띤 토론을 벌였고, 이듬해 그 결과물이 출간되었는데, 방셀과 블랑샤르 등은 47편의 식민지 시대 인종전시와 관련된 논문들을 공동 편집한 한 권의 저서[32]에 담아내면서 인간 동물원 개념을 일반화하기에 이르렀다. 그들에 따르면, 19세기 중엽 동물원(혹은 놀이공원, jardin d'acclimatation)으로부터 '괴물쇼'를 거쳐 20세기 초 세계박람회 혹은 세계식민지박람회에 이르기까지 넓은 의미에서 '인간 동물원'이라 불리는 문화적 현상

30 이재원, 「프랑스의 '68년 5월': 40주년 기념과 평가」, 『서양사론』, 100호(2009), pp. 287~306.

31 "Ces zoos humains de la République coloniale" par Pascal Blanchard, Nicolas Bancel et Sandrine Lemaire, août 2000.

32 Bancel, Blanchard, Boëtsch, Deroo et Lemaire. (ed.), *Zoos humains*.

이 서양인들의 '과학적 인종주의'를 '대중적 인종주의'로 전환시키는 계기가 되었다고 한다. 인간 동물원이 50년 사이에 모든 서양국가에서 '과학적 인종주의'에 기초한 막연한 식민주의 이데올로기를 사회전반에 확산하고 각인시키는 중요한 역할을 수행하였고, 제국주의를 대중화하는 데 일조하였다고 이들은 주장했다.

2000년대 들어 식민주의와 인간 동물원이라는 형태의 식민주의 문화가 적어도, 영국 다음으로 거대한 식민지 제국을 보유했던 프랑스에서 새롭게 조망되고 관심을 불러일으킨 점은 당시의 사회적·학문적 배경 속에서 이해될 수 있다. 이미 1990년대 중반부터 총선 중단과 군부의 쿠데타로 야기된 알제리의 비관적인 정세에 우려를 표하며 『근대』(*Les Temps Modernes*), 『에스프리』(*Esprit*) 등의 학술지는 특집호를 발간했고,[33] 시사주간지들도 알제리 문제에 대한 비평과 전망을 전면적으로 기사화했다.[34] 특히 2000년대에 들어 알제리에서의 고문문제와 관련된 '오사레스 사건(affaire Aussaresses)'[35]을 계기로 전쟁 중의 잔혹행위와 전

33 "Algérie. La guerre des frères", *Les Temps Modernes*, no. 580(janvier–février 1995) ; "Avec l'Algérie", *Esprit*, Janvier 1995.

34 노서경, 「(프랑스의) 알제리전쟁 비판의 지적 계보」, 『대구사학』 84집(2006), p. 177.

35 알제리전쟁 당시 알제리 주둔 프랑스 특수부대의 책임자였던 폴 오사레스 장군은 2000년 11월 『르몽드』(*Le Monde*)와의 회견에서 당시 고문은 일반화된 것이었으며, 자신 스스로도 24명의 알제리인을 살해했다고 시인했다. 고문은 '능률적'이었고 익숙해서 양심에 거리낄 것이 없었다는 그의 주장은 파문을 불러일으켰으며, 다음 해 출간된 그의 자서전 『특수임무: 알제리 1955–1957』(*Services spéciaux: Algérie 1955–1957*)에서는 고문의 실상과 프랑스군이 알제리 민족해방전선(FLN: Front de Libération nationale)과 전투할 때 행한 처형 장면 등에 대해 자세히 기술되어 있다. 프랑스 인권연맹은 오사레스 장군을 상대로 소송을 제기했으며, 국제사면위원회도 그의 전범 행위에 대한 완전하고 즉각적인 조사를 촉구하고

쟁범죄에 대해 규명해야 된다는 여론이 광범위하게 일고, 이후 식민주의 자체에 대한 비판적이고 다변화된 역사적 시각들이 소개되었으며, 연속해서 간행된 여러 종류의 식민주의 연구서들이 대중의 관심을 끌기 시작했다. 잇달아 개최된 국제 학술대회와 대학 내외의 토론회를 통해서도 학계와 사회의 공동의 관심이 식민주의에 집중되었다.[36] 이렇듯 '인간 동물원'과 같은 식민주의 문화와 식민지 문제 전반에 대한 관심과 비판은 여전히 프랑스 사회에서 논란과 열정을 불러일으키는 '알제리 문제'를 계기로 촉발된 사회적 긴장과 학문적 관심이라는 배경 속에서 이해될 수 있는 것이다.

서구사회에서 인간 동물원을 통해 과학적 인종주의에서 대중적이고 실용적이며 효과적인 인종주의로의 전환을 촉진시킨 대표적인 사례 중 하나는 아프리카 콩고의 피그미족 출신 오타 벵가(Ota Benga)의 경우일 것이다. 1904년, 북아메리카의 아파치족(Apaches), 필리핀의 이고로트족(Igorots), 그리고 오타 벵가가 미국 세인트루이스 세계박람회에서 '원시인'이라고 불리며 전시되었다.[37] 박람회의 관람객들은 "진화론

나섰다. 2001년 5월, 자크 시락(Jacques Chirac) 대통령은 "오사레스 장군의 진술에 소름이 끼쳤다"고 말하며 그에게 수여된 레지옹 도뇌르(Légion d'honneur) 훈장을 박탈할 것을 요구했다. 같은 해 12월, 프랑스 정부는 알제리전쟁 기간 프랑스군의 잔혹행위에 대한 역사가 조사위원회를 구성한다고 발표했다. 이재원, 「기억의 전유와 기억의 투쟁: 알제리전쟁 기념 문제에 대한 비판적 고찰」, 『프랑스사 연구』 19호(2008), pp. 232~233.

36 노서경, 「프랑스 식민주의 비판 사학의 동향: 질 망스롱과 클로드 리오쥐를 중심으로」, 『프랑스사 연구』 19호(2008), pp. 250~251.

37 Jim Zwick "Remembering St. Louis, 1904: A World on Display and Bontoc Eulogy". Syracuse University. March 4, 1996. (Originally published by the H-Net Review Project).

적 진보의 행렬(parade of evolutionary progress)"이라는 선전 문구에 매료되었고, 키플링의 시 '백인의 짐'을 정당화하는, '문명'에 대비되는 '야만'의 모습을 관찰할 수 있었다. 한 관람객이 언급했듯이 '인간 동물원'은 세상이 진보하는데도 답보상태에 머물러 있는 야만인들을 미국적 방식으로 문명화된 일꾼으로 변화시켜야 한다는 일종의 인종담론과 문명담론을 보여주는 장[場]이 될 수 있었다.[38] 2년 후, 뉴욕동물원 협회장인 그랜트(Madison Grant)는 뉴욕시의 브롱크스(Bronx) 동물원에 세인트루이스 박람회에서 볼 수 있었던 오타 벵가를 침팬지 등 다른 동물들과 함께 전시하고자 했다. 그랜트의 간청에 의해 우생학자인 동물원장 호너데이(William Hornaday)는 오카 벵가를 침팬지와 함께 우리에 넣었으며, 도홍(Dohong)이라는 오랑우탄, 그리고 앵무새와 함께 지내게 했고, 오타 벵가와 같은 아프리카인들은 진화론적 관점에서 유럽인보다 원숭이에 가깝다는 의미를 암시하는 '사라진 고리(The Missing Link)'라는 푯말을 우리 앞에 붙여 놓았다.[39] 이러한 비인간적인 전시에 대한 일부 기독교 성직자들의 비판에도 불구하고 미국인들은 오타 벵가를 보기 위해 지속적으로 동물원을 방문했다고 한다.[40]

---

38 "The Passions of Suzie Wong Revisited, by Rev. Sequoyah Ade". *Aboriginal Intelligence*, January 4, 2004.

39 진화론의 약점 가운데 하나는 인간과 원숭이 사이의 중간 형태가 없다는 것이었다. 그런데 인류학자들은 '원시인'들로부터 바로 그 증거, 즉 사라진 줄 알았던 '연결고리'를 찾아냈다고 주장했다. 박진빈, 『백색국가 건설사』, p. 110.

40 "Man and Monkey Show Disapproved by Clergy", *The New York Times*, September 10, 1906. '인종전시'라는 비인간적인 행위에 반대하는 항의자들이 늘어감에 따라 어쩔 수 없이 동물원 측에서는 오타 벵가를 풀어주었다. 그 후 오타 벵가는 버지니아(Virginia)의 린치버그(Lynchburg)에 있는 어느 담배 공장에서 한 동안 일하게 되었지만, 그가 동물원에서 받은 상처는 이미 너무나도 깊었기에 줄곧

'대중적 인종주의'에 기반한 인간 동물원의 또 다른 대표적인 사례는 1931년 5월부터 6개월 동안, "하루 동안의 세계 일주"(Le Tour du Monde en un jour)라는 주제 하에, 프랑스 식민주의가 이룬 업적과 그 미래를 축하하기 위해 파리 근교 뱅센느(Vincennes)에서 열린 세계식민지박람회에서 전시된 '파리의 식인종'들이다. 남태평양에 위치한 프랑스의 식민지 누벨칼레도니의 원주민인 카낙(Kanak)들은 오세아니아의 전통 문화를 소개하게 될 것이라는 총독 보좌관 조세프 귀용(Joseph Guillon)의 말을 듣고 프랑스로 향하게 되었다.[41] 그러나 그들이 접한 현실은 박람회장 내부의 동물원에 재현된 카낙 마을이었다. 사자들이 어슬렁거리는 굴과 악어 떼가 우글거리는 늪지 사이에 위치한 공간에서 그들은 짐승들이 울부짖는 소리를 들으며 두려움과 공포에 떨어야만 했다. 엉터리로 대충 지어 놓은 움막에서 불을 피워야 했는데, 지붕에서는 끊임없이 물이 떨어졌고, 남자들은 카누를 만드느라 돌보다 딱딱한 거대한 통나무를 파야 했으며, 여자들은 정해진 시간에 나가 가슴을 드러낸 채 춤을 추어야만 했다. 추위에도 불구하고 물웅덩이에 들어가 멱을 감고 헤엄을 치며 괴상한 짐승 소리를 내야 했으며, 나무기둥에 기어오르거나, 뛰거나, 기거나, 투창을 날리거나, 활을 쏘아야만 했다. 관람객들은 그들에게 빵, 바나나, 땅콩, 심지어 돌멩이를 던지기도

외로움과 우울증, 그리고 사람들에 대한 강한 적대감으로 괴로워 하다가 끝내는 1916년 스스로 목숨을 끊음으로써 그의 짧은 생을 마감하게 되었다.

41 "이제 여러분은 여러분의 노래와 여러분의 춤을 통해, 식민지 경영이란 것이 단지 밀림을 개간하고 부두와 공장을 건설하고 도로를 구획하는 것만이 아니라, 대초원과 숲과 사막의 거친 심장에 인간적인 따스함을 스며들게 하는 것이기도 하다는 사실을 사람들에게 보여주게 될 것입니다." Didier Daeninckx, *Cannibale*, 김병욱 역, 『파리의 식인종』(도마뱀출판사, 2007), pp. 22~23.

는데, 그들이 갇혀 있는 구역의 잔디밭 한가운데 걸린 현수막에는 "누벨칼레도니아의 식인종 인간들"이라는 문구가 쓰여 있었다.[42] 박람회에 다녀온 이후 이들은 완전히 다른 사람들로 바뀌었다고 한다. 이 '치욕적인 여행'을 통해 공격적이고 폭력적인 사람으로 변했으며, 이전의 상태로 결코 회복되지 못했다고 한다.[43]

식민지인들에게는 너무나도 치욕적인 이 '사건'이 식민지 본국인들에게는 전혀 다른 내용으로 경험되었다. 프랑스인들에게 있어 1931년의 세계식민지박람회는 식민지 이념을 공고히 하고, 식민주의 문화를 뿌리내리게 한 축제의 장으로 기억되었다. 110헥타르(약 30만 평)에 걸쳐 40만 명의 사람들이 한꺼번에 다닐 수 있는 급조된 도시이자, 프랑스가 소유하고 있는 식민지 세계의 축소판이라 할 수 있는 이 박람회를 통해 프랑스는 국가적 차원에서 프랑스 제국의 영광을 드러내고, 타민족에 대한 '개화의 임무'를 정당화하며, 식민지 문제를 둘러싼 대중적 합의를 이끌어낼 수 있었다.[44] 6개월의 전시기간 동안 8백만 관람객(4백만의 파리 시민, 3백만의 지방인, 백만의 외국인)이 방문할 정도로 박람회는 성공적이었는데, 무엇보다 사람들의 이목을 집중시킨 것은 이국풍의 전시와 식민지인들의 공연이었다. 1931년 박람회는 식민지에 대한

42 고향을 떠나 유럽과 미국에 도착한 식민지인들은 종종 계약을 통해 공연의 대가로 임금을 받고 10년에서 15년을 그곳에서 머물렀다. 공연에 대한 일정한 보상 때문에 식민지인들은 자신들의 비참한 처지를 받아들였으며, 유럽인들은 더욱더 야만적이고 스펙터클한 장면을 요구했다. 하지만 계약조건이 지켜지지 않는 경우도 빈번했으며, 대부분의 식민지 원주민들은 열악하고 비참한 조건 속에서 전시와 공연을 강요당했다.

43 Didier Daeninckx, 『파리의 식인종』, pp. 147~156.

44 Catherine Hodeir et Michel Pierre, *L'exposition coloniale* (Paris, 1991), pp. 101~103.

모호하고 야만적이며 비합리적인 이미지의 연출을 통해 식민지 문화권과 프랑스 본국의 대조적인 모습을 강조하였으며, 문명화에 대한 책임을 역설하며 식민지 정책을 정당화하였다. 브르통(André Breton), 엘뤼아르(Paul Eluard), 아라공(Louis Aragon)과 같은 당대의 지식인들이 '제국의 질서'라는 미명하에 폭력을 정당화하는 박람회에 참가하지 말 것을 요구하며, 자신들이 서명한 「식민지 박람회를 방문하지 마시요」("Ne visitez pas l'Expostion coloniale")라는 전단을 배포했고,[45] 식민지 착취와 제국주의에 반대하는 여러 단체들이 프랑스의 제국주의적 사고와 정책을 성토하고, 심지어 '안티 박람회'를 개최하였지만, 그들의 입장에 동조하는 이들은 소수였고, 안티 박람회의 방문객수도 적었다고 한다. 다수의 프랑스인들은 일상으로부터의 탈출을 가능케 하고, 인종적인 우월성을 확인할 수 있는 식민지박람회와 그곳에 전시된 식민지인들에 깊은 인상을 받았으며, 제국 팽창의 정당함과 필요성을 아무런 비판 없이 '즐기며' 받아들였던 것이다. 프랑스 제3공화국이 수행했던 식민화와 그에 대한 선전과 전파라는 측면에서 1931년은 가장 상징적인 연도였으며 파리에서의 식민지박람회는 프랑스인의 '기억의 장[場]'이 될 수 있었던 것이다.

이렇듯, 19세기 제국주의적 팽창과 궤를 같이하며 활성화된 '인류학적 전시'는 학문적이면서도 동시에 대중적인 배경 속에서 이루어졌다. 인간 동물원은 인종적 차이와 서열을 학문적으로 검증하는 과학적 인종주의와 비합리적이고 감정적인 대중적 인종주의가 서로 연계하는 가운데 나타난 식민주의적 현상이었다. 인종주의에 관한 학문적 연구

45 *L'Exposition anti-impérialiste: la Vérité aux Colonies*, Archives de l'Institut Maurice Thorez, Bob 69, Série 461.

는 서구인들에게 인간 동물원에 대한 관심을 유발시켰으며, 호기심 어린 관람객들의 증가는 다양한 인종에 대한 학자들의 연구를 심화시켰다. 하지만 인간 동물원의 민속적이고 오락적이며 유희적인 측면이 점차 강조되며 대중적이고 '연극적'으로 변모해감에 따라 과학적 인종주의는 서서히 대중적 인종주의에 자리를 내주게 된다. 실제, 식민지 정복을 정당화하는 요소처럼 대중적인 인종주의가 언론과 여론을 통해 드러나기 시작했다. 『르 프티 파리지앵』(*Le Petit Parisien*)과 『르 프티 주르날』(*Le Petit Journal*) 같은 대중적이고 삽화가 들어 있는 신문이나, 『자연』(*La Nature*) 혹은 『재미있는 과학』(*La Science amusante*) 같은 과학 잡지, 『세계 일주』(*Le Tour du Monde*)와 『여행 일기』(*Journal des Voyages*)같은 여행과 탐험 잡지들은 '이국적인 사람들'을 '원시적 상태의 인류의 흔적'으로 소개하며 인종전시에 대해 소개했다. 언론이나 잡지를 통해 접할 수 있는 '짐승 같은 성격', '무지몽매한 미신적 숭배', '돌연변이', '우둔함' 등과 같은 야만성을 규정하는 단어들은 그림이나 사진 속의 식민지인들의 왜곡된 이미지를 만들어 냈으며, 식민지의 원주민들은 인간과 동물의 경계에 위치한 정체적인 저능한 인류라는 서구인들의 믿음에 확신을 갖게 했다. 전시되는 원주민들이 처한 열악한 조건과 위생 상태, 흥행을 목적으로 한 '타자'의 '동물화 과정'에 대한 과도한 연출이 빈번해짐에 따라 기자나 정치인, 과학자들의 방문은 점차 줄어들었지만 일반 대중들의 발길은 끊이지 않았다.[46]

'차이'와 '다름'에 대한 연출은 타자에 대한 모든 종류의 재현의 방

46 Bancel, Blanchard, Boëtsch, Deroo et Lemaire (ed.), *Zoos humains*, pp. 66~67.

식을 통해, 인간 동물원에 의해 정립된 계보학에 의존하여 집단적 의식에 근본적으로 스며들며 제국주의 시기 동안 지속될 수 있었다. 이러한 현상은 매우 다양한 문화적 형태를 차용했다. 서커스나 전시회에서 열리는 '기형적인 사람들'의 공연은 동물원에서의 공연과 교차되기도 했다. 최초로 과학에 의해서 정립된 인간의 서열화는 인종에 따라 각각의 인간집단의 위치를 설정하였다. 다양한 형태를 통한 타자의 연출은 식민지를 보유한 국가이건 아니건 간에 서구사회 전체로 확산되었다. 타자와 이국적인 것의 연출은 사진에서 영화까지, 그림엽서에서 박물관에 이르기까지 대중문화의 모든 영역에서 동시에 진행되었다.

제국주의 시기, 식민주의적 행동에 부합하는 문화적, 정신적 조건들이 마치 갖추어진 것처럼 조직적이고 체계적으로 식민지의 인간집단에 대해 열등감을 갖게 하는 작업들이 진행되었다. 이때 과학의 역할은 필수적이었다. 왜냐하면 바로 그것이, 특별히 '자연인류학'이 다양한 인간 집단의 신체적 특성에 기반하여 인식론적이고 문명적인 위계의 개념을 정립할 것이기 때문이었다. 지식인들에 의해 정당화된 인간 동물원은 엄격한 과학적 분석을 유희적으로 만들며 대중화하였다. 인간 동물원은 호기심과 미적 감각을 자극하였으며 타자를 구경거리로 만드는 이유를 전혀 묻지 않는 관람객들을 동원할 수 있었다. 인간 동물원의 기본 담론이나 인종주의적 차이는 명확히 설명될 필요가 없었다. 효과적으로 연출만 하면 되었고, 인종주의적 원칙에 근거하여 보여주는 것만으로도 충분했다. 서구 열강들은 '구경거리'와 유희를 통해 '인종주의자'와 '식민주의자'를 양산해 냈다.

인종주의적 시각에 기초하며, 인류학에 의해 정당화되고, 미디어에 의해 전파되는 전례 없는 상황을 연출한 이러한 인류학적 전시는 진정한 '대중문화'로서 타자의 이미지를 구축하는 데 결정적인 역할을 하였다. 식민지인이 대부분인 이 '이국적인 사람들'과 서구 열강의 유럽인들과의 첫 번째 만남은 이들 사이를 구분하는 창살과 담장, 그리고 울타리를 통해 이루어졌다. 야만을 연출하고, 야만을 길들이며, 야만에 대한 두려운 감정을 떨쳐내기 위해 서구인들은 야만과 문명을, 자연과 문화를, '우리'와 '그들'을 구분하는 물리적이고 정신적인 경계를 설정해야만 했다. 결국 '이국적'이라 불리는 사람들과 유럽과 미국 대중들 사이의 첫 번째 만남이라 할 수 있는 이 '인간 동물학 전시'는 수십 년 동안 '객체화'와 '지배'에 근거한 서양과 타자와의 관계를 규정했으며, 문명과 야만이 명백히 구분되는 서구 중심적인 세계를 연출함으로써 식민지 사업과 인종에 대한 차별을 정당화할 수 있었다.

5. '타자 만들기'의 재사유화를 위해

'타자'에 대한 이미지를 구축하는 데 있어 인간 동물원이 미치는 영향과 그 사회적 파장은 전반적으로 매우 컸다고 할 수 있다. 이미지와 텍스트를 통한 식민지 선전과 결합되어 '타자들'은 이제 '인간 동물원'이라는 새로운 매체를 통해 서구사회와 서구인들의 인식 속에 분명하게 자리하게 되었으며, 서구인들의 상상계에 깊이 스며들게 되었다. 식민지 제국의 건설과 함께 타자의 재현에 대한 위력은 서구 열강 각국의 서로 다른 정치적 상황 속에서 그 위력을 발휘했으며, 전대미문의 제국주의적 팽창과 함께 대중화되었다. 이러한 현상을 야기한 근본적인 전환점은 식민화였는데, 그것은 타자의 지배와 예속화, 그리고 재현의 필요성을 촉진시켰다. 인간 동물원의 출현과 발전은 식민지인일 수도 혹은 그렇지 않을 수도 있는 '타자'에 대한 '이미지 만들기'와 자연인류학의 발전에 따른 '인종 간의 서열화'의 학문적 이론화 작업, 그리고 당시 진행 중이던 식민지 제국의 건설이라는 세 가지 병존하는 현상이 서로 뒤얽히며 연계하는 가운데 이루어졌다. 50년이라는 상대적으로 짧은 기간 동안 이 세 가지 요소들은 아직까지도 해체되지 않고 서구사회에서 그 여파를 여전히 느낄 수 있는 현상으로 존재한다.[47]

인간 동물원이라는 개념은 완전히 사라지지 않았다. 1958년 브뤼셀의 만국박람회에 '콩고 마을'이 재현되었으며,[48] 1994년 4월, '코트디부아르 마을'이 프랑스 낭트(Nantes) 근처 포생페르(Port-Saint-Père)의 '아프리칸 사파리'에서 소개되었다.[49] 2005년 7월, 독일의 아우크스부르크(Augsburg) 동물원에 아프리카 마을이 개장되었고,[50] 2005년 8월, 비록 자원자들이 참석했지만, 런던 동물원 역시 나뭇잎으로 겨우 몸을 가린 인간들을 전시했다.[51] 2007년 범아프리카 음악축제에 참석한 피그미족 연주자들은 콩고 브라자빌(Brazzaville)의 동물원에 간

47 Pascal Blanchard, Nicolas Bancel et Sandrine Lemaire, "Les zoos humains: le passage d'un 'racisme scientifique' vers un 'racisme populaire et colonial' en Occident", Bancel, Blanchard, Boëtsch, Deroo et Lemaire, *Zoos humains*, pp. 63~65.

48 "Peut-on exposer des Pygmées?". *Le Soir*. July 27, 2002.

49 Olivier Barlet et Pascal Blanchard, "Le retour des zoos humains", *Le Monde*, 28 juin 2005.

50 "Vers un nouveau zoo humain en Allemagne?", *Indymedia*, 6 décembre 2005.

51 "Humans strip bare for zoo exhibit". BBC News. August 25, 2005.

혀 지내게 되었다.[52]

정도의 차이는 있지만 다른 인종이라는 이유로 무시하고 차별하는 행위는 지금도 세계 곳곳에서 버젓이 자행되고 있다. 20세기 후반부터 인간의 존엄성과 평등이 강조됨에 따라 세계는 인종차별을 종식시키기 위해 각종 회의를 열고 캠페인을 벌이는 등 부단히도 노력해 왔다. 2001년 9월 남아프리카공화국에서 개최된 유엔 인종차별철폐회의는 모든 인종이 서로 존중하는 새로운 동반자적 관계 속에서 사회 경제적인 발전을 이루어야 한다고 강조했다. 그러나 비뚤어진 가치관에서 벗어나지 못한 일부 사람들은 세계화와 첨단 산업 및 과학을 이용하여 인종차별을 더욱 극대화하여 세계로 확대시키고 있다. '세계화'에 반하는 민족주의가 대두하면서 타인종 혐오에 따른 폭력 등 차별행위는 갈수록 심해지고 있다. 인종적 자만심과 우월감이라는 '정신적 질병'을 치료하지 않는 한 인종차별의 종식은 요원한 것이다. 그러나 돌아보면 모두 나와 동일한 사람이다. 오히려 지구 저편의 그들 덕분에 오늘 우리가 살 수 있는 것이다. 인간을 바라보는 개개인의 가치관이 존엄성과 평등의 바탕 위에 올바르게 정립되지 않는 한 인종차별과 서양의 제국주의적 인식은 결코 사라지지 않을 것이다.

52 "Pygmy artists housed in Congo zoo". BBC News. July 13, 2007.

출처: 파리세계식민지박람회 (1931). “하루 동안의 세계 일주”.

5장

프랑스 제국의 선전과 문화: 1931년 세계식민지박람회를 중심으로

5장

프랑스 제국의 선전과 문화: 1931년 세계식민지박람회를 중심으로*

1. 제국의 절정기

프랑스의 식민지 건설은 1830년 알제리 점령과 함께 재개되었으나, 그것이 발달하고 절정에 이른 것은 1870년 제3공화국의 탄생과 함께였다. 제3공화국 초기부터 프랑스는 '새로운 사회'를 창출한다는 유토피아적인 전망 가운데서 특별히 식민지 활동을 통해 '진보'로의 여정을 계속한다고 확신했다. 이러한 식민지 활동은 '문명화', '과학', '진보', 그리고 '국가의 위대함' 등과 같은 이름으로 진행되었다. 프랑스 혁명 이래 혁명의 이념을 국내외적으로 실현시켜 나갈 것을 천명한 프랑스

* 이 글은 「프랑스 제국의 선전과 문화: 1931년 만국 식민지 박람회를 중심으로」, 『프랑스사 연구』, 15호(2006. 8)를 수정, 보완한 것이다.

는 그들이 '해방'시켰다고 믿는 민족에게 억압이 아니라 자유를, 착취가 아니라 개발과 번영을 전파한다고 생각했다.

1920년, 토고(Togo)와 카메룬, 시리아와 레바논의 점령으로 완성된 식민지 정복활동은 해외로의 단순한 모험 이상으로 프랑스 공화국을 견고히 하고, 정당화하며, 힘을 북돋아주는 원동력 중의 하나였다. 프랑스 본토에 국한된 자신의 영역을 외부세계로 확산시켜 나가는 가운데 알제리 정복 100주년 기념식과, 1931년 세계식민지박람회를 통해 절정에 달하게 되는 '식민주의 문화'가 탄생한다. 다양한 형태를 지닌 이러한 문화는 식민지 국가들이 독립할 때까지 이후 30년 동안 프랑스 사회에 널리 전파되고 깊이 각인된다.[1]

식민주의 문화는 식민지 선전자들의 단순한 주장이나 국가 차원의 실용화를 통해서만이 아니라 진정한 의미의 대중적인 침투를 통해서 비로소 형성될 수 있었다. 식민지 활동을 정당화하기 위해 제3공화국은 이국 취향의 매력을 가진, 국가적 자랑거리이자 정치적 계산의 집합체인 식민주의 문화를 의식적으로 구상해 내고, 조직하고, 선전하며, 퍼뜨렸다. 식민지 활동과 업적은 영화, 연극, 노래, 문학작품, 언론, 교과서, 그림, 그리고 다양한 선전물 등을 통해 소개되었으며, 식민지박람회와 여러 기념식 등을 매개로 학교나 군대와 같은 사회적 공간에 전파되었다. 프랑스의 쇠퇴에 대한 두려움과 맞물린 식민주의 문화의 선전은 공화국의 '초대작(超大作)'이라 할 수 있는 1931년 세계식민지박람회가 개최될 때 제국의 깃발 아래 거의 모든 정계와 경제계가 참여할

1 Jean-Pierre Worms, "Modèle républicain et protection des minorités nationales", *Hommes et Migrations*, no. 1197 (avril 1996).

정도로 대성공을 거두었다.[2]

1931년 5월 6일부터 11월 15일까지, "하루 동안의 세계 일주"(Le Tour du Monde en un jour)라는 주제 하에, 식민주의가 이룬 업적과 그 미래를 축하하기 위해 파리 근교 뱅센느(Vincennes)에서 개최된 세계식민지박람회는 프랑스의 제국주의적 사고가 얼마나 발전하고 있었는지를 보여주는 행사였다. 1931년 박람회는 프랑스 제국의 역사에 있어 처음으로, 혹은 마지막으로 열린 식민지박람회는 아니었지만, 왜 그것이 다른 어떤 것보다도 많이 언급되어지고 중요하게 인식되는지를 밝히는 것은 중요하다. 이미 1920년대에 마르세유(Marseille, 1922)와 스트라스부르(Strasbourg, 1924)에서 전국식민지박람회(Exposition coloniale nationale)가 열렸고, 1930년에는 알제리 정복 100주년을 기념하는 박람회가 성대하게 개최되었으며, 프랑스의 북아프리카에서의 식민지 업적을 회고하는 방대한 분량의 책으로도 출간되었다.[3] 1931년 박람회에 뒤이어 또 다른 대규모의 '친식민주의 행사들'이 잇달았는데, 1933년, '프랑스 해외 영토 미술전', 1935년의 '서인도제도 프랑스 병합 300주년 기념 전시회'와 '마다가스카르 정복 40주년 기념 전시회'가 열리기도 하였다. 1937년의 '(예술과 기술 분야의) 국제박람회'는 "우리가 소유하고 있는 대단한 해외제국은 많은 이들의 선망의 대상이다"[4]라고 자찬하며 파리의 신느(Cygnes)섬에 세워진 식민지관[館]에 특별한 위치와 의미를

---

2 Pascal Blanchard et Sandrine Lemaire, *Culture coloniale*, p. 7.

3 *Le livre d'or du centenaire de l'Algérie française. 1830–1930: l'Algérie, son histoire, l'oeuvre française d'un siècle, les manifestations du centenaire.*

4 Charles–Robert Ageron, "L'exposition coloniale de 1931", Pierre Nora (éd.), *Les Lieux de mémoires*, vol. 1. *La République* (Paris: Gallimard, 1984), p. 511.

부여하기도 하였다.

하지만 1931년 박람회는 특별했고, 제국의 위대함을 영화롭게 하는 데 온전히 바쳐졌다. 규모면이나, 선전의 측면, 그리고 그것이 프랑스인들에게 끼친 영향에 있어 여타의 다른 박람회보다 특별했던 것이다. 특히 제1차 세계대전으로 국토는 황폐화되고, "위대한 프랑스"(La Plus Grande France)라는 이념과 그 미래가 위협받았을 때, 1931년 박람회를 통해 프랑스는 국가적 위신을 확인시킬 수 있었으며, 식민지 이념을 공고히 하고, 식민주의 문화를 뿌리내리게 할 수 있었다. 110헥타르(약 30만 평)에 걸쳐 40만 명의 사람들이 한꺼번에 다닐 수 있는 급조된 도시이자, 프랑스가 소유하고 있는 식민지 세계의 축소판이라 할 수 있는 이 박람회를 통해 프랑스는 국가적 차원에서 프랑스 제국의 영광을 드러내고, 타민족에 대한 '개화의 임무'를 정당화하며, 식민지 문제를 둘러싼 대중적 합의를 이끌어 낼 수 있었다. 1931년의 식민지박람회는 프랑스 제3공화국이 수행했던 식민화와 그에 대한 선전과 전파라는 측면에서 가장 상징적인 연도이자 '기억의 장[場]'으로 이해될 수 있었던 것이다.

이 장은 프랑스 제국주의가 절정에 달하는 제3공화국의 시기, 국가의 선전 하에 대대적으로 거행된 1931년 세계식민지박람회를 통해, 프랑스의 식민주의 이념이 어떠한 방식으로, 어떠한 이론적 논리를 근거로 형성되고 전파되었는지, 또한 박람회를 통해 소개되는 문화적 행위는 어떠한 형태를 띠며 일반 대중들에게 영향을 미칠 수 있었는지를 살펴보려는 시도이다. 이를 위해 먼저 2장에서는 1931년 박람회가 열리게 되는 시대적 배경과, 박람회가 지향했던 취지와 목적, 그리고 그 성격에 대해 논해 보고자 한다. 이를 바탕으로 3장에서는 '진보'와 '문명화', '민족주의'와 같은 '식민지 신화'를 박람회의 기획자들이 의도적으로 만들어내고 전파하고자 한 측면을 살펴봄과 동시에, 제국을 선전하기 위해 어떠한 방식이 동원되고 그것이 대중들에게 미친 영향은 무엇인지를 고찰해 보고자 한다. 4장에서는 박람회에 전시된 다양한 건축물의 특징과 의미, 그리고 박람회가 문화의 장으로서 기능한 측면을 살펴봄으로써 궁극적으로 1931년 세계식민지박람회가 갖는 시대적 의미와 역할에 대해 생각해 보고자 한다. 이러한 작업은 프랑스인들의 식민주의 이념의 배경과 성격, 그리고 한계를 살피는 데 도움을 줄 수 있을 것이다.

2. 1931년 박람회의 시대적 배경과 성격

경제적 동기와 지리학적 호기심, '문명화 사명', 그리고 무엇보다 보불전쟁의 패배로 인한 강대국으로서의 정치적 위기감과 굴욕에 대한 명예회복의 욕망은 1880년 이후 프랑스 제국주의 팽창의 원동력이 되었다. 제3공화국의 탄생과 함께 재개된 식민화 사업의 결과, 1914년 이전에 이미 프랑스는 아시아와 아프리카, 카리브 해와 남태평양에 걸친 거대한 식민지 제국을 보유할 수 있었다. 국내적으로 19세기 후반까지, 군대를 약화시키고 '인권'에 반대되며 오히려 경제적 손실을 야기한다며 식민지 원정을 반대했던 조르주 클레망소와 급진파는 1906년 권좌에 오르면서 식민지 정책을 추진해 나갔다. 이들과 숙적이던 민족주의적 우파도 이 정책을 지지하게 되면서 프랑스는 이후 국가적 차원에서 식민주의 이념을 선전하고 전파하는 시기를 맞이하게 되었다. 1931년 식민지박람회는 이러한 배경 가운데서 제국주의적 사고가 얼마나 발전하고 있었는지를 보여주는 행사였다.

1851년 세계 최초의 세계박람회(exposition universelle)였던 런던 박람회가 개최된 이래 제2차 세계대전이 발발하는 1939년까지 박람회는 오랫동안 시대의 각광을 받았다. 프랑스에서는 1855년 처음으로 파리에서 세계박람회가 개최되고, '식민지 구역(section coloniale)'을 따로 설정하여 식민지에 대해 소개하기 시작했다. 그러나 그 규모는 보잘 것 없는 것이었다. 1878년에 열린 파리의 세계박람회에서도 "50m^{2}에 불과한 알제리"라는 표현이 암시하듯 식민지는 관람객들의 관심을 끌지 못하였다.[5] 1889년 파리 박람회는 처음으로, 다른 구역과 마찬가지로, 식민지 구역에 의미를 부여하고 일정 공간을 할애해 주었다. 과거 지나치게 축소되어 전시되었던 식민지 건축물을 대신하여 실제 크기의 구조물이 등장하였고, 시장의 모습과 원주민들의 생활모습을 재현하기도 하였다. 그러나 이 박람회는 식민지의 선전이라는 측면에서는 실패작이었다고 평가된다. 관람객들은 튀니지 시장에서 물건을 구입하고, 안남인들의 연극과 아랍인들의 음악, 알제리 무희들의 춤을 호기심 어린 눈으로 구경하며 즐길 뿐이었다. 과거 총리를 지냈고 프랑스의 식민화 정책에 혁혁한 공을 세운 쥘 페리가 이러한 구경거리의 지나친 성공에 불만을 표출하였듯이, 관람객들은 프랑스의 식민화 사업이 이룩한 업

5 Charles-Robert Ageron, "L'exposition coloniale de 1931", p. 494.

적을 이해하고 평가하기보다는 이국의 정취에만 흠뻑 빠져 있을 뿐이었다. 1900년 파리의 세계박람회는 식민지에서 이룩한 업적을 그 어느 때보다 화려하게 전시하였다. 식민지 구역은 상업적이고 교육적인 측면에서 제국주의를 실질적으로 선전하고자 하였으나 식민지의 이국적이고 그림 같은 시각적인 모습이 여전히 강조되었다.

네덜란드의 암스테르담에서 1883년에 처음으로 개최된 식민지박람회(exposition coloniale)는 1900년 이후, 특히 1920년대와 30년대에 유럽에서 유행처럼 번지게 되었다.[6] 식민지박람회 기획의 특징은 통치 5주년 기념, 10주년 기념 혹은 50주년 기념 등 식민통치를 기념하기 위한 경우가 많았는데, 1924~1925년에 웸블리(Wembley)에서 영국 식민지 상품 전시회가 열렸고, 1924년에는 프랑스의 스트라스부르에서, 그리고 1930년 벨기에의 안트워프(Antwerp)에서 식민지박람회가 개최되었다. 1906년과 1922년, 두 차례에 걸쳐 마르세유에서 열린 전국식민지박람회를 통해 프랑스는 자신이 보유한 식민지의 웅장함을 과시하였으며, 1930년 알제리와 프랑스에서 동시에 거행된 각종 축하 행사를 통해 알제리 정복 100주년을 기념하기도 하였다.[7] 그러나 이 시기까지, 세계박람회의 '식민지 구역'처럼 식민지박람회는 지나치게 미적인 측면을 강조하는 이국 취향의 박람회의 성격을 유지하였다.

그런 가운데 1931년 5월부터 11월까지, 파리 동쪽 뱅센느 숲에서 '상상의 식민지 세계'를 재현하는 커다란 축제가 열리게 되었다. 1931

6 하세봉, 「동아시아 박람회에 나타나는 '근대'의 양상들」, 『문화사학회 발표논문』, 2005년 2월.

7 Charles-Robert Ageron, *France coloniale ou parti colonial?* (Paris: PUF, 1978).

년 세계식민지박람회 개최 계획은 1920년으로 거슬러 올라가는데, 식민지 상설 박물관의 설립을 포함하는 식민지박람회 조직에 관한 법이 입안되고, 식민지 총독이자 프랑스군 총사령관을 지낸 리요테 원수에 의해 "뱅센느 지역이 수혜를 입을 도시 개발의 장대한 계획"[8]의 연장선상에서 식민지박람회는 열리게 된 것이다. 이 계획은 지하철 8호선을 방문객이 집결할 포르트 도레(Porte-Dorée)까지 연장하고, 후에 '아프리카-오세아니아 박물관'이 될 '프랑스 해외 영토 박물관'을 설립하며, 리요테가 특별히 강조했던 식민지 지배국들의 참여를 유도하는 내용 등을 포함하고 있었다.[9] 1931년 식민지박람회는 유일하게 서구 열강들의 참가를 적극 유도하고 외국에도 홍보하여 외부관람객을 적극적으로 유치하고자 했다.[10] '식민지 제국'은 국내용이 아니라 국제용으로 외부에도 과시되어야 했던 것이다.

리요테가 이끄는 프랑스 측 주최자들은, 종전의 식민지박람회와는 다르게, 식민지 지배국들 사이의 협력을 강조하고, '서구의 책임과 사명'이라는 논제 하에 식민지화라는 '선행'을 계속해야만 하는 필요성을 역설하였다. 서구열강의 갈등과 경쟁으로 빚어진 제1차 세계대전을 교훈삼아 유럽인들의 결속과 단결을 주장하며, 서구 유럽이 전 세계에서 행하고 있는 질병과 무지에 대한 문명화 사업을 부각시키고자 하였다. 리요테가 언급한 박람회의 목적은 오랫동안 잘못 이해되고, 왜곡되고,

---

8 Marcel Olivier, *Revue des Deux Mondes*, 1931년 5월 1일, pp. 46~57.

9 Charles-Robert Ageron, "L'exposition coloniale de 1931", p. 581.

10 이러한 세계식민지박람회(exposition coloniale internationale)는 1931년 프랑스에서 열린 박람회가 유일했다. 종전의, 그리고 1931년 이후 개최된 어떤 식민지박람회도 '국내용'이었을 뿐 '국제용'은 아니었다.

가끔은 방해받았던 식민지 활동이 종국적으로는 식민지에 건설적이고 도움이 되는 행위였다는 점을 인식시키는 것이었다.[11] 이와 관련하여 건축 비평가인 마르셀 자아르(Marcel Zahar)는 "리요테의 숭고한 생각은 탐험가와 정복자가 남긴 희귀한 자료와 걸작품을 통해 그들을 기억하고, 이국적인 보물을 소개하고, 프랑스가 기울인 노력이 가져다준 진보를 증거하는 사진과 수치를 보여주는 것"[12]이라고 언명하였다.

리요테는 또한 회고구역(section rétrospective)을 만들어 식민화의 역사를 전시하고, 이를 통해 식민화를 위한 프랑스의 노력을 국가적 차원에서 찬양하며, 식민지에서 이룬 정치·경제·문화적인 측면에서의 업적을 교육함으로써 대중들의 식민지 이념을 발전시키고자 하였다. 박람회는 과거에서처럼 단순한 '구경거리'가 아니라 '교육의 장'이 되어야 한다고 생각했던 것이다. 결국 박람회의 취지는 "식민지 통치에 대한 대중들의 일반적인 무관심과 부정적인 인식"[13]을 변화시키고 식민지를 홍보하는 데 있었다. 이러한 의미에서 박람회는 "식민지 관련 좋은 소식을 전하고, 문제를 제기하고, 해결책과 지침을 제시하며, 사람들에게 정보를 제공하는 기능을 할 수 있었다."[14]

식민지박람회는 일반적으로 대중들에게 상품전시회장이나 오락적

---

11 Hubert Lyautey, "Discours à la cérémonie de la pose de la première pierre du Musée des Colonies, 5 novembre 1928", Marcel Olivier (éd.), *Exposition coloniale internationale de Paris, Rapport général*, 7 vols. (Paris: Imprimerie Nationale, 1932–1934), vol. 4, p. 364.

12 Marcel Zahar, "Batir! Informer!" *L'Art vivant*, no 151(1931), p. 384.

13 Charlers–Robert Ageron, "Les colonies devant l'opinion publique", *Cahiers de l'Institut d'histoire de la presse française*, no. 1(1972–1973).

14 Charlers–Robert Ageron, "Les colonies devant l'opinion publique".

성향을 갖는 축제의 성격을 띠는 장소로 이해되었으며, 더 나아가 방문객들이 금지된 행위를 하며, 욕구를 충족시키고, 사회적 규범을 어기는 '일탈의 장소'로도 이해되었다.[15] 그러나 1931년의 박람회는 과거의 박람회처럼 대중적이고 오락적이며 놀이 공원과 같은 성격만을 지향하지는 않았다.[16] 리요테는 이 박람회를 프랑스 제국과 식민화 활동의 "생생하고 주목할 만한 축소판"이라고 묘사하면서[17] 과학적이고 합리적인 박람회로 만들고자 했다.

'시각적 즐거움의 유혹과 이국 취향의 매력'을 피하고자 하면서, 리요테와 그의 동료들은 식민지 제국을 전시하는 방법에 대해 고민했다. 우선 동양과 서양의 교류로 인해 구축된, 즉 식민주의에 의해 만들어진 이미지에 여전히 의존하면서도 식민지에 대한 이국적이고 부정확한 이미지를 벗어나려고도 하였다.[18] 나름대로 식민지와 식민화를 어떠한 방식으로 정확히, 그리고 현실성 있게 재현할 수 있는지를 고민한 가운데 박람회의 기획자들은 자연사 박물관 등에서 제시한 과학적 모델에 근

15 Keith Walden, *Becoming Modern in Toronto: The Industrial Exhibition and the Shaping of a Late Victorian Culture* (Toronto: University of Toronto Press, 1997).

16 러시아의 철학자이자 문학이론가인 미하일 바흐친(Mikhail Bakhtin)은 박람회는 오락적 의도가 강한 것과 교육적 목적을 지닌 것이 있다고 구분하였다. 공식적인 행위로 명명되는 교육적 목적은 "차별을 구체화하는 것"인 반면, 오락적인 측면은 "사회적 평등을 규정하고 권위에 도전하는 행위"를 의미했다. Mikhail Bakhtin, *Rabelais and His World*, trans. Helene Iswolsky (Bloomington: Indiana University Press, 1984).

17 Hubert Lyautey, "Inauguration de l'Exposition coloniale internationale de Paris (6 mai 1931)", Marcel Olivier, *Rapport général*, vol. 4, p. 374.

18 Patricia A. Morton, *Hybrid modernities: architecture and representation at the 1931 Colonial Exposition Paris* (Cambridge: MIT Press, 2000), p. 5.

거한 여러 가지 시각적인 자료들을 전시할 계획을 세웠다. 박람회장은 원주민 건축물을 '원래대로' 복원한 웅장한 가설 건축물을 중심으로 식민지로부터 가져온 사람들과 물건들을 전시하고, 영화나 밀랍인형, 사진, 축소세트, 설명을 담은 장식판자 등과 같은 다양한 형태와 규모의 시각적이고 '경험에 의거한' 자료들을 통해 '실제 식민지의 모습'을 재현하려고 노력했다.[19]

그러나 주최 측은 기존의 통속적인 이국풍의 전시를 완전히 배제하지는 못했는데, 그것은 사람들의 이목을 집중시키기 위해서는 다소 필요했기 때문이다. 결국 1931년 박람회는 식민지에 대한 모호하고 비합리적인 이미지를 통해 식민지 문화권과 '프랑스 본국'의 대조적인 모습을 강조하게 되었다. 이와 관련한 앙드레 모루와(André Maurois)의 글은 박람회를 통해 투사되는 식민지에 대한 이미지와 그것이 묘사되고 설명되는 방식에 대해 알게 해 준다.

> 축음기와 비행기 등을 예로 들어 유럽 문명에 대해 표현하고, 건축물의 대조적인 모습을 통해 식민지의 미개발적인 모습을 보여준다. 즉 제국의 문명화된 도시와 식민지의 미개발적이고 야생에 가까운 모습을 대조적으로 묘사한 것이다. 이러한 대조를 통해서 식민지보다 제국이 우위에 있는 입장이라고 인식하게 하고 프랑스의 식민지 정책을 정당화한다.[20]

박람회의 또 다른 취지는 유럽 열강과 그들의 식민지를 비교하고

19 Vanessa R. Schwartz, *Spectacular Realities: Early Mass Culture in Fin-de-Siècle Paris* (Berkeley: University of California Press, 1998).

20 André Maurois, "*Sur le Vif*", *L'Exposition coloniale* (Decorce, 1931).

그 차이점을 부각시키는 것이었다. 프랑스 제국은 식민지 통치를 위해 본국과 식민지 간의 다방면에 있어서의 차이와 위계(질서)를 강조할 필요성을 느꼈다. 식민지 주민들에게 자신들의 '위치'를 알게 하고 한계에 대한 인식을 명확히 함으로써 열등성을 느끼도록 하였다. 다시 말해 제국의 식민지에 대한 착취와 권력 유지를 위해 식민지 국민들에 대한 의식 교육을 행하였던 것이다. 이러한 의식 교육을 위해 식민지의 주민들에게 시각적인 자료를 제시했다. 특히 식민지에 제국의 건축물을 건설하여 이를 효과적으로 이용하였는데, 아르데코(arts décoratifs) 스타일과 같은 프랑스적인 건축물과 현지의 양식으로 지어진 건축물을 통해 양국 간의 격차를 강조했다. 즉 프랑스의 도시적이고 세련된 양식과 식민지의 원시적인 양식을 대비시켜 유럽의 문명과 원주민의 야만성을 증명해 보이고자 했던 것이다.

박람회에서 전시된 건축물의 목적 역시 제국과 식민지 간의 차이를 명확히 하는 데 있었다. 박람회를 주관한 이들은 건축물 이외에도 그림, 조각, 영화, 광고, 신문, 잡지 등을 통해 식민지 분위기를 연출해 내고, 식민지에 대한 차별적인 인식을 부각시키고자 했다. 식민지 세계를 건축물을 통해 재현해 내고, 사진과 필름 안에 담아냄으로써, 유럽이 다른 세계에 대해 갖고 있는 정복의 욕망을 보여주었다.[21] 식민지에 비해 개발되고 문명화된 유럽은 그렇지 못한 나라를 원조하고 개화할 의무가 있다는 점을 강조하였고, 그렇기 때문에 유럽인들의 식민지 통

---

21 Pascal de Blignières, *Albert Kahn, les jardins d'une idée* (Paris: Ed. La Bibliothèque, 1995) ; *Albert Kahn, 1860–1940: réalités d'une utopie* (Boulogne: Musée Albert Kahn, 1995).

치는 문명화에 대한 책임으로 행해지는 측면을 보여주고자 했다.

그런데 식민지에 대한 차별적인 인식을 부각시킨다는 박람회의 목적은 곧 문제에 부딪치게 되었다. 우선, 식민지의 원시적인 모습과 야만성 등을 보여주면서 제국의 통치 하에서 개선된 모습도 제시해야 한다는 것이었다. 그리고 식민지의 발전과 문명화로 인해 제국과 유사해지면 더 이상의 통치를 할 이유가 없어진다는 것이었다. 이러한 내부적인 갈등을 해소하기 위해 박람회를 기획한 이들이 식민지와 제국 간의 고유한 차이 또한 보여주고자 했다고 파트리시아 모턴(Patricia Morton)은 주장한다. 『근대성의 혼성성』(*Hybrid Modernities*)의 저자는 박람회가 제국과 식민지로 대표되는 두 세계 간의 차별의 와해와 화합의 기회였다는 점을 강조하며, 저서를 통해 박람회에서 드러난 피식민자와 식민자 사이의 상호연결과 통합의 관계망을 보여주고자 하였다.[22] 그러한 논리의 근거로 1931년 파리의 박람회에서 프랑스식 건축물과 식민지 양식의 건축물의 혼재가 있었고, 두 양식이 혼성된 '기이하고도 이상적인' 형태의 건축물이 전시되었다는 것이다. 이 혼성으로 인해 동양과 서양의 서로 다른 문화가 조화를 이루었고, 이는 단순히 문화의 혼합이 아니라 상위계급과 하위계급의 융합이었다는 점을 모턴은 강조하며, 박람회에 커다란 의미 부여를 했다. 또한 박람회에서 나타난 프랑스적이지도 않고, 식민지적이지도 않은 혼성의 가설 건축물들은 20세기 초 프랑스 식민지 정책의 변화를 반영한다고 저자는 주장하였다. 프랑스의 식민지 통치와 체제가 발생하고 갈등을 겪은 이후 소실하는 과정의

22 Patricia A. Morton, *Hybrid modernities*.

중간 지점이 바로 박람회였으며, 혼합형 건축물과 전시관은 제국과 식민지 간의 탈식민화 공간으로 정의될 수 있다는 것이다. 그러나 이러한 시각은 1931년이 프랑스 제국주의의 절정기라 명명될 수 있는 시기였고, 프랑스 소유 식민지들의 탈식민화가 이루어지는 1950년대 중반까지 식민지의 독립을 위한 투쟁은 지속적으로 진행되었으며, 그럼에도 불구하고 프랑스 제국은 여전히 '건재'했던 점 등을 상기한다면 박람회에 대한 지나친 의미 부여라고 볼 수 있을 것이다.

3. '식민지 신화'와 제국의 선전

그렇다면 '식민지 신화', 다시 말해 1931년 식민지박람회가 갖는 의미와 영향, 프랑스인들이 가졌던 환상과 의식의 변화는, 식민지 연구의 권위자인 아즈롱(Charles-Robert Ageron) 교수가 지적한 바와 같이, 박람회 이후에야 온전히 작용했다고 볼 수 있을까?[23] 박람회의 위원장인 마르셀 올리비에(Marcel Olivier)가 출간한 『1931년 식민지박람회 보고서』를 보면 '신화'는 처음부터 매우 의도적으로 창조되고 장려된 것처럼 보인다.[24] 또한 "식민지박람회는 인류역사상 새로운 시대의 시작을 알릴 것이다"라고 폐막 연회에서 파리시의회 의장이 연설했듯이, 1931년 행사는 '제국의 이념'을 선전하고, 이를 중심으로 대중적 합의를 권장하는 의지의 표현이었으며, 동시에 "호기심으로의 초대, 감각의 자극, 상상

23 Charles-Robert Ageron, "Les colonies devant l'opinion publique".

24 Marcel Olivier (éd.), *Exposition coloniale internationale de Paris, Rapport général*.

력으로의 입문"[25] 등과 같은 당시의 문구가 상징하듯이 일종의 '식민지 신화'를 위한 것이었다.

박람회를 통해 선전하고자 했던 첫 번째 '식민지 신화'는 문명화되고 산업화되는 사회를 가능하게 하는 '진보'라는 개념이었다. 식민지 행위는 진보라는 '식민지적 이상'을 통해 정당화되었던 것이다. 다시 말해 "세상에서의 진보는, 즉 잠재해 있는 부의 활용은 식민지 활동을 최상으로 정당화 한다."[26] 여기에서 식민화와 서구문명의 정당화가 가능해진다. 왜냐하면 진보를 위한 '식민지 행위의 관대함과 인류애적인 관심'은 "식민지 이념이 인류의 발전과 동일시되는" 이러한 새로운 신화적 측면에 포함되기 때문이다.

둘째로 광범위하게 이용된 또 다른 신화적인 가치는 '교훈'이었다. '식민화하는 것'은 당시 프랑스에게는 일종의 의무였고, 따라서 '식민화의 교훈적인 중요성'은 자명한 이치였다. "리요테 사령관은 박람회를 통해 그가 사랑하는 조국에 그 무엇과도 비교될 수 없는 교훈적 효과를 주었다"[27]고 뒤보아(Dubois) 장군은 언급했다. 우리는 여기서 '문명화'라는 신화를 발견하게 되는데, 프랑스의 식민주의자들에 의하면 "식민화는 문명화 행위의 본질적인 수단이기 때문이다."[28] 즉, 식민지 건설은

---

25 Catherine Hodeir, *Le Non-Dit dans l'Exposition coloniale, Paris, 1931*, mémoire de maîtrise (Université Paris-VIII: 1978), p. 40.

26 Marcel Olivier (éd), *Rapport général*에서 인용. Catherine Hodeir et Michel Pierre, *L'Exposition coloniale* (Paris: Ed. Complexe, 1991)에서 재인용.

27 파리 주재 대사관 무관인 뒤부와(Dubois) 장군의 연설. 『르 탕』(*Le Temps*), 1931년 9월 24일.

28 Paul Reynaud, *Le Temps*, 1931년 5월 7일.

원주민들이 문명으로 이전하는 데 필수 불가결하고, 따라서 전적으로 정당화되는 것이다. 열등한 인종과 문화를 교화시키고, 야만적인 상태로부터 해방시키는 것은 유럽인의 사명이자 도덕적 의무였던 것이다. 문명화 행위는 결국 박람회를 통해서도 구현되었는데, 화려하고 웅장한 빌라의 건축과 내부 장식은 세계에서 문명화 이념이 승리하는 과정을 설명한다고 프랑스인들은 생각했던 것이다.

이와 더불어 민족주의의 교훈도 있었다. 식민지 이데올로기는 국수주의적이고 공격적이며 고립돼 있는 극우만의 전유물은 아니었다. 그것은 반대로 제3공화국의 가치를 가진 합법적인 이데올로기였다. 제3공화국의 식민지 업적의 위대함을 강조하는 연설은 도처에서 발견되었는데, 그것은 '해외 제국의 형성'이 이 시기에 이루어졌기 때문이다. "박람회를 통하여 각각의 국민은 오대양에 걸친 가장 웅장한 프랑스의 시민임을 인식해야 한다"[29]라고 식민부 장관인 폴 레이노(Paul Reynaud)는 개막식에서 연설했다. 박람회가 열렸던 뱅센느 내부에서 프랑스 국기는 도처에서 펄럭였으며, 국가를 위한 희생은 높이 찬양되었고, "프랑스 애국주의의 상징물 중의 하나인 푸코 신부(père Charles de Foucauld)의 무덤" 앞에서 여러 행사가 진행되기도 하였다. "프랑스 '천재들'의 가장 숭고한 표현인 박람회"는 국가의 힘을 재생시키고, 세계 경쟁무대에서 프랑스를 강대국의 서열에 위치시키는 역할을 하였던 것이다.

1931년 5월부터 11월 사이에 진행될 박람회의 개막은 프랑스 소

29 『르 탕』(*Le Temps*), 1931년 5월 7일.

유 식민지가 겪었던 세계적인 경제적 위기의 심각한 영향, 북아프리카 지역인 마그레브(Maghreb)와 인도차이나에서 일어난 초기의 민족주의 운동[30], 그리고 프랑스의 지나친 제국주의적 사고방식에 불편한 감정을 내비친 다른 식민지 강대국들의 무관심[31] 속에서 열렸다. 하지만 이 행사의 반향은 대단했는데, 많은 아동들이 이 장대한 광경을 통해 학교 교과서 지도에 수록된 프랑스에 귀속된 많은 식민지의 모습을 확인할 수 있었고, 제3공화국의 초등과정의 역사교과서나, 27권의 방대한 분량으로 이루어진 아동용 프랑스사 교과서인 『프티 라비스』(*Petit Lavisse*)의 식민지 관련 장에서 언급했던 제국주의 이데올로기를 발견하고, 그것에 공감할 수 있었던 것이다. 아주롱 교수는 프랑스 해외 영토의 관리들을 대상으로 한 여론조사에서 그들 경력의 선택에 있어 박람회의 역할이 중요했음을 강조하였고, 중국사 전문가인 장 세노(Jean Cesneaux)는 어렸을 때 뱅센느를 방문했을 때의 경이로움이 자신의 연구영역을 선택하는 데 커다란 영향을 미쳤다고 언급하기도 했다.[32]

---

30 1930년 5월 모로코에서는 아랍인과 인구의 3분의 1을 차지하는 베르베르인의 분리정책에 반대하며 반프랑스 시위가 전개되었다(affaire du 'dahir berbère'). 알제리에서는 1931년 벤 바디스(Ben Badis)에 의해 '알제리 개혁 울레마(회교법학자) 협회(fondation de l'Association des oulémas réformistes d'Algérie)'가 창설되어 민족주의 운동을 전개했다. 베트남의 국민당 군대는 1930년 2월 하노이 서북쪽 105km 지점에 있는 옌 바이(Yen Bay)의 프랑스군 병영에 대한 공격을 감행하였고, 같은 해 6월, 후에 인도차이나 공산당으로 개명할, 베트남 공산당이 창설되기도 했다.

31 세계 제일의 식민지 강국인 영국을 비롯하여 독일과 스페인은 불참을 선언했으며, 윌슨(Woodrow Wilson) 대통령이 민족자결주의(self-determination)를 주창한 이후 전통적으로 반식민주의를 표방했던 미국은 참가를 결정하였다.

32 Catherine Coquery-Vidrovitch et Charles-Robert Ageron, *Histoire de la France coloniale*, vol. 3. *Le déclin* (Paris: Armand Colin, coll. Agora, 1991), p. 11.

언론은 박람회가 지향하고 강조했던 주도적인 이념들을 적극적으로 알리는 데 노력했다. 실제로 인상적인 것은 박람회에 대해 『그랭구아르』(*Gringoire*)와 같은 극우언론으로부터 사회주의 경향의 『르 포퓔레르』(*Le Populaire*)와 같은 좌파에 이르기까지 의견의 만장일치를 보았다는 것이다. 유일하게 『르 카나르 앙셰네』(*Le Canard enchaîné*)와 『뤼마니테』(*L'Humanité*)만이 비판적인 입장을 견지했다. 다른 모든 언론들은 여러 다른 방식으로 호의적인 입장을 표명했고, 매일 매일의 기사를 통해 미래의 방문객들이 참조할 수 있도록 뱅센느에서의 축하 행사에 많은 지면을 할애했다. 이러한 흐름의 가장 대표적인 언론은 국제정치와 식민지 정책에 대해 다양한 정보를 제공하는 『르 탕』(*Le Temps*)이라고 볼 수 있는데, 이 신문은 1930년 5월부터 1931년 초까지 매일 『르 탕 콜로니알』(*Le Temps colonial*)이라는 부록을 통해 박람회 소식을 전했으며, 『파리 수와르』(*Paris-Soir*)는 「삽화를 곁들인 매일 뉴스」라는 부제 하에 첫 장과 마지막 장에 박람회와 관련한 다수의 사진을 싣기도 하였다.

일반 대중들도 이러한 언론의 호소에 대대적으로 화답했다. 박람회 기간 동안 총 8백만의 관람객이 방문했는데, 4백만의 파리 시민들,[33] 3백만의 지방인, 그리고 1백만의 외국인들이 방문했다. 박람회의 주최자는 이 박람회가 식민지 교육의 장이 되기를 원했으며, 최대한 많은 초등학생들이 방문할 수 있게 멋지게 꾸며 놓았다.[34] 한 번에 적어도 열 대씩의 버스가 1931년 여름 동안 선생님과 교장 선생님이 동반된 대략 2만

---

33 당시 파리시의 인구는 4백만 명에 이르지 못했다. 이 수치는 두 차례 이상 박람회를 방문한 많은 방문객들을 포함한 수치이다.

34 Catherine Hodeir, *Le Non-Dit dans l'Exposition coloniale*, pp. 577~578.

명의 아동들을 실어 날랐다. 중학교 이상의 학생들을 위해서는 곳곳에 안내 진열대가 있어 무상으로 가져갈 수 있는 자료들을 비치해 두었다. 이러한 자료들과 많은 연설에서는 교훈을 주려는 의도를 발견할 수 있었다. '교육' 혹은 '교훈'이라는 단어는 주최자가 발행하는 자료를 통해 수없이 등장했는데, "뱅센느의 교육은 실물 교육"이었으며, 그것은 "국가 간의 상호 존중의 대단한 교육"이었고, 이러한 "프랑스의 교육, 유럽의 교육, 인간 교육은 박람회가 국민들에게 줄 수 있는 가장 멋진 그림책이었다."[35]

개막식 때 가스통 두메르그 대통령이 선언한 '박람회의 정신'에 의해 강화된 식민지 정신은 '식민지 신화'가 되었다. 이러한 신화는 행동 속에서 그 정당성을 발견했다. 식민부 장관을 역임한 알베르 사로가 언급한 "프랑스인들의 모험가적 호기심, 그와 연관된 대담한 주도적 행위, 서양의 활력"[36] 등과 같은 것들이 식민지 활동을 규정지었던 것이다. 그런데 모든 것의 상위에 위치해 있고 끊임없이 강조되었던 식민지 활동은 넘쳐나는 에너지를 통해서만이 가능했다. "식민지 개척자는 에너지의 창조자이다. 식민 활동은 그러하기에 '노력'에 의해 가치를 지니게 된다. 노력은 식민국가의 활력에 비견된다. 특별히 박람회는 위대한 노력의 가치를 드러내기에 우리나라가 인정받고 찬양받는다는 사실을 발견할 수 있는 장소가 된다"[37]라고 사로는 역설했다.

35 Catherine Coquery-Vidrovitch et Charles-Robert Ageron, *Histoire de la France coloniale*, p. 17.

36 Albert Sarraut, *Le Temps*, 1931년 10월 7일.

37 Albert Sarraut, *Le Temps*, 1931년 11월 17일.

4. "하루 동안의 세계 일주"

제3공화국의 식민지 정복 이후 프랑스는 자신의 제국을 문화 속으로, 일상생활 속으로 끌어들였다. 정복사업은 1931년 세계식민지박람회를 통해 하나의 '스펙터클'이 되었다. 박람회를 통한 '식민지 교육'은 아동들과 일반 대중을 위한 문화의 장의 형태를 띠었던 것이다. 방문객들에게 '식민지 세계'로 여행하는 듯한 착각을 불러일으키는 박람회는 다양한 볼거리를 제공했다. 이른바 '제국이념의 대중화'를 위한 노력들이 교육과 오락의 기능을 동시에 수행하며 진행되었다.

"하루 동안의 세계 일주"(Le Tour Monde en un jour)는 1931년에 개최된 식민지박람회의 공식 포스터의 문구로서, 프랑스의 식민지가 그야말로 세계 곳곳에 퍼져 있음을 의미하는 적절한 문구라고 볼 수 있다. 이 박람회를 하루 동안 관람함으로써 관람객들은 마치 세계 곳곳을 여행하는 듯한 착각에 빠질 수 있었다. "올해의 사건인 박람회는 110헥타르와 수킬로미터에 걸쳐 전시되었다. 밤낮으로, 까다롭고, 변덕스럽고, 잡다한 40만 명의 사람들이 한꺼번에 다닐 수 있는 급조된 도시"[38]는 크게 프랑스 본국 구역, 해외 영토 구역, 식민지 본국관 구역, 그리고 식민지 영구 박물관 구역 등의 4개의 구역으로 이루어졌다.

먼저 각각의 식민지 본국관은 식민지에서 활동과 그들이 이룬 '업적'을 일련의 이미지를 통해 보여주려 했다. 이 박람회의 특징은 프랑스 이외의 식민지를 가진 다른 국가들이 세운 관도 관람할 수 있다는

38 Marcel Olivier, *Rapport général*, vol. 3: *Exploitation technique*, 1934.

것이었다. 포르투갈은 15세기에서 17세기까지의 건축물을 모방해 전시함으로 '백인 지배의 선구자'[39]로서의 그의 과거를 보여주었고, 벨기에는 짚으로 덮인 콩고(Congo)의 거대한 3개의 오두막을 지음으로써 보다 최근의 식민지의 모습을 보여주었다. 이탈리아와 네덜란드는 보다 큰 스케일의 건축물들을 전시했는데, 이탈리아의 무솔리니와 파시즘 정부는 빈약한 현재의 식민지 소유보다 리비아(Libya)의 렙티스 마그나 대성당(Laptis Magna Basilica)을 재건함으로 과거 로마제국의 영광을 재현하고자 했다. 이 건축물은 리비아의 본래의 모습보다는 로마의 고전주의 양식의 육중한 느낌으로 재현해 냈다고 볼 수 있다. 네덜란드는 앙코르 사원에 버금간다는 명성을 지닌 자바섬의 사원을 재현하였는데, 그것은 장중하게 조각된 문이 전체가 대리석으로 이루어진 접견실과 연결되게 만들어진 것이었다.

프랑스는 '토착민 정책'의 실현과 식민화의 덕택으로 가능했던 농업, 광업, 산업부분에서의 경제적 성장을 강조하고자 했다. 프랑스 본국 구역은 프랑스 식민지로 수출하기 위한 상품들이 전시된 4만 2천 평방미터의 전시회가 열린 곳이었다. 알프레드 오둘(Alfred Audoul)에 의해 아르데코 양식으로 디자인된 이 건축물은 "상업과 공업의 대성당"이라는 특징을 지니고 있었다.[40] 이 구역의 정면에서 보면 인상적인 중앙 타워가 세워져 있었는데, 이는 박람회장의 경계표 역할을 하였다. 이러한 건축적 양식과 상품의 전시를 통해 프랑스는 자국의 식민지에 대한

39 *Le Temps*, 1931년 5월 29일.

40 Marcel Zahar, "L'Architecture de l'Exposition coloniale", *Renaissance de l'art*, no. 8 (1931), p. 228.

산업과 공업의 주도권과 우월성을 표출하려 하였다. 이와 같이 프랑스를 포함한 '식민지 본국 구역'은 '제국의 위대함'이 가져다준 기술적이고도 경제적인 발전을 강조하고자 했다.

'해외 영토 구역'과 관련하여, 먼저 인도차이나관은 박람회의 가장 중요한 구역 중 하나로 프랑스에 의해 식민화된 동남아시아의 국가연합을 소개한 곳이었다. 이 구역의 주요 구조는 부분적으로 재현된 앙코르 와트 사원(Palais d'Angkor)이었다. 이 사원을 중심으로 주위에는 안남관, 캄보디아의 탑, 라오스 어부의 빌라, 거대한 통킹 마을이 위치하여 관람객들에게 잊지 못할 인도차이나의 풍경을 보여주었다. 각각의 관들은 그 지역 고유의 건축적이고 장식적인 요소들의 '혼성'을 구성하였는데, 건축 비평가인 장 갈로티(Jean Gallotti)는 몇몇 건축물들이 지나치게 화려하고 파리의 분위기에 맞게 변질되었다고 평가했다.[41]

북아프리카 구역은 모로코, 튀니지, 알제리 세 구역으로 구분되었다. 모로코 구역은 로베르 푸르네즈(Robert Fournez)와 알베르 라프라드(Albert Laprade)에 의해 디자인되었는데, 이 둘은 리요테의 식민정부 하에서 일하는 동안 모로코의 건축을 직접 경험한 자들이었다. 이 모로코 관에 병렬로 배치된 군대는 모로코의 첫 번째 프랑스 총독인 리요테의 식민지 관료로서의 긴 경력을 나타냈다. 방문객들은 이 관에서 도서관과 지도, 원주민들의 생활이 담긴, 축소모형을 설치하여 장면들을 연출한 디오라마(diorama), 교훈적인 전시품들, 모로코의 공예 전시품들

41 Anthony Goissaud, "Les Pavillons de l'Indo-Chine", *Construction moderne*, no. 5 (1931), p. 76.

이 있는 방들의 미로를 가로지르게 되어있었다. 이 길은 재래시장(souk)까지 뻗어 있고, 길고 좁은 정원에서 끝이 났는데, 이 재래시장의 32개의 상점에서는 모로코인들이 카펫, 도자기, 구리제품과 같은 전통 공예품을 팔았다.[42] 반면 튀니지 구역은 의도적으로 그림 같은 옛터와 이국적인 단편들의 혼합으로 표현되었다. 빅토르 발랑시(Victor Valensi)의 이 작품은 고대적이고 신비한 동방을 상기시켰다. 일부에서는 이 작품이 튀니지의 실제 모습을 의도적으로 왜곡하고 지나치게 환상적으로 재현했다고 비판했지만, 대부분의 비평가들은 그것의 매력적인 분위기를 순수하게 칭찬하기도 하였다.[43] 알제리 구역은 식민지의 현재의 모습을 표현하기보다 알제리의 과거의 모습을 그려냈다. 사실 1930년은 알제리가 프랑스에 정복된 지 100주년이 되는 해로 이 박람회는 그 후 일 년 후에 열린 것이었다. 알제리는 프랑스의 가장 오래된 식민지 중 하나로 지난 백 년을 거쳐 변해 왔고, 행정적으로 프랑스에 직접 편입이 되어 있었다. 건축가 샤를르 몽탈랑(Charles Montaland)은 알제리 관을 무어적이고(Moorish) 터키풍(Turkish)의 건축으로 표현하였는데, 그의 처음 계획은 매우 '프랑스적인' 것이었지만 반대 의견이 많아 '식민지적인' 것으로 대체되었던 것이다.[44]

아프리카와 남태평양, 카리브 해 연안에 위치한 식민지관들을 재현하는 데 있어 건축가들은 거칠게 조각된 통나무와 초가지붕, 그리고

42 Marcel Olivier, *Rapport général*, vol. 5, 2ème partie, pp. 175 et 181.

43 Jean Gallotti, "Traité de géographie de l'exposition coloniale d'après les plus récentes découvertes", *Vu*, no. 168(1931), p. 779.

44 Marcel Olivier, *Rapport général*, vol. 5, 2ème partie, p. 30.

조악한 장식물을 사용하였다. 또한 방문객들을 위해 원주민들을 고용하여 근심 걱정 없는 표정으로 춤추고, 그들의 '원시적인' 음악을 연주하게 했다. 하지만 이러한 공연 이면에는 비인간적으로 텐트도 없이, 낮은 보수를 받으며, 이동의 자유도 박탈당한 채 관리되는 '원주민들'의 비참함이 존재했다.[45]

프랑스 인도관은 건축가 앙리 지르베(Henri Girves)와 르네 소르(René Sors)에 의해 힌두 미술과 건축이 혼합된 기이한 구조로 표현되었다. 이것은 특정한 인도 미술에 대한 정확한 복제품이 아니었고, 인도 구역 담당 박람회 위원인 기네스투(Ginestou)의 말을 빌리자면, 다양한 건축 문화를 조합한 결과였다.[46] 이 건물의 가장 특징적인 것은 입구의 양쪽에 장식된 코끼리 상인데, 이는 인도 미술에 있어 전례를 찾아볼 수 없는 형상이었다. 이와 같이 임의적인 유럽인의 상상력을 반영한 모습이나[소말리아(Somalia), 수단(Soudan)], 프랑스식 건축 양식과 식민지 양식을 혼합한 모양을 재현한 구조물들[과들루프(Guadeloupe), 마르티니크(Martinique), 레위니옹(La Réunion)]이 박람회장 곳곳에 산재해 있었다.

박람회에 전시된 많은 건물 중 주최자들이 가장 공들인 장소는 박람회의 명소로 자리 잡은 박물관이었다. 프랑스 본국 구역 옆에 위치한 식민지 박물관은 1931년 박람회가 끝난 후에도 영구적으로 남은 유일

45 Herman Lebovics, *True France: The Wars over Cultural Identity, 1900–1945* (Ithaca, NY: Cornell University Press, 1992), p. 103.

46 기네스투가 프랑스령 인도 식민지 총독에게 보낸 서한. AOMA(Archives d'Outre-Mer d'Aix-en-Provence), *Exposition coloniale internationale de Paris*, 1931, carton 9.

한 건축물이었다. '식민지 궁정'이라 명명된 박물관은 화려한 외관과 다양한 내용물을 통해 프랑스 식민지의 풍요로움을 상징하였다.[47] 박람회의 주관자인 올리비에가 "조국의 영광과 인류의 진보를 위해 유럽 내에서의 경계를 벗어나 오늘날 우리가 달성한 식민지 업적의 방대한 결과는 이곳에서 확인할 수 있다"라고 언급했듯이 박물관은 방문객들에게 프랑스가 식민지에서 이룬 성과를 변호하는 장소였다.

이와 더불어 프랑스 식민지 대로의 한가운데 가톨릭과 개신교의 선교관을 나란히 배치함으로써 선교사들의 노력과 업적을 기리기도 했으며, 82미터의 식민지 군대 청동탑을 세우기도 하였다. 식민지 대로의 끝에 위치한 이 구조물은 프랑스가 식민제국을 유지할 수 있게 한 군사적 힘을 상징했다. 미적이고 민속적이며, 장식예술로 꾸며진 넓은 광장도 있었고, 동물원도 존재했다. 동물원은 프랑스 최초의 '자연적인 동물원'으로, 창살이 있는 우리 대신에 깊은 해자나 연못으로 둘러싸인 공간에 동물들을 풀어 놓고 관람할 수 있게 만들었다. 여기에는 사자나, 기린, 원숭이들이 있었고, 마치 원래부터 이 동물들의 서식지인 것처럼 자연의 모습 그대로 꾸며졌다. 이 동물원은 박람회가 끝난 후에도 영구적으로 보존되어 뱅센느 동물원으로 남아 있다. 또한 안내소와 두 군데의 오락 지역, 식당과 상업관 등이 있었다. 식당이나 상업관은 제국과 상업 간의 연계를 의미했는데, 이러한 관계는 많은 자료들과 전시된 상품들을 통해 인식될 수 있었다. 예를 들어 이국취향에 목마른 구경꾼들을 위해 식민지 관리가 쓰는 모자나 박람회에 전

---

47 Léandre Viallat, *L'esthétique aux colonies* (Congrès de l'urbanisme colonial, 1931).

시된 건물 모형들의 판매가 이루어졌다.[48] 제국은 이곳에서도 상업적인 이득을 가져다주었으며, 문화적 상품으로서의 가치도 드러냈다. 이렇듯 식민지에서 이룩한 산업적 발전의 증거물들과 위생과 교육에 있어서의 활동을 상징하는 화려하고 다양한 모양의 식민지관에도 불구하고 관람객들은 스펙터클과 축제에 더 열광하고 관심을 보였다고 한다.[49]

이같이 1931년 식민지박람회는 전시관들만 진열했을 뿐 아니라 오락적인 측면도 제공하였다. 종래의 박람회보다 훨씬 다채롭고 이색적인 구경거리를 제공하였는데, 원주민들의 생활상 복원이나, 원주민들의 댄스, 호수에서의 물놀이와 카누와 낙타 타기 등의 체험 시설 등이 제공되었던 것이다. 즉 아낙네들이 식사를 준비하고, 장인들이 가죽이나 금속으로 능숙하게 일하는 '토착민 마을'의 안마당을 복원하였고, 고용된 만 오천 명의 아프리카인들이 활기를 띤 거리의 모습을 재현하기도 하였다.[50] 이 외에도 무수한 스펙터클이 마련되어 있었는데, 안남의 사제들의 의례적인 행렬, 다호메이(Dahomey)의 베앙쟁(Béhanzin) 왕의 행렬을 연상시키는 많은 무리들, 마다가스카르의 여왕을 보좌하는 마다가스카르의 고관들, 춤추는 사람들, 아프리카와 마다가스카르의 악단, 불꽃축제 등을 즐기고 구경할 수 있었다.

이러한 측면에 대해 기 드 마독(Guy de Madoc)은 매우 진부하고 재

48 Charles-Robert Ageron, "L'exposition coloniale de 1931", p. 574.

49 Charles-Robert Ageron, "L'exposition coloniale de 1931", p. 576.

50 Sylviane Leprun, *Le Théâtre des colonies. Scénographie, acteurs et discours de l'imaginaire dans les expositions, 1855-1937* (Paris: L'Harmattan, 1986), pp. 152~154, 211~214, 220~221.

미없으며 놀랄 만한 새로운 것이 전혀 없다고 비판했다.[51] 1931년 식민지박람회에 등장하는 많은 볼거리들은 1900년이나 1925년에 개최되었던 박람회와 별 다를 바 없다고 평가했던 것이다. 즉 진부하고 오래된 티가 나는 구식 박람회라는 일부의 비판을 받아야 했던 것이다. 하지만 대부분의 관람객들에게 있어 이 "하루 동안의 세계 일주"는 식민지의 건축과 사람, 그리고 인공물의 조화로운 컬렉션이었고, 프랑스의 문명화 사명의 결과물이었다. 이와 같이 엄청난 규모로 프랑스 식민지 제국을 축소하여 환상적으로 재현한 뱅센느 박람회는 공화국의 이름으로 조장된 놀이공원의 전형이자, "위대한 프랑스"라는 이념을 프랑스인들에게 각인시킨 대표적인 기획이었다고 볼 수 있을 것이다.

5. 반식민주의와 식민지 환상

식민지박람회에 반대하는 일부 사람들은 식민지 팽창정책의 실체를 드러냄으로써 프랑스인들에게 주입된 "위대한 프랑스"라는 사고와 이미지를 깨뜨리려 하였다. 1931년 5월, 파리 경찰이 인도차이나 학생을 체포한 사건이 발생했다. 앙드레 브르통, 폴 엘뤼아르, 루이 아라공과 같은 지식인들은 이러한 행위가 식민지 출신자들에 대한 일련의 억압적 조치의 하나로 자행되었다고 비판하며, 자신들이 서명한 「식민지

51 Guy de Madoc, "Coup d'oeil sur l'exposition coloniale", *Cité moderne* (1931년 6월 2일), p. 8.

박람회를 방문하지 마시요」("Ne visitez pas l'Expostion coloniale")라는 전단을 배포하였다. 이 전단은 '제국의 질서'라는 미명하에 폭력을 정당화하는 박람회에 참가하지 말 것을 요구하였다. 이 밖에도 '식민지 착취와 제국주의에 반대하는 국제연맹', 프랑스 공산당, 통일노동총연맹과 같은 조직들이 「박람회의 첫 번째 결산」, 「식민지에 대한 진실」 등과 같은 전단을 통해 프랑스의 제국주의적 사고와 정책을 성토하고, 심지어 '안티 박람회'를 개최하기도 하였다. 하지만, 이 박람회의 방문객은 적었고, 그들의 입장에 동조하는 이들도 소수였다. 왜냐하면 다수의 프랑스인들은 일상으로부터의 탈출을 가능케 하는 '꿈의 전달자'인 대규모의 박람회에 강한 인상을 받았기 때문이었다.

지금까지의 글을 통해 우리는 세계식민지박람회를 개최한 프랑스의 궁극적인 목적과 식민지에 대한 인식을 살펴볼 수 있었다. 프랑스는 당시 광대한 해외 영토를 보유함으로써 국가적 자신감과 자부심이 팽배한 상태였고, 박람회라는 문화적 기재를 이용하여 국민들에게 효과적으로 제국주의 국가의 우월성과 식민정책의 필요성을 인식시켜 주고자 하였다. 당대의 일부 지식인들이 아무리 제국주의적 사고의 위험성과 식민지에 대한 폭력의 부당성을 알리려고 해도, '환상적으로' 왜곡된 아프리카와 동방의 신비롭고 장대하며 화려하게 재현된 건축물들에 관객들은 매료되었으며, 제국 팽창의 정당함과 필요성을 아무런 비판 없이 '즐기며' 받아들였다. 식민지관들 사이에 세워졌던 기독교 선교관이나 군사적 상징탑을 보며 관람객들은 프랑스의 문명화 사명과 세계 속에서의 우월성을 확인할 수 있었던 것이다. 결국 이러한 기재들을 통해 프랑스인들은 식민화 사업의 이면에 존재하는 자신들의 폭력성과 잔인성을 무시한 채, 프랑스로 인해 미개한 나라들이 개화되고 진보한다는 문명화 사명의 신념을 더욱 확고하게 받아들이게 되었던 것이다.

이 박람회를 통해 드러나는 또 다른 인식은 바로 프랑스인의 세계를 바라보는 시각이다. 문명화된 유럽과 미개한 아프리카와 동방이라는 이분법적 논리와 동방에 대한 오리엔탈리즘은 그들이 세운 건축물에서 뚜렷이 드러났다. 그 지역에 대한 정확한 문화적 이해 없이 왜곡되고, 상상되고, 정형화된 이미지가 건축 디자인을 지배하고 있었던 것이다. 짚으로 된 거친 구조의 집은 식민지의 미개함을 상징하고, '인도'라는 환상의 이미지가 동방과 그 이외 지역 전체에 적용되어 터무니없는 형상을 만들어 냈다. 1931년 박람회는 당대의 식민지의 일상을 보여주기보다 프랑스인들이 만들어낸 상상 속의 창작물에 가까웠던 것이다. 1931년 뱅센느에서 열린 세계식민지박람회는 제국의 이념과 이상을 선전하는 훌륭한 수단이었으며, 이를 통해 보여준 갖가지의 문화적 행위들은 프랑스인들의 제국주의적 사고를 발전시키는 데 일조하였다. 이 박람회는 프랑스 식민주의 문화의 진정한 '기억의 장'이었다. '놀이공원의 시초'이며 진정한 '환상의 세계'였던 1931년 식민지박람회는 대중들을 초대하여 "하루 동안의 세계 일주"를 가능하게 해 주었다. 이 상상으로의 여행을 통해 유럽의 '문명화된' 세계와 '원시적인' 세계의 이분법적인 사고에 의해 만들어진 꾸며낸 세계에 대한 믿음이, 항상 서양에 유리하고 불평등한 식민지적 관계의 사고방식이, 5대양에 걸쳐 1억이 넘는 인구를 가진 "위대한 프랑스"라는 의식이 확산되게 되었다. 건축물과 장식의 아름다움과 장

대한 정경들은 프랑스인들이 오랫동안 기억할 '식민지 환상'에 기여했던 것이다.

출처: 흑인 무도회장의 조세핀 베이커 (Josephine Baker), 1927.2.12. 22시.

6장

식민지를 노래하라!:
노래 속에 묘사된 식민지

6장
식민지를 노래하라!: 노래 속에 묘사된 식민지

1. 왜 노래인가?

프랑스에서 식민화와 관련된 기억의 재부상이 전례 없는 중요성을 갖게 되고 정치적이고도 학문적인 많은 문제를 제기할 때, 노래에 대한 연구는 이러한 현실과 그것의 현재적 유산에 대해 새로운 시각을 우리에게 제시해 준다. 대중 소비의 산물이 된 대중문화의 매우 오래된 발현으로 노래에 대한 연구는 위로부터의 역사에 집착하지 않으며 대중의 사고방식과 그것이 재현하는 표상들을 분석할 수 있게 한다. 멜로디와 노랫말, 그리고 이미지를 연관시키면서 노래는 오랫동안 부당하게 무시되어 왔던 풍부한 자료들을 우리들에게 제공해 준다.

식민주의 문화를 고찰함에 있어 노래라는 소재를 선택한 것은 어쩌면 당연한 것인지도 모른다. 하지만 이 분야가 거의 연구되지 않았다는 사실은 놀라운 일이다. 문자언어가 모든 역사, 특별히 식민사의 필수적인 자료였고, 현재까지도 그러한 자료로 남아 있으며, 그림, 사진, 포스터, 영화, 다큐멘터리 등의 '이미지 자료'가 근래 들어 필수적인 자료가 되었다면, 노래는 최근까지 주목받는 몇몇 곡들에도 불구하고 지금까지 무시되어 왔다. 하지만 노래는 '모든 것의 역사' 혹은 '전체의 역사'에 필요한 세 가지 유형의 자료들과 밀접하게 연관되어 있다. '텍스트', '소리', '이미지', 즉 옛날의 '삽화 이미지' 혹은 오늘날의 뮤직 비디오(clip)와 같은 영상 이미지가 그것들이다.

노래는 따라서 너무 의례적인 식민지 연구, 그리고 이념과 교리에 대한 연구나 이념적 논쟁과 정치적 대립에 대한 연구로 제한된 식민사에 대한 연구를 새롭게 하는 데 기여할 수 있다. 실제 노래는 대중의 표상이나 정신 상태에 대해 소중한 시각을 제공할 수 있다.

이처럼 특히 '대중성'이라는 측면에서 노래는 중요한 사례가 될 수 있다. 19세기 초 문맹률이 높았던 사회에서 노래는 대중문화의 중요한 요소였다. 오랜 후에도 노래는 여전히 쇼뱅 병사(soldat Chauvin)[1]를 감동시켰고, 비다스(Bidasse) 친구[2]의 행동에 웃음을 터뜨렸고, 마르고(Margot)를 울게 했다.[3] 이후에도 노래는 군인들을 감동시켰고, 사람들

1 니콜라 쇼뱅(Nicolas Chauvin)은 극단적인 애국심을 상징하는 상상 속의 프랑스 병사이다. 그의 이름에서 국수주의 혹은 맹목적 애국주의를 의미하는 '쇼비니즘(chauvinisme)'이라는 단어가 탄생했다.

2 비다스(Bidasse)는 징집된 '일개' 병사를 지칭하는 '친근한' 용어이다. 원래 이 단어는 1913년 바크(Bach)라고 불리는 파스키에(Charles-Joseph Pasquier)가 창단한 군예술단의 노래인 「비다스와 함께」("Avec Bidasse")에 나오는 고유명사였다.

3 "마르고를 울게 했다(Faire pleurer Margot)"라는 표현은 다른 곳으로 주의를 돌리기 위해 '감정적인 사람들'의 감성에 호소한다는 의미이다.

에게 웃음을 선사했고, 눈물도 흘리게 했다. 또한 노래의 내용과 그 청중에 대한 분석은 프랑스인들의 사고와 상상계 안에서 식민화의 위치를 재평가하게 하고 '덜 엘리트적'인 대중적인 양상을 알게 해준다. 물론 노래를 듣고 부르는 행위가 '제국 건설'을 의미하는 것은 아니었다. 하지만 몇몇 노래는 '제국의 시대'에 대단한 성공을 거두게 되어 납본(納本)된 100여 편의 곡들은 식민화의 지지자들이 이 문제에 대해 매우 무관심한 프랑스에서 소수가 아니었다는 사실을 보여준다. 노래는 대중들의 사고의 변화를 반영하고, 특히 식민화에 대한 초기의 적대감과 1880년대부터 분명해진 점진적인 식민지 이념에로의 결집을 이해하게끔 해주는 것이다.

노래의 효과는 가사가 주는 충격과 멜로디의 무게가 겸비되어 나타나는 것이다. 「작은 통킹 여인」("La Petite Tonkinoise")의 빠른 리듬에 맞춰 프랑스 군대가 1907년 카사블랑카를 공격했으며, 바로 이 같은 풍의 노래로 병사들이 그들의 「미-미-미 미트라이예즈(기-기-기 기관총)」("Mi-Mi-Mi mitrailleuse")를 부르지 않았던가? 반면에 '영광의 30년'과 소비사회의 프랑스에서는 사회 참여적인 노래의 전통이 지속되었다. 보리스 비앙(Boris Bian)의 「탈영병」("Déserteur")의 성공은 불복종하는 병사와 그들의 것이 아닌 전쟁에 반대하는 농부들의 어렴풋한 기억에 빚을 지고 있다.

식민지 노래와 관련된 제6장에서는 제국주의 시대 식민지를 묘사한 노래의 특징과 내용을 문명화 사명, 식민지에 대한 지리적 무지와 환상, 식민지인에 대한 이미지 구축이라는 측면을 중심으로 고찰해 보고자 한다.

2. '제국의 시대'와 노래

프랑스 여론은 오랫동안 알제리 정복으로부터 시작된 해외 영토 팽창에 대한 프랑스의 사명에 대해 의견이 나뉘어졌다. 하지만 식민화에 대한 찬성은 제국주의 시기가 시작되었던 1880년대부터 점차적으로 뚜렷해졌다. 이러한 찬성에 대한 여론의 결집은 노래들이 다루는 주제의 확장을 동반했다. 전투적이고 애국적인 목록에 점점 커지는 지위를 차지하는 이국적인 영감이 첨가되었다. 노래는 이러한 시대적, 상황적 변화의 증인이었고, 대중문화 변화의 중요한 매개물이었다.

프랑스 제3공화국이 오랫동안의 검열과 탄압을 폐지한 데 힘입어 노래는 확실히 한 시대의 증인이 될 수 있었다. '의사 표명과 전파(l'expression et la diffusion des opinions)' 관련 법령이 허용되었던 것이다. 1906년 연극에 대한 검열은 사라졌고, 제1차 세계대전 시기를 제외하고는 정치적 이유로 인한 금지와 재단[裁斷]은 거의 존재하지 않았다고 할 수 있다. 어떤 노래가 승인되지 않았다면, 그것은 특히 '미풍양속(bonnes moeurs)'에 저해되는 것으로 판단되었기 때문이었다. 하지만 노래를 허가하지 않은 동기는 명확하지 않고, 그러한 결정은 일관성이 없어 보였던 것도 사실이다.

제3공화국 시기, 프랑스의 해외팽창 시기부터 1930년대 식민주의 문화가 절정에 달하는 시기까지의 '식민지 노래'에 있어서의 특징은 기분 전환의 기능을 위하여 노래의 저항적 측면이 약화되었다는 사실이다. '노래하는 사교모임(goguette)'[4]의 감소와 19세기 후반 카페콩세르

4 고게트(goguette)는 원래 즐거운 시간을 보내고 노래하기 위해 20명 미만의 소그

(café-concert/caf'conc')[5]의 인기는 이러한 변화를 설명한다.

정부로부터 감시당하는 가운데, 사회질서를 위협한다고 인식된 19세기의 혁명과 전쟁의 시기 동안에 이 노래하는 사교모임은 그 수가 줄어들었다. 1849년경에 파리에는 69개 정도가 존재했고, 프랑스 제2제정(1852-1870)은 이와는 매우 다른 여가의 형태인 카페콩세르의 발전을 조장했다. 세심하게 규제되고, 사전에 당국에 연주 목록에 대한 허가를 받는 가운데 카페콩세르는 "소리와 음악의 공연, 그리고 호기심의 공연"으로 소개되었다.

물론 대중적인 정치적 노래는 정부의 조처에 저항했다. 그것은 특히 파리코뮌(Paris Commune) 후에 종종 암암리에 존재했는데, 노동자들의 열망과 분노를 담고 있었다. 하지만 탄압의 무게 이상으로 그것은 어쩔 수 없는 기술적이고 사회적인 변화에 의해 서서히 그 가치를 상실해 갔다. 노래하는 사교모임에서 노래하는 사람들이 청중들과 섞여 있고 관객들과 어깨를 맞대고 있었다면, 새로운 공연의 장소인 카페콩세르에서 공연자는 관객과 일정한 거리를 유지했다. 그들은 연단에 올라갔고, 다음으로 무대에 섰다. 1851년 '음악인 작가, 작곡가, 발행인 협회(Sacem: Société des Auteurs, Compositeurs et Éditeurs de Musique)'의 창립과 함께 '노래하는 행위'는 점점 하나의 직업이 되어 갔다.

따라서 여가(loisir)는 대중적 사회조직이나 지역의 집단적 삶으로

롭 모임으로 구성된 프랑스와 벨기에의 축제행위를 의미한다. 단어의 의미는 '노래하는 모임(société chantante)'이다.

5 카페콩세르(café-concert)는 서정적 선율의 성악곡, 풍자적인 내용의 짤막한 가요, 혹은 오페라 소품(소곡)을 들을 수 있는 콘서트홀이자 대중적 카페이다.

부터 떨어져 나가려는 경향이 있었다. 카바레와 뮤직홀과 함께, 황금 시대(벨 에포크. Belle Epoque)는 이러한 경향을 가속화시켰다. 브르타뉴(Bretagne)의 경우에 대해 베베르(Eugen Weber)가 언급한 것처럼[6] 농촌에서조차 도시문화가 농촌문화를 잠식해 갔다. 제1차 세계대전은「라 마들롱」("La Madelon")[7]이라는 대중가요를 통해 "그리운 옛 시절"의 여성들인 리제트(Lisette), 팡셰트(Fanchette)와 마르고(Margot)를 사라지게 했고, 프랑스의 병사들이 이국정서를 발견하게 되는 엄청난 '혼성과 교류'를 경험하게 했다. 우리들 주제와 관련해서 노래는 약간의 "느림과 망설임과 함께" 여론이 식민화 찬성과정을 경험하는 데 일조했다.

1881−1882의 프랑스의 튀니지 점령과 영국의 이집트 점령, 1911−1912의 모로코 보호령과 이탈리아의 리비아 상륙으로 지중해 남쪽 연안은 완전히 유럽의 지배하에 놓이게 되었다. 이 30년 동안 아프리카 분할이 완성되었다. 이탈리아가 실패한 아비시니아(Abyssinia. 에티오피아)만이 이러한 유럽의 점령을 피할 수 있었다.

하지만 프랑스에서 알제리 문제에 대한 망설임은 계속해서 표출되었고, 검열에 대한 폐지가 정부의 알제리 점령정책에 대한 이러한 비판들을 용이하게 했다. 그 대상이 되었던 인물은 19세기 말 가장 두드러진 정치인 중 하나이며, 가장 인기가 없었던 쥘 페리였다. 아이러니하게도 그의 인기 없음을 대변하는 그와 관련된 10여 개의 곡들이 등

6 Eugen Weber, *La fin des terroirs* (Paris: Fayard, 1976).

7 라 마들롱은 바크(Charles−Joseph Pasquier dit Bach)가 파리의 엘도라도(Eldorado) 카페콩세르에서 1914년 3월 19일에 불렀던 대중가요였다. 이 노래는 휴가중인 군인들 앞에서 바크가 불렀던 군대 무대에서 특히 성공을 거두었다. 곧 이 노래는 군가가 되었다.

장했다. 「통킹사람 페리」("Ferry le Konkinois"), 「도망가는 폐하」("Le Sire de Fich-Ton-kan"), 「페리씨 제발 내 말 좀 들어보세요!」("M'sieu Ferry écoutez-moi donc!") 「베르사유의 꼼짝달싹 못하는 사람」("Le Capot de Versailles") 등등. 이 노래들은 쥘 페리에 대한 대중들의 분노를 대변한 것이었다.

3. "문명인을 교육하고, 야만인을 개종하라!"

세속교육, 무상교육과 의무교육을 기본으로 하는 학교를 창설한 1880년대 '대단한' 법령의 창시자인 쥘 페리와 역사교육의 입안자인 에르네스트 라비스, 두 창립자의 이름을 따서 불렀던 페리-라비스(Ferry-Lavisse) 학교는 젊은 프랑스인들의 지적이고 시민적인 교육을 위한 중요한 장소로서 구상되었다. 브루노라는 필명을 사용한 푸이에 부인의 『두 어린이의 프랑스 일주』는 19세기 말부터 제2차 세계대전과 그 이후까지 수세대에 걸쳐 어린 학생들에 의해 읽혀진 출판물의 정수였다.

학교 교육은 프랑스 제국인 "위대한 프랑스(La Plus Grande France)"를 프랑스 조국의 연장으로 소개했다. 지리교육을 통해 제국의 규모와 풍요를 가르쳤으며, 제국의 역사는 무훈과 제국지배의 정당성을 이야기했다. 문명적이고 해방적인 정복의 이야기, 교훈을 주는 영웅담의 사례들은 수백만의 아이들에게 영향을 주지 않을 수 없었다. 학교라는 존재 없이 2백만 명의 젊은이들로 구성된 한 연령대 전체가 알제리전쟁 동안 프랑스를 위해 참전할 수 있었겠는가?

노래는 바로 이러한 교육에 기여했다. 그것은 1882년부터 의무적이고 체계적인 분야로 자리했으며, 학위증에 대한 시험을 통해 정식으로 승인되었고, 교사 교육의 일부로 활용되었다. 교육학연구국립연구소도서관(La bibliothèque de l'Institut national de la recherche pédagogique)은 수많은 젊은이들을 위한 노래집, 모음집, 교육수료증을 위한 선집, 민중가요를 소장하고 있다. 그중 많은 노래들이 전쟁에 관한 노래였으며, 시인이자 소설가로서 애국연맹(Ligue des patriotes)의 창설자이자 민족주의 우파의 대표 인물인 폴 데룰레드(Paul Déroulède)는 이들 노래 모음집들에 몇 차례에 걸쳐 서문을 쓰기도 했다. 식민화는 1880년대 분명히 존재했던 애국주의의 연장으로서 학교에서 소개되었다.

1894년, 데룰레드가 저술한 『프랑스 노래들』(*Chants français*)에 수록된 노래, 「알제리 저격병」("Le Turco")에서는 식민지 병사의 희생을 찬미했다.

> 이제 겨우 17살인 아이!
> 아름다운 갈색 머리와 커다란 파란 눈 [……]
> 어린 알제리 저격병이 용감하게 싸웠네 ;
> 하지만 겨울이 왔을 때, 그는 매우 심하게 기침을 했네 [……].

노래 가사에 따르면 어린 알제리 저격병은 치료를 위한 '의료 휴가'를 거절했다. 총을 맞고 그는 그의 어머니를 생각하며 간호를 받는 가운데 프로이센인들(Prussians)을 물리쳤다는 생각에 행복하게 미소를 지으며 숨을 거두었다.

"두려움 없고, 비난 받을 일 없는" 「알제리 보병들」("Les Zouaves")은 아프리카 원주민 기병부대에 편입된 「어린 신병」("Le petit conscrit")처럼

(프랑스) 조국을 위해 목숨을 바칠 준비가 되어 있었다. 묘사된 장면은 그가 어려움 없이 흥분한 말을 조련하며 질주하는 모습을 보여준다.

날카로운 날을 가진 그의 커다란 검
전투에서 (그는) (칼로) 쓰러뜨린다
말을 타고 가며 쓰러뜨리고, 쓰러뜨린다.[8]

다른 노래에서 알제를 정복한 것은 「프랑스의 작은 병사」("Petits soldats de France")였다.

멀리 있는 나라에
아프리카의 땅에
이제부터 흩날리는 것은
자랑스러운 프랑스 국기이다.[9]

노래는 또한 이국정서를 노래하기도 했다. 혈기 왕성하고 다루기 쉬운 「아랍 말」("Le cheval arabe")은 "도시에서 멀리, 멀리 자유를 향하여" 달려가면서 간신히 위기를 모면하게 해준다. 「사막 지역의 대상」("La caravane")에서 "천개의 별들이 반짝거리는" 하늘은 사람들을 꿈꾸게 한다. 프랑스의 작곡가 펠리시앙 다비드(Félicien David)의 2막으로 구성된 오페라 희가극(opéra-comique) 「랄라 루크」("Lalla Roukh")[10]에서

8 *Manuel musical des écoles*, recueil des choeurs des meilleurs auteurs classés par H. Gauthier (Paris: Ed. de musique, sd) ; *Le petit conscrit*, dans Delcasso, *Chants de l'enfance* (Paris, Librairie Hachete, 1921).

9 Jean Fragerolle et Pierre d'Anjou, *L'histoire de France en chansons* (Paris: La lyre chansonnière, 1943).

10 랄라 루크(Lalla Roukh)는 원래 1817년 간행된 토마스 모어(Thomas Moore)의

는 (무굴 왕국의) 공주가 보석을 바치는 장면이 나오는데, 이 작품은 소녀들의 환상을 자극했다.

탈식민화에 근접한 시기에도 식민주의적 인식에는 변화가 없었지만 제3공화국 초기에 강조되었던 애국주의적 정서는 점점 옅어져 갔다. 1914년 전쟁이 시작된 해에도 이런 경우를 발견하게 되는데, 아동용 교과서에 수록된 216곡의 노래 중 12곡만이 단지 군대의 영광을 찬양했다. 제1차 세계대전 후에, 그리고 제2차 세계대전 후에 이 비율은 더 하락했다.[11]

식민지 시기 말기에 출판된 교과서들, 예를 들어 1948년에 출판된 비아트(Jean Villate)의 『청소년을 위한 노래책』(*Livre à chanter pour la jeunesse*)에서도 식민지와 식민지인에 대한 '관심'을 노래했다. 이 책은 「나일강의 배의 탑승객을 실어 나르는 사람」("Bateliers du Nil"), 「낙타를 부리는 사람」("Les chameliers"), 혹은 건장하고 춤을 잘 추는 권투선수를 노래한 1843년 미국 가요 번안곡 「잘생긴 흑인」("Beau Nègre")과 같은 노래들로 시작되었다.[12]

1968년이 되면 「아이타 크웨」("Aïta Kwé")는 형제애, 태양과 하늘, 빛을 프랑스와 함께 공유하기를 요구할 것이다.

동양풍의 연애시(Oriental romance) 제목이다. 미셸 카레(Michel Carré)와 이폴리트 루카(Hippolyte Lucas)에 의해 오페라 각본으로 각색된 작품을 펠리시앙 다비드가 2막으로 구성된 오페라 희가극으로 만들었다. 랄라 루크라는 제목은 17세기 무굴 제국 황제의 딸인 여주인공 이름에서 따왔다. (https://en.wikipedia.org/wiki/Lalla-Rookh)

11 Michèle Alten, *La musique et le chant dans les écoles primaires de la République (1882–1939)*, thèse sous la direction de Antoine Prost (Université Paris I, septembre 1993).

12 Jean Viallatte, *Variété* (Paris: Henri Lemoine et Cie Ed., 1948).

하지만 사람들이
지금 배워야 한다
땅을 역시 공유하기를.[13]

하지만 아직은 위의 노랫말과 같은 상태에까지 이르지는 않은 것 같다. 지금으로서는 백인 아이는 '그의 짐'을 짊어지고, 유색인을 문명화하고 그들을 개종시킬 준비를 해야만 했다. 그에 대한 반응으로, 아프리카 학생들은「프랑스 찬가」("Hymne à la France")를 불러야 했다.

프랑스, 너의 강력한 손은 우리를 속박에서 벗어나게 했다
압제자들은 우리들을 짐 나르는 가축처럼 팔아버렸다 [……]
프랑스, 너의 강력한 손은 호의로 가득 차있다 :
너는 우리들의 대지의 수확물에서 금을 캐냈다,
너는 병자를 치유했고 소송을 해결했다,
그리고 너는 우리에게 찬란한 빛을 전파했다 [……].[14]

교회 역시 100만 명의 새로운 영혼을 정복할 기회를 제공한 식민지 팽창에 무관심하지 않았다.

[……] 이 엄청나게 많은 민족들을 향해 서둘러 가시오, [……]
그들은 차가운 어둠 속에 빠져 있다,
진실도, 신도, 희망도 없이;
불우한 사람들! 지옥이 그들을 삼켜버렸다,

13 *Tutti canti* (Paris: Presses de l'île de France, 1968).

14 Gouvernement général de l'AOF, *Le chant à l'école indigène*, Bulletin de l'Enseignement de l'AOF, 1916.

그리스도의 병사들이여! 그를 대지에 굴복시켜라,
모든 곳에서 너희들의 목소리를 들을 수 있게.
도처에 신성한 빛을 전달하라,
도처에 십자가의 깃발을 가지고 가라.
「선교사들의 출정가」(“Chant pour le départ des Missionnaires”)

[……] 선교사–목사! 아! 나는 너의 삶을 이해한다 [……]
우리들 역시 불신자들을 개종시키길 원한다 [……]
우리는 승리자로 죽을 것이다. 왜냐하면 영광은 아름답기에
빛나는 하늘에서 누가 영원히
사도–순교자 앞에 거할 것인가!
「선교사 지망자」(“L'aspirant missionnaire”)[15]

물론 가끔은 이슬람의 상징인 초승달에 대한 복수의 감정도 존재했다.

[……] 이같이 레판토(Lépante) 해전이 벌어졌던 위대한 날에
네가 무슬림들을 제압한 날에,
사탄의 무리들 가운데서.
네 이름은 격렬한 공포를 심어주었다.
「발플레리[16]의 순례」(“Pèlerinage de Valfleury”)[17]

이러한 희망은 이슬람이 물샐틈없이 저항하는 알제리에서 특별히

15 Claude et Josette Liauzu, *Quand on chantait les colonies. Colonisation et culture populaire de 1830 à nos jours* (Paris: Editions Syllepse, 2002), pp. 47~48.

16 루아르(Loire) 도(道)에 위치한 도시.

17 1875. Pièce, sl, sd.

환멸을 맛보게 했다. 하지만 순교가, 「순교의 열망」("Désir du martyre")이 열정을 불러일으켰다.

> [……] 나는 이 비옥한 땅을 되찾고자 한다,
> 그 두꺼운 덤불을 뿌리째 뽑고자 한다 ;
> 나는 이 진흙땅이
> 풍성한 수확으로 가득하길 원한다.
> 하지만, 자연에 활기를 주기 위해서는,
> 노동으로는 충분치 않다.
> 초록으로 풍요롭게 하기 위해서는,
> 그 두터운 덤불을 뿌리째 뽑아야 한다.
> **「순교의 열망」**("Désir du martyre")

외방전교회 신학교(séminaire des Missions étrangères)는 사제들을 양성하는 과정에서 순교를 찬양하는 성가의 중요성을 강조했다.

> [……] 이 날은 위대한 순교의 날
> 심장이 원하는 바를 주는 날
> 노예 제도를 없애고 자유를 주는 날!
> 승리가 달성되는 아름다운 투쟁의 날
> 예리한 검 아래 이 세상에서 시작하여
> 영원으로 끝나는 날!

지금까지 소개한 노래들은 일반적으로 식민지 노래에서 지배적이었던 상스런 농담이나 익살과는 거리가 멀다. 심지어 미미한 방식으로 표출되는 저항으로부터도 멀리 떨어져 있다.

4. 무지와 환상

식민지로의 팽창과 함께 프랑스의 영토는 한없이 넓어져갔다. 그러나 식민지 관련 수천 곡의 노래에도 불구하고 프랑스인들은 지리 지식이 형편없었고, 1945년의 여론조사에 따르면 그들은 단지 5개 정도의 식민지 영토만을 인용할 수 있을 뿐이었다.

튀니스(Tunis)는 알제, 심지어 카사블랑카처럼 "이슬람의 북소리와 커피향"이 뒤섞인 하얀 나라(「하얀 튀니스」("Tunis la Blanche")[18]였다.[19] 「알제의 카스바」("La Casbah d'Alger")[20]는 영화 「페페 르 모코」("Pépé le Moko")(1937)[21]에서 보여준 것처럼 필연적으로 "매력과 위험이 넘치는 지역"이었고, "황금빛 태양의" 「사이공」("Saigon")(1948)[22]은 "사랑의 기항지"였다. 「만다린 도로」("La route Mandarine")를 통해 묘사되는 인도차이나와 「콩고의 하늘 아래」("Sous le ciel du Congo")에서의 콩고는 '쾌락의 땅'이었다. 하지만 단연 '식민지 노래의 영예'는 야자나무와, 함수호(鹹水湖. lagoon), 그곳의 여자들과 함께 '매력적인 나라'인 「타히티 섬」("L'

18 몽마르트의 풍자 가요작가이자 배우, 뮤직홀의 가수인 제오 샤를레(Géo Charley)가 1920년경 작곡한 노래.

19 Alain Ruscio, *Que la France était belle au temps des colonies* (Paris: Maisonneuve et Larose, 2001), p. 299.

20 로제 루케지(Roger Lucchesi)의 1950년 작품.

21 1937년 개봉된 장 가뱅(Jean Gabin) 주연의 쥘리앙 뒤비비에(Julien Duvivier) 감독의 영화. 1930년대에 해외에서 가장 성공한 프랑스 영화로 우리나라에서는 「망향」이라는 제목으로 개봉되었다. 영화에 나오는 배경이 프랑스 식민시절의 알제리의 수도 알제(Alger)의 카스바 지역이다.

22 장루이 마를로트(Jean-Louis Marlotte)의 작품.

île de Tahiti")에 주어졌다.[23] 「베두인의 여인」("La fille du Bédouin")은 (이집트의) 카이로(Caire)에서 (알제리의) 비스크라(Biskra)까지 또는 모로코(Maroc)에서 수단(Soudan)까지 여행했다. 통킹, 중국, 만주와 싱가포르는 멋대로 뒤섞여 있었다. 「사하라」("Sahara")에서, "알라에게 저주받은 이 사막에서", 이슬람의 원로인 '마라부(marabout)'라는 단어는 어이없게도 '텐트'를 지칭했다. 1889년부터 1906년까지의 다호메이의 왕이었던 베앙쟁(Béhanzin)의 나라의 경우, 아프리카가 아니라 아시아의 황해의 가장자리를 따라 뻗어 있었다[「황엽병(黃葉病)」("La jaunisse")(1894)].

지리적 무지는 여기서 그치지 않았다. "우리는 '아프리카 근처'에 위치한 「캘커타」("Calcutta")에 가려고 마음먹었다.

> [……] 인도의 멋진 하늘 아래
> 같은 종(種)의 흑인 남자들에게
> 저녁에 만날 약속을 하는
> 흑인 여자들이 나타난다네
> (하지만 그들의 피부가) 검기 때문에 우리는 아무것도 보지 못한다네 [……].

그러나 이러한 지리적 무지는 작사가나 청중들에게 전혀 중요하지 않았다. 프랑스인들은 그들의 사고에서 점점 커다란 비중을 차지하게 되는 '이국정서(exotisme)'의 비현실과 상상계에 대해 매우 만족해했기 때문이었다. 확실히 라블레(François Rabelais)가 처음 사용한 용어인 '이

23 이 중 몇몇 곡들은 알랭 뤼치오(Alain Ruscio)의 책에서 인용되었다. Alain Ruscio, *Que la France était belle au temps des colonies*, pp. 315, 301, 308.

국정서'는 새로운 것이 아니었지만, 사진, 우편엽서, 그리고 영화는 그것이 대중에게 미치는 효과로 인해 이 새로운 취향을 전달하는 강력한 힘을 가진 중요한 매개물로 작용하였다. 이러한 맥락 안에서 사하라 사막(Sahara)은 문학과 영화에서처럼 식민지 노래의 '명소'가 되었다.

> [……] 용감한 군인들이여, 당신들에게 안부를 전합니다!
> 사막에서 당신들은 고통을 겪었습니다.
> 하지만 당신의 용맹성을 찬미하며
> 프랑스의 국민들은,
> 사하라의 승리자인
> 당신에게 갈채를 보낼 것입니다
> **「사하라에서」**("Au Sahara")(1900)[24]

사하라 사막의 빈 공간은 프랑스인들의 환상에 의해 가득 채워지고 활기를 띠게 되었다. 비록 여전히 일반인들의 관광지로 접근이 허용되지 않았지만, 사막 횡단은 하나의 문학 장르가 되었고, 사막은 그림과 영화에 영감을 불어넣어 주었다. 모래언덕과 암석으로 이루어진 정경, 낙타를 탄 사람들, 사하라 사막의 유목민족인 투아레그족(Touaregs) 등은 피에르 로티(Pierre Loti)와 쥘 베른(Jules Verne)에 의해 유명해졌다. 피에르 브누와(Pierre Benoit)의 소설 『아틀란티스』(*L'Atlantide*)(1919)와 함께, 사하라 사막에서 사망한 푸코 신부(père Charles de Foucauld)와 함께, 그리고 생텍쥐페리(Antoine de Saint-Exupéry)의 항공우편과 함께, 사하

24 Léon Lehuraux (commandant), *Chants et chansons de l'armée d'Afrique*, Reliure inconnue, préface du général Georges, 1933.

라는 전설의 반열에 올라섰다.

결국 이 이국적인 세계는 두 범주로 구성되었다. 밤은 감미롭고 태양은 피부를 태우고 하늘은 함수호의 물처럼 푸른, 우리들의 '관능성'에 제공되는 천국이거나, 살인적인 바람과 모래바람이 부는 갈증으로 죽음에 이르게 하는 "이 거대한 사하라", "알라에 의해 저주받은" 지옥이었다.[25]

5. 식민지인의 초상화

노래는 프랑스인들을 식민지인들과 구별시키는 '차이'를 중시했다. 노래는 신체적 특성이나 피부색 등 식민지인이 프랑스인과 다르다고 생각하는 것들을 부각시키며, 특히 '동물과의 유사성'을 그에게 부여했다. 노래 가사 속에 '흑인', '흑인 여자', '흑인 아이'가 자주 등장했다면 그것은 프랑스인들에게 끊이지 않은 영감을 제공했기 때문이었다.

식민지인 중에서도 특히 아프리카인에게 부과된 이러한 '동물적 측면'은 19세기가 발명한 '전형적인 박람회'에 전시된 사람들의 기원이 되었다. 1870년대, 특히 1874년부터 '야만인들(sauvages)'의 전시는 식민지를 보유한 유럽 사회에서 일반적인 행위가 되었다. 파리의 블로뉴 숲에 있는 동물원(Jardin d'Acclimatation)은 이처럼 아샤리스인(Asharis)과 줄루인들(Zoulous)을 수용했는데, 그들에 대한 연구를 담당했던 학자 만

---

25 Cf. *Adieu Nouméa*, 1894.

우브리에(Léonce Manouvrier)는 소말리아인(Somalis), 누비아인(Nubiens. 누비아는 이집트 남부의 나일강 유역과 수단 북부에 있는 지역), 라플란드인(Lapons. 스칸디나비아 북쪽 지역 사람) 등 서로 관계가 없는 민족들의 생식기 계통 장기들의 크기를 측정하는 것이 허락되지 않은 것에 대해 아쉬워했다. 1892년 파리 경찰청은 파리 체류 중 사망한 카리브인(Caribéen)에 대한 인류학회의 강박관념적인 두개골 측정 요청을 거부했다. 저명한 동물학자 생틸레르(Albert Geoffroy Saint-Hilaire)를 포함한 세계박람회의 기획자들은 사실적이고도 자연적인 연출을 약속했다. 1878년 블로뉴 숲의 동물원에는 985,000명의 관람객들이 방문했다. 1877년부터 1893년 사이에 20여 개의 박람회가 열렸다. 이는 지금까지 우리가 잊고 있었던 매우 인상적인 숫자 규모였다. 그 박람회들은 '가까스로' 인간의 육체를 가졌다고 평가되는 사람들에 대한 일반인들의 호기심의 증거였다. 호텐토트의 비너스(Hottentot Venus)는 짐승의 우리 안에서뿐 아니라 식민지 노래에 있어서도 특별한 지위를 차지했다. 1885년 라로쉬(E. Laroche)는 그녀의 '거대한 굴곡진 몸'에 경탄했고, 또 다른 두 개의 노래들이 그녀를 기억하며 1885년에 발표되었다.[26]

> 속옷을 입지 않은 [……]
> 아름다운 비너스는
> 멜론과 같은 모양의

---

26 2000년 11월 1일자 『르몽드』(*Le Monde*)는 프랑스 당국이 "국가 콜렉션의 양도할 수 없는 성격"의 이름으로 남아프리카 부족인 코이코이족에게 그녀 생존에 알몸으로 전시되었고, 오랫동안 그녀의 생식기를 보관해 온 인류박물관의 '수집품'인 '호텐토트의 비너스'인 사르키 바트만(Saartjie Baartman)을 반환하는 것을 거부했다고 보도했다.

엉덩이를 갖고 있네.
「**호텐토트의 비너스**」("La Vénus hottentote")

호텐토트족의 언어는
매우 강한 흡착음이라네
지루한 연설에서나 들을 수 있다네
많은 덜걱거림이 있는 혀 짧은 소리라네...
「**호텐토트족**」("Les Hottentots")

'호텐토트의 비너스'로 유명한 인종전시나 식민지인, 식민지 마을, 식민지 공연 등의 소위 '식민지 전시'는 뮤직홀(Music hall)과 거의 다를 바가 없었으며, 교육적 차원이 아니라 특히 오락적 차원에서 아이들의 현장 방문이 이루어지기도 하였다. 1878년부터 랄카자(L'Alcazar)와 폴리베르제(les Folies Bergères) 같은 유명 공연장에서 특히 제국의 황태자였던 나폴레옹 3세의 아들을 죽음에 이르게 했던 줄루인들(Zoulous)이 참여하는 전쟁공연이 무대에 올랐으며, 1893년 또 다른 유명한 공연장인 카지노 드 파리(Casino de Paris)는 무대 위에 다호메인들(Dahoméens)을 등장시켰다.[27] 1931년에도 식민지박람회는 '부당하게' 식인종이라고 지칭되었던 누벨칼레도니아들을 '전시'했다.

같은 연도에 아프리카의 "어린 검둥이", "애벌레처럼 발가벗은" 「네누파」("Nénufar")[28]는 대단한 인기를 누렸다. "철수세미" 머리카락을 지

---

27 Laurent Marty, *Chanter pour survire. Culture ouvrière, travail et technique dans le textile. Roubaix (1850–1914)* (Paris: L'Harmattan, 1996).

28 「식민지박람회의 행진」("La Marche de l'Expositioin coloniale")이라는 제목으로도 불렸던 이 노래는 로제 페랄(Roger Féral)과 자크 몽퇴(Jacques Monteux)가 작곡했으며, 당대에 배우이자 가수로 명성이 드높았던 Alibert(본명은 Henri Allibert)가

닌 머리부터 "장갑을 낀 발"에 이르기까지 이 노래에서 묘사된 '멍청하지만 쾌활한' 검둥이 소년의 모습은 사람들의 폭소를 자아냈다. 이 곡은 1931년 세계식민지박람회를 상징하는 대표적인 노래로 어린 검둥이 네누파가 파리 사람들을 마음을 사로잡는다는 내용으로 되어 있다.

자신의 나라를 떠나면서,
중앙아프리카의 어린 검둥이는
식민지박람회를 보러
파리까지 왔다네.
그는 네누파라네,
유쾌한 쾌남아,
멋있게 보이려고
발에 장갑을 끼었다네,

후렴
네누파! 네누파!
너는 늦게 왔네! 너는 늦게 왔네!
하지만 너는 쾌활한 아이,
너는 애벌레처럼 발가벗었지,
너는 빈둥거리면서 있고
철수세미 머리카락을 갖고 있지!
네누파! 네누파!
너는 늦게 왔네! 너는 늦게 왔네!
하지만 너는 그래도 약삭빠르지,
너는 파리 사람들의 마음을 사로잡았어,

불러 대단한 인기를 얻었다.

너는 그들의 마스코트이고 그들에게 영감을 제공해 주지.

실제 네누파가 문명인을 흉내 낼 때 식민지인은 그의 본성을 가장 잘 드러낸다고 프랑스인들은 생각했고, 「대나무 오두막집에서」("A la cabane bambou") "아주 까만, 아주 까만 착한 검둥이"의 노래는 웃음을 유발했다.

나는 아주 까만, 아주 까만 착한 검둥이,
당신이 본다면 머리부터 발끝까지 그렇다는 것을 알게 될 거예요.
재미있게 놀 생각하며 파리에 왔다네,
하지만 나는 착각했고, 항상 지루하네.
또한 큰 근심이 있다는 걸 당신에게 얘기하고 싶네
내 나라로 돌아가고 싶다는 것을. [……]
나는 프랑스식으로 입었네,
왜냐하면 그럴 수밖에 없었다네, 하지만 마음이 편치는 않았네
바지와 나머지 모든 것들;
멜빵, 떼었다 붙였다 하는 칼라, 윤이 나는 구두
나는 우리나라의 옷을 훨씬 좋아해
전혀 아무런 옷도 입지 않은 그런 상태를.[29]

이와 같이 인간성이 보장되지 않는 박람회장에서의 '거주 지정'은 심리적인 측면과 '다양성에 대한 인정'이라는 측면에서 '우아하지' 못한 정책이었다. 식민지인들에게 부여된 사회적 기능과 역할은 매우 제한적이었다.[30] '흑인 아이(négrillon)'는 근대기에 유럽으로 들어왔고, 현대

29 알제에서 마욜(Mayol)이 1899년 만든 곡으로 1952년에 폴 마리니에(Paul Marinière)에 의해서도 불려졌다.

30 Raymond Bachollet et al., *Négripub, l'image des Noirs dans la publicité* (Paris: Somogy, 1992).

의 식민화가 부활시킨 식민지 사회의 가족노예로부터 물려받은 역할을 감당해야 했다. 1893년 한 파리 여자는 마다가스카르로부터 "완전히 까만, 완전히 까만 어린 조바(zova). 보기에 너무나 귀여운"「어린 호바」("P'tit Hova")[31]를 선물로 받았다. 후에, 이 '흑인 아이'는 급사로 분장하고 커다랗고 튀어나온 눈을 굴리는 모습으로 영화의 선전에서 큰 성공을 거두게 될 것이었다. 결국, 급사, 하인 등 흑인이 맡은 역할은 선전뿐 아니라 노래에서도 매우 제한적이었다. 이 두 개의 중요한 문화적 매개물을 통해 신체의 기묘함, 색깔의 대비가 주의를 끌었고, 놀라움, 특히 웃음을 유발했다.

6. 식민지 음악의 유산

정치적 열정의 전달자로서 노래는 '알제 원정'과 인도차이나 정복에 항의하거나 혹은 찬성했다. 19세기 동안 좀 더 우세했던 경향은 해외 영토 팽창에 대한 점진적인 찬성이었다. 1931년에 아라공(Louis Aragon)의 반식민주의적 노래의 영향은 1931년 세계식민지박람회와 알제리 정복 백주년을 축하하는 성대한 축제 앞에서는 미미한 것이었다. 하지만 "위대한 프랑스"를 위한 여론의 결집은 진정한 '제국주의적 문화(culture impériale)'를 형성하지는 못했다. 노래는 제국주의적 문화에 있어 엄밀한 의미에서의 한계를 드러냈다. 국수주의적 민족주의, 다른 '인

31 호바(Hova)는 마다가스카르 중부지역의 핵심부족인 메리나족(merina)을 지칭하는 말.

종'에 대한 우월적 감정, 이국정서와 에로티시즘. 이런 모든 것들은 서양인들이 주장하는 식민화의 가장 기본적인 정당화 논리였던 '백인의 짐(white man's burden/fardeau de l'homme blanc)'과는 무관한 것들이었다.

1962년, 아직 카메라에 서투른 볼이 조금 통통한 한 젊은 '피에 누아르'(pied-noir. 프랑스령 알제리 거주 유럽인)가 처음으로 프랑스 텔레비전에 등장했다. 그는 노래하기 시작했다. "나는 내 나라를 떠났다/나는 내 집을 떠났다/나의 삶, 나의 슬픈 삶/이유 없이 어슬렁거린다." 그는 엔리코 마샤스(Enrico Macias)였다. 프랑스는 1940년 5월부터 시작된 '전쟁의 주기'를 알제리전쟁이 끝난 1962년 바로 그때서야 끝낼 수 있었다. 프랑스는 해외 영토로부터 온 이 노래와 함께 새로운 시대로 들어섰다. 제국의 절정기와, 그리고 이후 탈식민화 전쟁의 경우에 영화인, 예술가, 작가, 가수 등의 창작자들은 그들의 작품을 식민지 문제와 종종 연결시켰으며, 이는 식민지 체제를 찬양하거나, 혹은 이에 맞서 싸우기 위함이었다.[32] 식민주의가 스스로 사라졌을 때, 아니 그보다 내외부적 요인에 의해 사라졌을 때 노래는 어떻게 반응했을까?

식민지 문제에 대한 노래의 상대적 침묵은 흥미롭다. 알제리전쟁에 대하여 보리스 비앙(Boris Vian)의 「탈주병」("Déserteur") 이외에는 전혀 혹은 거의 어떤 노래도 존재하지 않았다. 따라서 모든 것이 노래로 끝나는 것은 아니다. 물론 식민지 역사가 끝나지 않은 것은 사실이다. 식민지 문제에 대한 회고는 시청각 영역에서 매우 활발히 진행되고 있

32 Delphine Robic-Diaz et Alain Ruscio, "Cinéma, chanson, littérature post-cloniaux: continuité ou rupture?", Pascal Blanchard et Nicolas Bancel (dir.), *Culture post-coloniale, 1961-2006. Traces et mémoires en France* (Paris: Autrement, 2011), p. 187.

으며, 더욱 흥미로운 것은 어제의 식민지의 아이들과 그 아이들의 아이들은 '모든 인종의' 음악, '월드뮤직(world music)' 안에서 그들 자신들의 노래를 만들고, 연주하며, 부른다는 사실이다.

"오랫동안 시인들이 사라진 후, 오랫동안 그들의 노래들은 거리에서 유행했다"는 '싱어송라이터'이자 시인인 샤를 트레네(Charles Trénet)의 말은 가장 위대한 곡들과 가장 아름다운 노래들에만 해당되는 것은 아닐 것이다. 방송인이자 영화감독인 아베르티(Jean-Christophe Averty)가 2000년도에 라디오 방송인 프랑스 뮤직(France Musique)에서 「베두인의 딸」("La fille du Bédouin")을 노래했다는 것은 식민지에 대한 기억이 사라지지 않았다는 증거이다. 미국인이 아닌 프랑스인으로서, 그 관능성이 프랑스의 아버지와 할아버지를 매혹시켰던 '야생의 흑인 여자' 조세핀 베이커(Joséphine Baker)는 현재 젊은 세대에서도 즉시 인지된 인물이다. 인기순위에서 사르두(Michel Sardou)에서 마샤스(Enrico Macias)[33]까지, 발라부안(Daniell Balavoine)에서 쥬크 마신(Zouk Machine)[34]까지 랩음악(rap)에서 라이유(raï)[35]까지, '식민지 음악'의 유산은 여전히 살아있다고 할 수 있을 것이다.

33 프랑스령 알제리 거주 유럽인인 피에 누아르(Pied-Noir) 출신 프랑스 가수이자 작곡가.

34 과들루프 출신의 흑인 여성 3인조 그룹.

35 알제리에서 시작된 현대 대중음악.

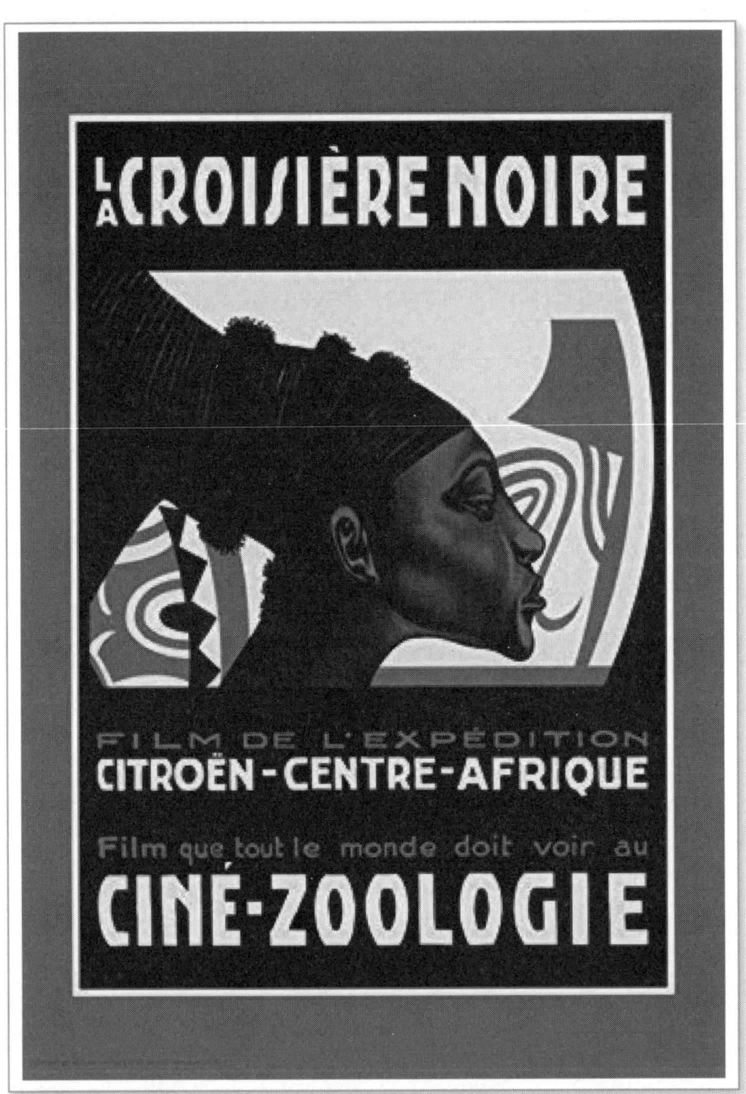

출처: Léon Poirier, 「아프리카 횡단 여행」 (“La Croisière noire”), 1925.

7장

식민지 영화:
영상에 투영된 식민지(인)의 이미지

7장

식민지 영화:
영상에 투영된 식민지(인)의 이미지

1. 식민화와 영화

'식민지 영화(Colonial cinema/Cinéma colonial)'는 유럽인 관객 혹은 현지 관객을 위해 '식민지'에서 제작된 영화를 의미하지만, 넓은 의미에서는 식민지에서 벌어지는 상황을 묘사하는 장면들을 담은 유럽인 혹은 미국인 제작 영화를 지칭하기도 한다.[1] 식민지 영화에 관한 연구를 통해 마르셀 옹스(Marcel Oms)는 금기시된 주제처럼, 마치 그것이 전혀 발생하지 않은 것처럼, 알제리와 인도차이나, 그리고 사하라 이남 아프리카에서 행해진 군사 정복에 대한 프랑스 식민지 영화의 부재를 적

1 식민지 영화에 대한 전반적인 설명과 분석에 관해서는 Guy Gauthier et Philippe Esnault, "Le cinéma colonial", *Revue du cinéma*, no. 394 (mai 1984)와 Raymond Lefèvre, "Le cinéma colonial". Nicolas Bancel, Pascal Blanchard et Laurent Gervereau (dir.), *Images et Colonies: Iconographie et propagande coloniale sur l'Afrique française de 1880 à 1962* (Nanterre: BDIC-ACHAC, 1993)를 참조할 수 있다.

절하게 지적했다.[2] 마치 이러한 점령이 주목을 끌지 못하는, 너무나 자연스러운 현상인 것처럼 말이다. 식민화는 항상 존재했기에 폭력과 저항의 형태를 지닌 그 기원을 굳이 상기시킬 필요가 없었는지도 모른다. 영화가 등장한 초기 시기부터 몇몇 감독들이 다양한 방식으로 해외 영토에 대한 자연스러운 점령을 설명했음에도 불구하고 프랑스의 식민지 영화는 이웃 식민지 제국 영국의 그것에 비해 늦은 출발을 알렸다.

20세기가 시작되던 시기에 영국 영화들은 이미 식민지 문제와 관련된 중요한 주제들을 다루고 있었다. 이 분야의 선구자격인 로버트 윌리암 폴(Robert Wiliam Paul)은 제2차 보어전쟁(Second Boer War) 당시 영국군의 승리를 다룬 1분 분량의 「크루거의 제국의 꿈」("Kruger's Dream of Empire")(1900)을 월터 부스(Walter R. Booth) 감독에게 의뢰하여 제작했고, 제임스 윌리엄슨(James Williamson)은 의화단 운동(Boxer Rebellion) 때 사망한 서양 선교사의 부인을 구하는 영국 선원들의 모습을 담은 1분 25초 분량의 단편 무성영화 「중국 선교에 대한 공격」("Attack on a China Mission")(1900)을 영국의 남동부 해안에 위치한 브라이턴(Brighton)에서 촬영했다.

같은 시기 프랑스 영화의 경우, 식민지 문제는 관심의 대상이 아니었다. 1884년 설립된 사진과 영화 관련 프랑스 기업인 뤼미에르 회사(La société Lumière)는 무슬림들의 기도, 아랍 시장, 알제의 항구, 알제리 북서부에 위치한 도시 틀렘센(Tlemcen)의 거리, 튀니스의 지배자(bey

2 Marcel Oms, "L'imaginaire colonial au cinéma", *Images et Colonies*, Actes du collonque de l'ACHAC, sous la dirction de Pascal Blanchard et Armelle Chatelier (Paris: Syros-Achac, 1993).

de Tunis)와 그의 호위대, 튀니지 동부 항구도시 수스(Sousse)의 낙타시장 등과 같은 이국적 정취를 담아내기 위해 북아프리카에 촬영기사들을 보냈다. 최초의 프랑스 기록 영화 제작자인 펠릭스 메스귀치(Félix Mesguich)의 경우, 일련의 다큐멘터리를 촬영하기 위해 1905년 알제리와 튀니지로 향했지만 그의 영화가 식민화 문제를 다루었다고 보기는 힘들 것이다.

조지 멜리에스(Georges Méliès)의 「달나라로의 여행」("Le Voyage dans la Lune")(1902)의 경우, 서양의 과학자들은 몸에 분칠을 하고 창을 지닌, 부족[部族]으로 묘사된 달나라 주민들과 조우하게 된다. 그곳의 주민들은 '침략자'들에 저항했고 그들을 몰아내려 했다. 당시 식민지 정복에 대한 비유라고 할 수 있는 이 영화는 인류의 진보를 위한 '문명화 사명'에 대한 진정한 정당화로 읽혀졌다. 파리의 불로뉴 숲(Bois de Boulogne)에 위치한 동물원(Jardin d'Acclimatation)과 1896년의 제네바(Genève) 혹은 그 이듬해 아샨티족(Ashantis)[3]을 전시한 리옹에서처럼, 유럽에 "전시된 무리들(troupes exhibées)"이라는 테마에 대한 1896년의 루이 뤼미에르(Louis Lumière)의 초기 영화들도 같은 맥락에서 이해될 수 있을 것이다. 앞서 언급한 것처럼, 1900년부터 그의 촬영기사들은 식민지에서 찍은 다큐멘터리들을 프랑스로 가져왔다. 「승려의 기도」("La Prière du muezzin"), 「알제 아랍 시장」("Alger marché arabe"), 「튀니스 생선 시장」("Tunis le marché aux poissons"), 「모로코 염소지기」("Chevrier marocain"), 「튀니스 엘-할파우인 거리」("Tunis rue El-Halfaouine") 등, 식민지의

3 서아프리카의 가나 남부 지역과 토고, 코트디부아르에 사는 부족.

모습을 담은 이 영상자료들은 선전 삽화처럼 식민지에 대한 '상상계(imagerie)'와 고정관념을 규정하는 사진들에 생명력을 불어넣은 것이었다. 비록 식민지 영화의 범주에 속하지는 않을지 모르겠지만, 이 다큐멘터리들은 식민지 영토를 국가의 공간, 프랑스의 공간, 조국의 적자[適子]로 등록시키는 기능을 했을 것이다. 눈부신 운명을 향해 나가는 제국의 증거라 할 수 있는 평정된 이미지의 투사를 통해 이 영상들은 정복과 식민화를 정당화했을 것이다. 여기서 이미지는 현실의 증거였다. 만약 감독이 이러한 영화를 찍었다면, 그것은 이 식민지 영토가 이미 존재하는 것이고, 평정된 것이고, 가치를 지니고 있으며, 그것이 곧 프랑스 소유의 땅이라고 생각했기 때문이었을 것이다.

2. 프랑스의 식민지 영화

자크 페데(Jacques Feyder)의 「아틀란티스」("L'Atlantide")(1921), 레옹 푸와리에(Léon Poirier)의 「아프리카 횡단 여행」("La Croisière noire")(1925), 조세핀 베이커(Josephine Baker) 주연의 마크 알레그레(Marc Allégret) 감독의 「주주」("Zou Zou")(1932), 페르낭델(Fernand Contandin, dit Fernandel) 주연의 크리스티앙자크(Christian–Jaque) 감독의 「외인부대의 병사」("Un de la Légion")(1936), 쥴리앙 뒤비비에(Julien Duvivier)의 「페페 르 모코/망향)」("Pépé le Moko")(1937), 장 르누아르(Jean Renoir)의 「오지[奧地]」("Le Bled")(1929), 레뮈(Jules Muraire, dit Raimu)와 사샤 기트리(Sacha Guitry)의 만남으로 화제가 되었던 「백과 흑」("Le Blanc et le Noir")(1931) 등과 같

은 주목할 만한 예외적인 영화들 이외에 식민지에서 촬영된, 그리고 식민지에 관한 영화들에서 우리들은 프랑스 영화계의 '유명인사'들을 발견하기가 힘들다. 험프리 보가트(Humphrey Bogart)와 잉그리드 버그먼(Ingrid Bergman) 주연의 「카사블랑카」("Casablanca")(1942)의 경우 비시(Vichy)정부 하에서의 모로코를 다룬 '프랑스 제국' 관련 영화였지만, 할리우드에서 마이클 커티즈(Michael Curtiz)가 연출한 것이지 프랑스 감독이 만든 영화는 아니었다.

심지어 제2차 세계대전 이후 식민지 독립전쟁의 시기에도 인도차이나, 알제리, 사하라 이남 아프리카 등지에서 진행 중인 이 탈식민화의 쟁점들을 정면으로 다루려는 당시의 감독들에게 프랑스의 검열제도는 좌절감을 안겨 주었다. 검열의 칼날을 피한 주목할 만한 예외로는 르네 보티에(René Vautier)의 영화들[4]과 프랑수아 라이셴바크(François Reichenbach)의 「이처럼 슬픈 마음」("Un coeur gros comme ça")(1961)이 있을 뿐이었다.

1970년대에 이르러서야 이브 브와세(Yves Boisset)의 「특이사항 없음」("RAS: Rien à signaler")(1973),[5] 장자크 아노(Jean-Jacques Annaud)의 「색깔 속의 흑백("La Victoire en chantant"/"Noirs et Blancs en couleur")

---

4 「1950년 아프리카」("Afrique 50")(1950), 「하나의 국가, 알제리」("Une nation, l'Algérie")(1954), 「불타는 알제리」("L'Algérie en flammes")(1958), 「오레스에서의 20살」("Avoir vingt ans dans les Aurès")(1972) 등.

5 프랑스-이탈리아-튀니지 합작영화인 「특이사항 없음」은 1973년 8월 15일 극장에서 상영되었다. 알제리전쟁을 다룬 이 영화는 몇몇 프랑스 징집병의 병역기피와 불복종 행위를 프랑스 군대가 어떠한 방식으로 다루었는지를 상세하게 묘사했다.

(1976)[6]과 함께 프랑스 영화인들은 식민지 과거와 '과감하게' 맞서기 시작했다. 그러나 여전히 식민지 영화는 프랑스 영화에서 '비주류'에 속한다.[7] 그 후에 「대청소」("Coup de torchon")(1981), 「지중해의 동남풍」("Le Coup de Sirocco")(1979), 「사강의 요새」("Fort Saganne")(1984)를 제외하고 얼마나 많은 식민지 관련 영화들이 '제7의 예술'에서 오늘날 프랑스의 대표적인 영화로서, 그리고 일요일 저녁 시청자들의 안방을 찾아가는 고전영화로서 자리했는가? 매우 적은 극소수의 영화만이 「타잔」("Tarzan")과 「카사블랑카」 혹은 「솔로몬의 보물」("Les Mines du roi Salomon") 만큼 방영되거나 편성되었는데, 이는 아프리카에서의 식민지 과거에 대한 프랑스인들의 현재 인식이 이러한 외국 영화들에 의해 대부분 영향을 받았다는 사실을 의미하는 것이다. 인도차이나, 앙티유 제도, 누벨칼레도니, 마다가스카르 혹은 프랑스령 기아나(Guyane)는 식민지 영화의 제작에 있어 거의 등장하지 않았다는 사실을 기억할 필요가 있다. 실제로 사하라 이남 아프리카와 북아프리카만이 '식민지 영화

6 1977년 제49회 아카데미 시상식에서 '외국어 영화상'을 수상한 이 작품은 영어 제목 "Black and White in Color"를 번역한 새로운 제목으로 프랑스에서 재개봉되었다. 영화의 내용도 제1차 세계대전 당시 흑인 식민지 군인의 이야기를 담고 있다.

7 1955년부터 1962년 사이에 18편의 영화가 상영이 금지되거나 연기되었다는 사실이 보여주듯이, 탈식민화 시기에 프랑스의 검열제도는 여전히 존재했지만, 몇몇 영화들은 탈식민화 문제에 대한 비판적인 접근을 시도했다. 예를 들어 장뤽 고다르 (Jean-Luc Godard)의 「어린 병사」 ("Le Petit Soldat") (1963), 자크 로지에 (Jacques Rozier)의 「필리핀이여 안녕」 ("Adieu Philippine") (1962), 알랭 르네 (Alain Renais)의 「뮈리엘」 ("Muriel") (1963), 로베르 엔리코 (Robert Enrico) (1963)의 「아름다운 삶」 ("La Belle Vie"), 알랭 카비에 (Alain Cavalier)의 「불복종」 ("L'Insoumission") (1964) 등이 그러했다. 물론 가장 성공한 작품은 르네 보티에 (René Vautier)의 「오레스에서의 20살」이었다.

전문가들'이라 할 수 있는 몇몇 프랑스 감독들의 관심의 대상이었던 것이다.

프랑스 영화의 소위 '거장 감독'들의 아프리카 이외의 지역에 대한 실질적인 무관심은 영국 영화나 미국 영화에 비해 매우 특별해 보인다. 게다가 이러한 경향은 프랑스의 식민지 영화가 식민지 소유에 대한 단순한 역사적 기술에 지나지 않으며, 오직 제국의 선전자들만의 장르(genre)에 불과하다는 생각을 우리들로 하여금 오랫동안 갖게 했다. 비교적 차원에서 영국의 식민지 영화 제작은 앞서 언급한 것처럼 20세기 초, 즉 프랑스보다 대략 20여 년 전에 「폴 크루거의 제국의 꿈」과 「중국 선교에 대한 공격」과 함께 시작되었다. 프랑스에서는 제1차 세계대전 종전 이후가 되어서야, 정확히는 1919년에 이르러서야 동양풍(orientalism)의 '통속적인 멜로드라마(mélodrams bourgeois)'의 형태를 띤 식민지 영화가 성행하기 시작했다. 레옹 푸와리에는 서양 남성과 동양 여성의 '위험한 관계'를 그린 '통속극' 「동양의 영혼들」("Ames d'Orient")(1919)을 통해 명성을 얻기 시작했다. 아랍의 공주와 왕자의 사랑 이야기를 다룬, 1919년 처음 제작되었지만 1923년에 칼라 영화로 재탄생한 르네 르 송티에(René Le Somptier)와 샤를 뷔르게(Charles Burget)의 「사랑의 술탄」("Sultane de l'amour")은 현재까지도 회자된다. 하지만 '해외 영토 영화(cinéma d'Outre-mer)'의 진정한 '거대한 모험'은 자크 페데가 피에르 브누와(Pierre Benoit)의 소설 『아틀란티스』(*L'Atlantide*)(1919)를 1921년에 각색하면서 시작되었다고 볼 수 있다.

프랑스 스튜디오로부터 멀리 떨어진 곳에서의 촬영, 기자재 보호와 운송의 어려움, 사막의 모래와 열기, 그리고 다른 여러 요인들이 프랑스 영화산업의 선구자이자 프랑스의 대표적인 영화제작 회사 고몽(Gaumont)의 설립자인 레옹 고몽(Léon Gaumont)으로 하여금 피에르 브누와의 소설의 각색에 대한 레옹 푸와리에의 제안을 거절하게 만들었다. 결국 영화 제작 회사를 설립한 자크 페데가 이 작업에 착수했다. 『아틀란티스』의 영화화는 1920년 3월 1일 시작되어 같은 해 10월에 종료되었다. 영화는 두 달 반 동안 알제리의 투구르트(Touggourt) 근교에서, 뒤이어 알제리 동부 오레스(Aurès)의 숲과 지렐리(Djilelli)와 밥엘우에드(Bab el Oued)에 임시로 마련된 스튜디오에서 촬영되었다.[8]

피에르 브누와의 성공한 소설 『아틀란티스』의 영화화는 이국적인 것에 대한 환상과 '타자'와의 관계 속에서 모험을 즐기고자 하는 이들이 기대하는 바를 잘 보여준다. 이 영화는 그리스의 철학자 플라톤(Platon)의 두 편의 대화록[티마이오스(Timaeus), 크리티아스(Kritias)]에 나오는 전설상의 낙원이자 '잃어버린 제국'인 아틀란티스(Atlantis)에서 모티브를 따왔다. 식민지 세계처럼 가장 건조한 사막의 가장 깊숙한 곳을 통과한 후에야 도달할 수 있는 아틀란티스, 그리고 그곳의 마지막 여왕인 앙티네아(Antinea)의 궁전에서 사람들은 사랑에 빠진 가운데 죽음을 맞이하게 된다. 그의 출신에 자부심을 가진 프랑스 주인공 모랑쥐(Morhange) 대위는 여왕의 사랑을 거부하고, 앙티네아는 손상된 자존심과 수치심에 복수를 다짐하는 가운데 모랑쥐의 동료 생아비(Saint-Avit)에 몸을 맡기고, 모랑쥐와 생아비가 서로 죽이기를 원하게 된다. 위험한 열정이 모랑쥐를 혼란스럽게 하고, 그는 생아비를 살해한다. 모랑쥐

8 Raymond Lefèvre, "Le cinéma colonial", Nicolas Bancel, Pascal Blanchard et Laurent Gervereau (dir.), *Images et Colonies*, p. 170.

는 그의 행동의 심각성을 인식한 후에 궁전에서 도망쳐 나오는 데 성공하지만, 앙티네아에 현혹된 가운데 다시 아틀란티스로 되돌아가게 되고, 환상에 빠진 가운데 현실과 꿈의 경계를 넘나드는 정신질환으로 아틀란티스에서 목숨을 잃게 된다.[9]

「아틀란티스」는 파리의 스튜디오로부터 멀리 떨어진 곳에서 촬영된 일종의 도전이었으며, 자크 페데는 그 작업을 과감하게 수행했다. 영화는 예상을 뛰어넘는 대중적 성공을 거두었다. 최초로 대중들은 그들의 상상의 세계 속에서만 존재했던 광활한 사막과 조우할 수 있었다. 사막은 점점 대중들의 마음을 사로잡으며 하나의 신화가 되어 갔다.

3. '식민지 신화'의 탄생: 사막, 외인부대 병사, 알제리

유성영화의 등장은 이전에 성공을 거두었던 몇몇 이국풍 영화들의 기술적 결함을 보완해 주는 계기가 되었다. 그 영화들에서 유일하게 아쉬웠던 부분은 '소리'였으며, 이를 보안해 주는 다수의 리메이크 영화(remake film)가 제작되었다. 앙티네아(Antinéa) 역으로 브리지트 헬므(Brigitte Helm)가 주연한 파브스트(Georg–Wilhelm Pabst) 감독의 '새로운' 「아틀란티스」가 1932년 선보였으며, 1927년 제작된 리프 전쟁을 다룬 영화 「불!」("Feu!")은 자크 드 바롱셀리(Jacques de Baroncelli)에 의해 1937

9 http://www.panorama–cinema.com/V2/critique.php?id=232 (검색일: 2016. 8. 17).

년 리메이크 되었다. 앙리 페스쿠르(Henri Fescourt)는 모로코를 배경으로 타이엡(Taieb)이라 불리는 '선동가'의 계략을 좌절시키는 프랑스 대위의 이야기를 담은 「서양」("Occident")(1926)을 1937년에 다시 촬영했고, 앙리 페스쿠르의 「몰타인의 집」("La maison du Maltais")(1926)의 시나리오를 손질한 피에르 슈날(Pierre Chenal)은 1938년 동명의 프랑스 '멜로드라마' 걸작 중 하나를 탄생시켰다.

이와 더불어 몇몇 새로운 작품들이 식민지의 뜨거운 태양 아래 펼쳐지는 멜로드라마의 진부하고 상투적인 표현들을 그대로 차용하면서 리메이크 영화의 대열에 합류했다. 피에르 비옹(Pierre Billon)의 「남쪽으로 가는 길」("La Piste du sud")(1938)에서 젊은 미망인은 자신의 남편을 살해한 자의 정체를 폭로하기 위해 사하라(Sahara) 사막으로 향했다. '식민지 멜로물들'은 영화 제목으로 바람(wind)의 이름을 취하기도 했다. 피르맹 제미에(Firmin Gémier)의 「사하라 사막의 열풍[熱風]」("Simoun")(1933)과 자크 세브락(Jacques Sévrac)의 「지중해의 동남풍」("Sirocco")(1930)이 그러했다. 자크 드 바롱셀리는 「SOS 사하라」("SOS Sahara")(1936)에서 신비로운 사하라 사막을 배경으로 남편을 파산시키고 부정을 저지른 팜므 파탈(femme fatale) 여인을 파멸시키는 모습을 그려냈다.

사막은 광활하고 신비로우며 위험한 존재였다. 동시에 환상과 모험의 대상이었다. 식민지의 백인 영웅들, 북아프리카의 단봉낙타, 사하라 사막의 유목민족 투아레그족(Touaregs), 아프리카 부족민들에게 포위당한 작은 보루, 그리고 유성영화와 함께 등장하는 뜨거운 모래 냄새를 풍기는 외인부대 등등. 이러한 모든 요소들이 판에 박은 상투적인 이미지들을 갈망하는 식민지 영화의 지배적인 비유들이었다. 1926

년 경부터는 사막을 소재로 하는 '자극적이고도 감동적인' 제목들과 함께 식민지 영화의 유행이 시작되었다. 화가이자 영화감독인 마르코 드 가스타인(Marco de Gastyne)의 「오지의 영혼」("L'Ame du bled")(1926)은 모로코의 마라케시(Marrakech) 근교에 사는 식민지 정착민과 그 지역 카이드(caïd), 즉 북아프리카에서 재판권·행정권·경찰권·징세권을 행사하는 이슬람교의 지방관 사이의 우정을 그려냈다. 디미트리 키르사노프(Dimitri Kirsanoff)는 이제는 신비의 대상이 된 사하라 사막에서 벌어지는 "어두운 가족 드라마(sombre drame famillial)" 「사막」("Sables")(1927)을 촬영했다. 「동양의 하늘 아래」("Sous le ciel d'Orient")(1927)에서 프레드 르루아그랑빌(Fred LeRoy—Granville)과 그랑탐아이(H.C. Grantham—Hayes)는 알제리 남부 지역을 배경으로 오리엔트(Orient)의 매력과 오리엔트 사람들(Orientaux)에 대한 '거부'와 경멸을 동시에 보여주었다. 이처럼 사하라 사막은 종종 이 '식민지 신화'의 중심에 위치했다. 특히 앞에서 언급한 「남쪽으로 가는 길」, 「지중해의 동남풍」, 「사하라 사막의 열풍」, 「SOS 사하라」 등은 사막을 소재로 한 식민지 영화라는 장르에 있어 하나의 고전이 되었다.

사막과 함께, 아프리카 특히 '알제리의 신화'도 탄생했다. 1929년 5월 11일, 마리보(Marivaux) 극장은 장 르누아르의 「오지」의 특별 상영을 제안했다. 정부의 요청 하에 제작된 가운데 「오지」는 그 나름의 방식으로 프랑스 군대의 알제리 상륙 100주년을 기념했다. 이 영화는 알제리 정복을 신화화하고, 샤를 10세의 첫 번째 정복자들을 트랙터로 경작지를 일구어 알제리를 개발하는 용감한 주인공들로 묘사하면서 북아프리카 점령을 찬양했다. 식민화의 찬양에 대한 이 '순진한' 영웅적 무훈에 관한 이야기는 처음에 「알제 점령」("La prise d'Alger")이라는 직설적이고도 자극적인 표현을 제목으로 사용하려 했다. 그로부터 몇 년 후 르네 클레르(René Clair)의 「밤의 미녀」("Les Belles de nuit")(1952) 역시 알제리에 정착한 프랑스 식민자(colon)들의 노동과 그들이 일구어 낸 '땅'의 가치를 초연한 어조로 설명하면서 '알제리 신화'의 탄생에 일조했다.

식민지 영화는 식민주의 문화를 모든 사회 계층 속으로 침투시키는 핵심적인 역할을 수행했으며, 현실과 동떨어져 멀리 있어 보이는 '식민지 세계'에 대한 '근접성의 감정(sentiment de proximité)' 또한 부여했다. 특히 식민지 영화를 통해 새로운 영웅들이 등장했는데, 그들은 외인부대 병사였다.[10] 유성영화 초기 시절 '사막의 신화(mythe du désert)'는 하얀 군모를 쓴 외인부대 병사라는 또 다른 신화를 만들어 냈던 것이다. 대중들의 비현실적인 상상계에서 외인부대 병사는 대중적인 희극배우 바크(Charles-Joseph Pasquier, dit Bach)가 샤비슈(Chabichou)라는 인물로 분장한 앙리 월슐레게르(Henri Wulschleger)의 「시도니 파나쉬」("Sidonie Panache")(1934)의 알제리 보병(zouave)이나 장 그레미옹(Jean Grémillon)의 「사랑의 얼굴」("Gueule d'amour")(1937)에서 화류계 여성의 변덕스러운 사랑 때문에 번뇌하는 아프리카 원주민 기병을 확실히 압도했다.

외인부대 병사의 매력은 당연히 그의 군복에서 비롯되었지만 또한 그의 불가사의한 과거, 동료애 정신, 군대에 대한 충성심, 그리고 절망 속에서 발휘되는 그의 영웅적 행위를 통해서도 표출되었다. 신기하

10 A. Andreu, "De *L'Etat sauvage* à *Fort Saganne*. Qu'il est beau mon légionnaire...", *L'Evénement du jeudi*, mai 1987, p. 92.

게도 프랑스 식민지에서 주로 활동했던 외국인으로 편성되어 있던 외인부대원의 신화는 프랑스 영화가 아니라 「보 제스트」("Beau Geste")[11]의 주인공과 함께 미국 영화에서 탄생했다. 1926년 무성영화 버전으로 처음 등장한 허버트 브래넌(Herbert Brennon) 감독이 연출한 이 영화의 연장선상에서 영국의 인기 배우인 로렌스 올리비에(Laurence Olivier)는 1929년 영국의 왕립극장(His Majesty's theatre)에서 외인부대원 보 제스트를 연기하기도 했다.

프랑스 관객들에게 외인부대 병사의 신비로운 이미지는 자크 페데의 「외인부대」("Le Grand jeu")(1934)의 주인공 피에르 리샤르윌므(Pierre Richard-Willm)나 크리스티앙자크의 「외인부대의 병사」에서의 페르낭델(Fernandel)의 이미지와 중첩되었다. 하지만 외인부대원의 군복이 가장 잘 어울렸던 배우는 줄리앙 뒤비비에 감독의 「외인부대」("La Bandera")(1935)의 주인공 장 가뱅(Jean Gabin)이었다. 그는 알제의 카스바(Casbah) 지역을 배경으로 한 같은 감독의 「페페 르 모코」에서 그의 영화 인생에서 가장 중요한 역할 중 하나를 연기하기도 했다.[12]

1938년. 제2차 세계대전이 다가오고 있었다. 장폴 폴랭(Jean-Paul Paulin)은 「생시르 육군사관학교의 세 명의 생도」("Trois de Saint-Cyr")(1938)에서 관객들에게 극단적인 애국주의적 교훈을 선사하고자 했다.

11 「보 제스트」("Beau Geste")는 1926년 허버트 브래넌 (Herbert Brennon) 감독의 무성영화 버전으로 처음 등장했고, 1939년에는 윌리엄 웰맨 (Willam Wellman)의 유성영화 버전으로 소개되었으며, 이후에도 다른 버전들의 영화들로 제작되었다.

12 이후 「안개 낀 부두」("Quai des brumes") (1938)에서 탈영병인 장 가뱅은 미셸 모르강 (Michell Morgan)에게 그녀의 눈이 아름답다 ("T'as de beaux yeux tu sais")고 얘기했다. 그 이후의 이야기 ["안아 주세요" ("Embrasse-moi")]를 우리는 잘 알고 있다.

생시르 육군사관학교를 졸업하는 순간, 이 학교 출신 장교들은, 당시의 표현에 따르면, '우라질 놈들(salopards)'이라고 규정한 '식민지의 반란자들'에 맞서 영광스럽게 죽는다는 사실을 잘 알고 있었다. 이러한 과장된 신화의 사용이 오히려 신뢰감의 실추를 야기하는 가운데, 프랑스 영화는 영국의 영화제작사인 알렉산더 코르다(Alexander Korda)의 런던 필름(London Films) 소속의 영국 영화인들이 제작한, 특히 졸탄 코르다(Zoltan Korda) 감독의 「강의 샌더스」("Sanders of the River/Bozambo")(1935), 「드럼」("The Drum")(1938), 「포 페더스」("The Four Feathers")(1939)와 같은 '대단한' 식민지 영화들을 만들지 못했다. 이제는 영국 영화의 고전이 된 이러한 영화들에 비해 레옹 푸와리에의 「브라자 혹은 콩고에서의 영웅적 무훈」("Brazza ou lépopée du Congo")(1939)은 상대적으로 초라해 보였다. 하지만 레옹 푸와리에는 프랑스 식민지 영화의 기념비적 작품이라 할 수 있는 「침묵의 소명」("L'Appel du silence")을 1936년에 연출했다.

100,000만 명이 넘는 프랑스인들의 후원으로 제작되었고, 1936년 '프랑스 영화상(prix du Cinéma français)'을 수상한 「침묵의 소명」은 신의 계시를 통해 세속적 삶으로부터 사막에서의 선교 활동으로 자신의 삶을 전환시킨 샤를 드 푸코(Charles de Foucauld) 신부에 관한 이야기이다. 이 개종한 장교는 1890년 오른(Orne) 주에 위치한 라 트라프(la Trappe) 수도원으로 들어갔고, 1901년 사제 서품을 받았다. 1905년부터는 타만라셋(Tamanrasset)의 사하라 사막에서 "사막의 은둔자"가 되었다. 레옹 푸와리에의 영화는 이 성인이 사하라 사막의 유목민족인 투아레그족과 함께 생활하며 오랜 기도와 수많은 자선활동을 행하는 것을 보여주

었다. 식민지에서 선교활동을 하다 살해 당한 푸코 신부의 죽음은 이제는 시대에 뒤떨어진, 식민지 영화가 강조하고자 했던 위대한 순간이 되었다.

지금까지 언급된 영화들을 통해 묘사된 외인부대 병사들은 사막의 태양 아래서 프랑스를 수호하고, '문명의 경계'를 '야만의 경계'로까지 확대해 나갔다. 활력이 넘치고 종종 유별난 '현대의 영웅들'은, 자크 드 바롱셀리의 「니제르의 남자」("L'Homme du Niger")(1939)에서처럼 식민지의 경제적·사회적 상황을 향상시키겠다는 그들의 약속을 통해, 그리고 「페페 르 모코」에서처럼 그들에게 닥친 운명을 개척해 나간다는 메시지를 통해 '국가적 재정복'을 추구하는 프랑스 안에서 이상적인 모델이 되었다. 1926~1930년부터 프랑스 영화는 매우 활발한 방식으로 '식민지 영웅'이라는 테마에 관심을 두게 되었다. 자크 드 바롱셀리의 「불!」, 앙리 페스쿠르의 「서양」, 디미트리 키르사노프의 「사막」, 「동양의 하늘 아래」 등은 식민지 시대가 낳은 영웅의 탄생을 알리며 흥행에 성공했다. 앞서 언급한 것처럼 이들 영화 대부분은 1933~1938년 동안 '리메이크' 되었는데, 이러한 현상은 대중들의 관심과 영화의 매력을 의미하는 동시에 이전 세대와의 관계를 개선하려는 욕망의 표현이기도 했다.

렉스 잉그람(Rex Ingram)의 「전투」("Baroud")(1931), 「시도니 파나쉬」, 「사랑의 얼굴」, 「외인부대」, 「외인부대의 병사」, 「생시르 육군사관학교의 세 명의 생도」, 그리고 「침묵의 소명」 등과 같은 작품들은 외인부대 병사와 사하라 사막, 그리고 신비한 아프리카라는 신화들이 어우러진 가운데 수차례 리메이크된 「타잔의 모험」("Avantures de Tarzan")이나 외인부대원과 아프리카의 신화를 테마로 하는 미국 영화들[13], 그리고 인도에 대한 고전작품들로 유명한 영국 영화들과 당당히 어깨를 겨눌 수 있었다. '식민지의 신화'를 탄생시킨 이러한 영화들은 이제는 박물관에나 전시되어 있음직한 시대에 뒤떨어진 작품들이 되었지만, 그 영화 속에 흐르는 식민주의적 이데올로기는 당시에는 물론이고 지금까지도 여전히 시사적이며 유효하다고 볼 수 있을 것이다.

4. "아프리카 횡단 여행"

무성영화 시기에 프랑스 영화는 특히 자극적인 오락물의 형태로 식민지 기록영화를 특화시켰다. 이러한 차원에서 프랑스 자동차 회사 시트로앵(Citroën)은 1923년 제작된 폴 카스텔노(Paul Castelnau)의 「무한궤도 자동차 사하라 횡단」("La traversée du Sahara en autochenille"), 1926년 앙드레 소바즈(André Sauvage)와 레옹 푸와리에의 「아시아 횡단 여행」("La croisière jaune"), 그리고 특히 1925년에 레옹 푸와리에가 제작한 유명한 「아프리카 횡단 여행」("La croisière noire") 등과 같은 대중적으로 커다란 성공을 거둔 시리즈물을 재정 지원했다.

「아프리카 횡단 여행」은 장갑차와 트럭이 결합된 형태의 무한궤도 자동차를 이용한 최초의 아프리카 자동차 탐사 이야기이다. 그것은 "훌

13 이 주제와 관련해서는 대표적으로 다음과 같은 영화들을 언급할 수 있다. 「작열하는 모래사장」("Burning Sands") (1922), 「두 남자와 한 명의 하녀」("Two Men and a Maid") (1929), 「모로코」("Morroco") (1930), 「변절자들」("Renegades") (1930) 등.

륭한 도로망으로 분할된 가운데 수백 대의 자동차들이 사방으로 누비고 다니는 아프리카를 평화적으로 점령"하기를 원한 자동차 회사 시트로앵이 영화감독 레옹 푸와리에에게 요청해서 만든 다큐멘터리 영화였다. 영화 제작자인 피에르 마르셀(Pierre Marcel)은 "뤼미에르 형제(frères Lumière)가 15년만 더 일찍 영화를 발명했다면 헨리 모턴 스탠리(Henry Morton Stanley)[14]와 피에르 사보르냥 드 브라자(Pierre Savorgnan de Brazza)[15]가 가져다주었을 것과 같은, 영화 역사뿐 아니라 인류 역사에 있어서도 신기원을 이룰 수 있는 굉장한 영화를 생각해 보십시오"라는 말로 레옹 푸와리에를 설득했다.

중앙 아프리카 시트로앵 원정(Expédition Citroën Centre Afrique)이라는 이름으로도 알려진, 1924년 10월 28일부터 1925년 6월 26일까지 진행된 "아프리카 횡단 여행"은 프랑스 자동차 회사 시트로앵의 설립자인 앙드레 시트로앵(André Citroën)이 자신의 기업의 자동차 제품을 소개하고, 아프리카 대륙에 자동차 노선을 마련하기 위해 기획한 자동차 원정 중 하나였다. 이러한 시도는 두 가지 맥락에서 이해될 수 있을 것이다. 첫째는, 제1차 세계대전 이후 프랑스 자동차 산업의 눈부신 발전이었다. 둘째는, '프랑스 본국'을 위한 인력과 자원의 이동의 중요성을 입증한 제1차 세계대전 이후 프랑스 제국에 대한 새로운 중요성과 19

14 헨리 모턴 스탠리(Henry Morton Stanley)는 영국의 탐험가이자 언론인으로 아프리카 탐험으로, 그리고 '실종된' 선교사 데이비드 리빙스턴(David Livingston)을 '발견'한 것으로 유명한 인물이다.

15 피에르 사보르냥 드 브라자(Pierre Savorgnan de Brazza)는 이탈리아에서 출생한 프랑스의 탐험가 겸 정치가이자 외교관이다. 프랑스 제3공화국 정부는 드 브라자를 1882년부터 이듬해 1883년 1월까지 프랑스령 콩고 총독 대리로, 그리고 1883년부터 1897년까지 14년 동안 프랑스령 콩고 총독으로 임명했다.

세기 말 상대적으로 무관심했던 여론의 제국에 대한 새로운 관심이었다. 이후 제국은 수많은 사명을 부여받았고, 기업가와 사업가뿐 아니라 지리학자와 과학자들의 관심의 대상이 되었다. 아프리카 대륙은 이처럼 1920년대 초반에 앙드레 시트로앵의 관심의 대상이 되었다. 사하라 사막을 가로지르는 첫 번째 자동차 원정은 1922년 12월에 시작되었다. 그 원정의 성공은 진정한 아프리카 횡단 기획으로 이어졌다.[16]

아프리카 자동차 원정은 1년여의 준비기간을 요했다. 이 원정이 선사할 기회를 인식한 프랑스 정부와 군대는 이 기획을 독려하고 지원했다. 시트로앵 회사의 최고경영자인 조지마리 야르트(Georges-Marie Haardt)와 루이 오두앵뒤브뤠이(Louis Audouin-Dubreuil)가 모든 과정을 진두지휘한 가운데 "아프리카 횡단 여행"은 1924년 10월 28일 알제리의 북서부에 위치한 도시 콜롱브베샤르(Colomb-Béchar)를 출발하면서 시작되었다. 1년여의 기간 동안 시트로앵사의 8대의 무한궤도 자동차는 아프리카를 횡단하며 28,000킬로미터를 주행했고, 대중들뿐 아니라 과학자, 예술가, 경제계 인사들의 전례 없는 관심과 열정을 야기했다. 기술적이고도 스포츠적인 쾌거를 넘어 "아프리카 횡단 여행"은 또한 식민부 장관, 자연사 박물관, 프랑스 지리협회(société de géographie de France), 항공부 차관(sous-secrétariat d'Etat à l'Aéronautique)으로부터 다양한 사명을 부여받았다. 이 여정에 참여한 17명 중에는 영화감독인 레옹 푸와리에뿐 아니라 서아프리카 의과대학(Ecole de médecine d'Afrique occidentale) 교수였던 외젠 베르고니에(Eugène Bergognier)와 화가 알렉산

16 Alison Murray, "Le tourisme Citroën au Sahara (1924-1925)", *Vingtième Siècle. Revue d'histoire*, no. 68(2000), pp. 95~96.

드르 이아코브레프(Alexandre Iacovleff) 등이 포함되어 있었다. 1926년 3월 개봉된 이 자동차 여정에 관한 70분 분량의 무성영화, 「아프리카 횡단 여행」은 대단한 성공을 거두었다. 이 성공에 힘입어 1931년에는 아시아에서 "아시아 횡단 여행(croisière jaune)"이 시작되었다.

앙드레 시트로앵이 기획한 "아프리카 횡단 여행"에 영화감독 레옹 푸와리에가 참여했다는 사실은 얼마나 이것이 대중들의 관심을 끌 목적으로 진행되었는지를 여실히 보여준다. 이 원정은 무선 통신을 통해 매일 중계되었다. 원정의 첫 번째 목적은 진정한 기술적 업적을 실현하고 과시하는 것이었다. 이 원정에 대한 이미지 자료와 해설은 특별히 8대의 무한궤도 자동차가 적응하고 극복해야 할 자연 장애물을 강조했다. 이들 자동차들은 하천과 북아프리카 사막 지대에 생기는 일시적인 강(oued), 자갈길, 모래사막 등 모든 종류의 지형을 통과해 나갔다. 이 자동차 원정을 통해 시트로앵 사는 경쟁 기업에 '강력한 메시지'를 전달하고자 했으며, 프랑스인들에게 그들 자동차의 실효성, 그리고 기술적 진보와 우위를 보여주고자 했다. 원정의 두 번째 목적은 대중에게 알려지지 않은 지역을 탐사하는 것이었다. 레옹 푸와리에의 기록영화에서 중앙아프리카는 모든 문명으로부터 동떨어진 광활한 '미지의 땅'으로 소개되었다. "아프리카 횡단 여행"은 이처럼 전간기[戰間期]에 프랑스에서 발달된 이국취향을 만족시켜 주었다. 그것은 또한 아프리카 전통 관습이 지배하는 문명세계에서 동떨어진 상태로 남아 있는 지역에 문명과 진보를 전파해야 된다는 생각을 프랑스인들에게 심어 주었다. 그것은 마지막으로 프랑스 대중들로 하여금 알제리, 모로코, 튀니지 등의 북아프리카 소유지와 인도차이나와 같은 아시아의 식민지에 비해 상대적으로 덜 알려진 프랑스령 서아프리카(AOF: Afrique-Occidentale française)나 프랑스령 적도 아프리카(AEF: Afrique-Équatoriale française)와 같은 몇몇 아프리카 지역을 '발견'하게 했다.[17]

이 자동차 원정은 11월 18일 말리(Mali)의 니제르(Niger) 강에 면해 있는 부렘(Bourem)에 도착했으며, 이후 니제르(Niger)의 니아메(Niamey)와 잔데르(Zinder), 차드 호[湖](Lac Tchad), 우방기샤리(Oubangui-Chari) 등을 통과했다. 1925년 1월 19일 현재의 중앙아프리카공화국(République centrafricaine)의 수도인 방기(Bangui)를 출발한 후에 벨기에의 콩고(Congo belge) 북부를 통과했고, 우간다(Ouganda)에 도착했으며, 여러 그룹으로 나누어진 가운데 인도양에 도착했다. 오두앵뒤브뤠이는 1925년 5월 16일에 케냐(Kenya)의 몸바사(Mombasa)에, 아프리카의 광물학과 지질학을 조사하고자 동행했던 샤를 브륄(Charles Brull)은 8월 1일 남아프리카공화국(Republic of South Africa)의 케이프타운(Cape Town)에 도착했다.

1926년 10월, 오페라 하우스에서 시트로앵 자동차와 프랑스가 아프리카에서 이룩한 업적을 기리기 위해 열린 기념식에서 상영된 이 다큐멘터리 영화는 단순한 여행 이야기의 범주를 벗어나 식민주의적 사고방식을 드러내는 것이었다. 그것은 아프리카에 대한 일종의 영상 탐사 보고서였다. 일종의 '파리-다카르(Rallye Paris-Dakar)'[18]라 할 수 있

17 http://fresques.ina.fr/jalons/fiche-media/InaEdu04720/le-depart-de-la-croisiere-noire.html (검색일 2016. 8. 25).

18 1978년 시작된 자동차 경주대회로 프랑스 파리에서 세네갈의 다카르에 이르는 구간을 운행했으나, 안전문제로 2009년 이후부터는 남아메리카에서 진행되고 있다. 현재 명칭은 다카르 랠리(Le Rallye Dakar/The Dakar Rally) 혹은 다카르(Le Dakar/

는 자동차 원정과 그것의 영화화는 프랑스가 이룩해 가고 있는 '식민지 영광'과 식민지 신화의 증인이었던 것이다. 또한 이러한 차원에서 식민지 신화와 프랑스의 식민주의 문화의 첫 번째 기획의 주역으로서의 식민지 영화를 우리는 이해해야 할 것이다. 한편, 식민화 문제에 관심을 갖고 있던 영화인 레옹 푸와리에는 얼마 되지 않아 마다가스카르에서 그 지역 주민들 일부를 출현시켰던 영화「카인, 이국적 바다의 모험」("Caïn, aventrues des mers exotiques")(1930)을 연출하기도 했다.

5. 야만의 이미지화

'식민지 문제'와 관련하여 서구 제국주의 국가들이 사용하는 상투적인 표현들은 이미 우리에게 알려져 있다. 그것은 '야만인'은 진보를 경험하기 위해 백인 문명이 이룩한 길을 따라야만 한다는 '다윈적인 시각(vision darwiniste)'이다. 식민지 영화의 수사(rhétorique)는 본질적으로 이원론적 세계관, 즉 흑백논리에서부터 비롯되었다. 예를 들어 인간의 '등(dos/back)'은 '동물적인 힘'을 보여줌과 동시에 생각하는 존재의 상징인 '얼굴(visage/face)'을 상대적으로 감추어버린다. '자연적 상태'인 발가벗은 사람은 '문명 상태'인 식민자(colon)의 옷 입은 모습과 대비된다. 식민지인은 대체로 영화에서 이미지의 네거티브 부분인 오른쪽에 위치하거나, 그의 '동물성'을 표현하기 위해 땅바닥에 위치하며, 인물의 비열

The Dakar)이다.

함을 강조하기 위해 줄이 쳐진 옷을 입고 있다.[19] 흑인 아프리카인은, 1927년 앙리 에티에방(Henri Etiévan)과 마리오 날파스(Mario Nalpas)가 감독한「열대의 인어」("La Sirène des tropiques")(1927)에서 거의 동물로 묘사된 조세핀 베이커처럼 어린이 수준이고, 순진하며 정신발육이 늦거나 혹은 백인의 단순한 보조인물, 헌신적인 원주민 시종, 복종적이고 야성적인 흑인 여자 아이로 묘사된다. 반면에 아랍인은 교활하고, 위험하며, 배신자 혹은 경찰의 앞잡이로, 난폭하고 언제나 배신할 수 있는 인물로, 그리고 영원한 반란자로 형상화 된다.[20] 영화 속에서 그들은 항상 광신적이고, 종교적이며, 약탈하기만 할 뿐 자신들의 땅을 개발할 능력이 없고, 끊임없이 권력투쟁을 하는 인물들인 것이다. 오늘날 '오모 미크로(Omo micro)'와 같은 세제[洗劑] 선전이나 정글북(The Jungle Book)과 같은 만화영화에서, 그리고 몇몇 영화에서 원숭이가 흑인을 대체하긴 했지만, 식민지적 수사는 그대로이다. 예를 들어 월트 디즈니(Walt Disney)의 영화「라이온 킹」("The Lion King")(1994)의 비비 원숭이 라피키(Rafiki)의 경우, 프랑스말로 더빙(dubbing, 재녹음)하면서 억양이 강한 아프리카인의 목소리를 사용했다. 반면에 아랍인은 몇몇 영

19 Youssef El-Ftouh, "L'Afrique dans les images coloniales", *Ecrans d'Afrique*, nos. 9-10, 3e-4e trimestres 1994 (dans le cadre du programme de l'ACHAC) ; Youssef El-Ftouh et Manuel Pinto, "L'image de l'Afrique dans le cinéma", Nicolas Bancel, Pascal Blanchard et Laurent Gervereau (dir.), *Images et Colonies*, pp. 246~249.

20 북아프리카 식민지 영화에 대한 분석은 많이 연구가 되어 있다. 다 인용할 수는 없지만 그중 가장 중요한 것들만 인용하면 다음과 같다. Ahmed Araib, "L'image de l'Arabe dans le cinéma français", *Septième Art*, no. 52 (1985) ; H. Ben Ammar, "Le cinéma colonial en Tunisie", *Septième Art*, no. 51 (1984) ; Abdelkader Benali, *Le Cinéma colonial au Maghreb* (Paris: Cerf, 1998) ; Philip Dine, *Images of the Algerian War* (Oxford: Clarendon Press, 1994).

화 속 인물들을 통해 유머가 있고, 뤽 베송(Luc Besson)이 제작한 「택시」("Taxi")(1998)에서처럼 현대 도시 우화의 일종의 광대이자, 프랑스를 위해 전쟁에 참여하는 현대의 새로운 "원주민"(Indigène)[21]으로 묘사되기도 한다.

자연 상태에 가깝다고 가정된 '야만인'의 이러한 동물성으로부터 비롯된 환상에 의지하여 자극적인 요소들이 식민지의 이미지를 판매해 왔다. 「아프리카가 당신에게 말한다」("L'Afrique vous parle")(1930)에 대한 비평을 살펴보자. "이 영화는 매우 강렬한 장면을 포함한다. 사자 한 마리가 원주민을 덮치고 갈기갈기 물어뜯는다. 자세한 장면은 생략되었지만 시청자들은 흑인의 운명을 짐작할 수 있다. 우리는 분명하게 사자가 흑인에게 달려드는 장면을 보게 되고, 이 불행한 사람의 신음소리를 인지하게 된다. 우리는 이 영화가 모두의 마음에 든다고 확신한다."[22]

6. '점유'와 '거리 두기'

식민지 민족주의자들의 독립운동과 식민지 권력으로부터 획득한 '해방', 그리고 차이에 대한 인정에 의거해서 식민지 영화와 관련한 질문들이 새롭게 던져진 시기는 제2차 세계대전 이후부터였다. 반면

21 원제목이 '원주민'인 이 영화는 우리나라에서는 「영광의 날들」로 번역되었다. 「영광의 날들」("Indigène") (2006)

22 Jean-Claude Yrzoala Meda, "Le cinéma colonial: les conditions de son développement", *Ecrans d'Afrique*, nos. 9-10, 3e-4e trimestres 1994.

에 이전 시기의 식민지 영화에서 제국과 식민지 사이의 '차이의 문제'를 다루었다면, 그것은 관객들에게 차이를 극복할 수 없음을 보여주기 위해, 심지어 차이를 인정함으로 제국의 모든 것을 잃게 된다는 메시지를 전달하기 위해서였다. 그런데 식민지 영화에서 성[性]이나 결혼 관련 단어들은 꼭 필요했다. 식민주의적 이국정서와의 육체적 대면은 불가능한 유혹의 양면성을 지녔다.[23] 식민지 침략과 점령처럼 그것은 두 과정을 거치면서 진행되었다. '점유(appropriation)'와 '거리 두기(mise à distance)'가 그것이다. 식민지는 서구 열강에 의해 점령된 가운데 백인의 기쁨을 위해 제공되었다. 유일하게 세르즈 드 폴리니(Serge de Poligny)만이 「인간의 갈증」("La Soif des hommes")(1949)을 통해 이러한 고착화된 인식에 문제를 제기했고, 영토의 기원에 대해 주장하면서, 그리고 이상적인 소작제의 신화를 깨뜨리면서, 영토에 대한 '식민자들의 자연권(droit naturel des colons)'에 '거리 두기'를 하고자 했다. 하지만 그 밖의 다른 영화들에서 식민지가 프랑스의 지배로부터 벗어나는 것을 막기 위해 식민지는 도구화되어야만 했다. 물론 여성은 이러한 식민지 점유와 관련하여 이상적인 영화 소재였다. 악마처럼 유혹하는 존재로서의 식민지 여성은, 1942년의 영화 「말라리아」("Malaria")(1942)에서처럼, 영화 속 백인 주인공으로 하여금 스스로를 부정하게 하고, 문명인으로서의 그의 역할과 그가 지닌 가치를 상실해 가는 곤경 속으로 이끌어갔다. 그녀의 유혹을 뿌리치는 것은 백인 주인공에게, 식민지 세계에서의 그의 존재처럼, 그의 내면적 존재를 형성하고 완성할 수 있는 계기가

23 Marc-Henri Piault, "L'exotisme et le cinéma ethnographique: la rupture de *La Croisière noire*", *Journal of Film Preservation*, no. 63 (octobre 2001), Bruxelles, p. 12.

되었다.

프랑스는 식민지 영화를 통해 아름다운 '원주민들'을 소유할 수는 있었지만, 애국적 사명의 규범을 부정하거나, 프랑스가 소유했을 때만 긍정적일 수 있는 가치들을 부정하는 위험을 무릅쓰면서까지 그들에게 매혹되지는 않는다는 사실을 보여주고자 했다. 인종 간의 결합은, 프랑스 정부의 주도하에 제작된 영화 「마약 탈취」("Razzia sur la schnouf")(1954)에서 보이는 것처럼, 금지되었다. '혼혈'은 사회질서를 혼란스럽게 하고 서구의 완전함을 위험에 처하게 만든다고 인식되었다. '원주민'은 진정한 식민지적 가치로 동화될 능력이 없기에 평등은 불가능했다. 그들이 완전히 동화되지 않는 한 그렇다는 것이다. 「몰타인의 집」에 등장하는 튀니지 매춘부 사피아(Safia)의 경우는 완전히 동화된 경우에 해당되었다. 이 이방인 소녀는 파리에서의 삶에 완벽하게 적응하며 매력적인 여주인이 되었다. 그리고 그녀의 프랑스인으로의 동화는 인종 간의 결합이라는 사실 조차 잊게 했다.

프랑스 제국은 식민지의 '원주민들'에게 발전할 것을, 문명화할 것을 권장했지만 너무 많은 것을 요구하지는 않았다. 평등과 형제애라는 공화주의적 가치들을 식민지에까지 확산한다고 선전했지만 서로 다른 문화들 사이에 존재하는 간극을 메울 수는 없다고 인식했다. 프랑스의 식민지 영화에서 '개화된 사람(évolué)'은 결코 어른인 적이 없었다. 부산스러운 아이이거나 열심히 공부하는 학생일 뿐이었다. 제국과 식민지 사이의 차이는 지속될 수밖에 없으며, '거리 두기'는 항상 유지되어야만 했다. 현실적 실체가 아닌 '꿈의 공간'으로서의 식민지에 대한 인식은 식민지에 대한 진정한 이해를 방해하며, 오늘날까지 여전히 생생한 식민지와의 혼성에 대한 두려움과 서구 열강 자신의 온전한 상태의 상실에 대한 본능적인 두려움은 식민지 동화의 실패를 설명해 주었다. 제국과 식민지 사이의 '불가능한 관계의 거울'이라 할 수 있는 식민지 영화는 그 가상의 세계 속에서도 지속적으로 비극적이며 탈식민화가 내포된 식민지 모험에 대한 반대를 가시적이게 했다.

그럼에도 불구하고 제1차 세계대전 이후부터 식민지에서 혹은 식민지에 관해 촬영된 영화들은 한 시대의 상징인 독자적인 장르가 되었다. 비록 식민지 영화가 프랑스의 식민주의 문화의 전파에 있어 핵심적인 촉매제 역할을 행했는지에 대해서는 의문을 제기할 수 있지만, 식민지 영화가 '식민지 환상(rêve colonial)'과 외부세계에 대한 욕망의 전형적인 매개물이었음은 분명해 보인다. 대중의 정서에 미친 영향과 관련해서, 당시 훨씬 대중적이었던 그림이나 사진, 포스터 등의 이미지 자료와 박람회에 비해 영화는 상대적으로 부수적인 수준에 머물렀다고 할 수 있지만, 식민지 영화는 식민지 현실을 뛰어넘어 환상의 세계로 인도하는 기능과 위력을 지녔다고 평가할 수 있을 것이다.

식민지 영화는 또한 '국가 정체성의 확립'을 위해 확실히 지속적으로 발전하는 대중들의 '상상계의 개념화(conceptualisaton d'un imaginaire)'와 현대 프랑스가 이룩한 업적에 강력하게 기여했다. 식민지 영화는 '식민지 서부활극(western colonial)'과 함께 하나의 세계와 영웅적 무훈, 미지의 정복 공간을 발견하게 되는 많은 대중들에게 영향을 미쳤다. 식민지 영화는 식민지 관료, 식민자,[24] 의사, 선교사, 외인부대 병사로 대

24 François Garçon, "Une décolonisation qui s'annonce difficile. Le cinéma français, le colon et le colonisé", Martine Godet (éd.), *De Russie et d'ailleurs, feux croisés sur l'histoire*

변되는 '선인(gentils)'과 원주민, 반란자, 종교적 광신자 등으로 대변되는 '악인(méchants)'이 완벽하게 구분되는, 유희적이고 비현실적인 식민주의적인 프랑스로의 일종의 입문이었던 것이다.[25]

마지막으로 프랑스 식민지 영화의 전환점이 된 영화이자, 의심의 여지없이 프랑스의 식민주의 문화의 형성에서 결정적인 순간이었던 「아프리카 횡단 여행」에 대한 마크-앙리 피오(Marc-Henri Piault)의 분석으로 돌아와 보고자 한다. 영화는 웅장한 프랑스 제국의 이미지 앞에서 프랑스의 열광적인 애국주의의 자부심에 더해 보편적 진보의 우애가 넘치는 세계에 도달하기 위해 '프랑스 본국'의 관대한 도움만을 기다리는 타락한 문명들을 발견했다는 느낌이 어우러지며 큰 반향을 일으키는 데 성공했다. 식민화를 통해 분산되어 있던 영토들 간의 관계의 발전, 자유, 평등, 형제애에 기반한 식민지 경영과 사고의 통일, 그것이 「아프리카 횡단 여행」의 이미지들이 표현하고자 한 것이었다. 이 이미지들은 이후 두 가지 이념이 될 수밖에 없었다. 다소 자연적인 야상 상태와 근접한 시각, 혹은 식민화가 가져다준 변화의 증거가 그것이다. 확실히 식민화는 영화 이미지를 통한 선전의 영역에서 리듬과 양식을 발견했다. 이후부터 식민주의 문화는 이 이중적 논법을 촉진시킬 것이었다. 즉 식민주의자의 행동을 드러내는 '진보'와 원주민 사회를 이야기하기 위한 '야만성'. 어두운 영화관의 스크린에서뿐 아니라 프랑스인들의 머릿속에서도 기능하게 될 단순한 이 두 언어 말이다.

(Paris: Institut d'études slaves, 1995), pp. 105~114.

25 Pierre Boulanger, "Le cinéma colonial ou la réalité coloniale travestie", *Cinéma*, no. 72 (décembre 1972), pp. 56~60.

3부
반식민주의 문화와 탈식민화

출처: 반식민지 박람회: “식민지에 대한 진실”, 1931년 8월–9월.

8장

반(反)식민지박람회: “식민지박람회를 방문하지 마시오!”

8장

반(反)식민지박람회: "식민지박람회를 방문하지 마시오!"

1. 식민지박람회와 '안티박람회'

프랑스인들은 전쟁 직후에 "제1차 세계대전 기간 동안 식민지는 조국의 자랑거리였다"고 생각했다. 전쟁은 동원된 식민지인의 희생으로 말미암아 프랑스인들에게 "위대한 프랑스"(La Plus Grande France)의 광대함과 부와 무한한 미래를 보여주었다. 그러나 프랑스에서 식민지 제국과 식민지 이념이 절정에 달한 시기는 아마도 1930년과 1931년에 위치시킬 수 있을 것이다. 1930년 알제리 '정복' 백주년 기념과 1931년 파리세계식민지박람회[1]는 프랑스 식민제국의 영광과 승리를 분명하게 드

1 정부의 요청에 의해 '식민지 선전 전문가'인 식민지 압력단체 출신의 광고제작자 루이 브뤼네(Louis Brunet)가 1913년부터 기획하기 시작한 세계식민지박람회의 목적은 "프랑스의 노력과 희생"을 부각시키며 식민화 업적을 긍정적으로 묘사하는 것이었다.

러내 보여주었다. 이 두 행사는 프랑스 식민사에 있어 하나의 상징으로 남았으며, 프랑스 제3공화국의 중요한 기억의 날과 장소가 되었다.

1931년 5월부터 11월 사이에 파리 근교 뱅센느에서 개최된 세계식민지박람회의 목적은 제국주의를 정당화하고 식민지의 중요성을 인식시키기 위해 프랑스가 소유한 식민지의 풍물을 소개하고, 식민지 경영의 성과를 대내외에 자랑하는 데 있었다. 박람회는 식민지 선전단체이자 압력단체인 식민지 정당(parti colonial)의 슬로건인 "식민지의 개발, 위기에 처한 프랑스를 구하는 기적적인 처방으로써의 제국, 식민지 제국의 프랑스에 대한 군사적 지원"의 이미지를 프랑스인들에게 전파하고, 아시아와 중동의 '소요 사태'에 직면하여 '후진 국민의 재교육'과 국제연맹(League of Naitons)이 허가한 아프리카와 아랍 지역의 위임국으로서 식민지 과업이 이룩한 성과를 전 세계에 보여주고자 했다. 1931년 파리세계식민지박람회는 "박람회장의 모습과 같은 세계"의 이미지에 기초한 일련의 의미들을 프랑스, 더 나아가 전 세계에 부여하고자 했던 것이다.[2] 결과는 성공적으로 보였다. 식민지박람회를 관람한 방문객들은 "위대한 프랑스"라는 이상화된 공간에, 웅장한 방식으로 실제처럼 재현된 상상의 세계에 깊은 인상과 영향을 받았다.

하지만 동시에 뱅센느 숲에서 진행된 식민지박람회에 대한 저항도 있었다. 프랑스에 거주하던 식민지인들과 학생들은 식민지 체제

2 "박람회의 핵심적인 목적"에 대해서 식민부 장관인 폴 레이노(Paul Reynaud)는 박람회 개막식 당일날 "프랑스인들에게 그들의 제국에 대해 인식하도록 하는 것, 우리들 각자가 위대한 프랑스의 시민임을 자각하는 것"이라고 언급했다. Pascal Blanchard et Sandrine Lemaire, *Culture coloniale. La France conquise par son Empire, 1871–1931*, p. 208.

와 박람회 개최를 비판하는 반식민주의 시위를 벌였다. 특히 다다이즘(dadaism)[3]과 초현실주의(surrealism)[4]의 대표적 시인이자 작가인 앙드레 브르통, 폴 엘뤼아르, 루이 아라공 등이 서명한「식민지박람회를 방문하지 마시오」("Ne visitez pas l'Exposition coloniale")라는 제목의 전단이 1931년 5월, 파리세계식민지박람회가 개막되기 직전에 배포되었다. 당시 식민지에 대한 일련의 탄압적인 조치의 대미를 장식하는 인도차이나 학생에 대한 파리 경찰의 검거를 상기시키며, 이 전단은 제국의 질서의 이름으로 폭력을 정당화하는 식민지박람회에 참여하지 말 것을 강력히 요구했다. 전단의 작성자들은 국가의 '원칙에 따라 행동하는 것(jouer le jeu)'을 거부했다. 식민지 박람회장의 선교사관, 시트로앵(Citroën)관, 르노(Renault)관 앞에 위치한 개막식 연단 위의 프랑스 공화국 대통령, 안남 황제, 파리 대주교와 식민지 총독들과 군인들의 존재는 새로운, 그리고 특별히 용납할 수 없는 개념인 '위대한 프랑스(La Grande France)' 안에서 '부르주아지' 전체의 공모를 분명하게 드러낸다고 박람회의 반대자들은 주장했다. 그들에 따르면 이러한 '사기적인 개념'을 뿌리내리게 하기 위해 뱅센느의 박람회장에 건물들을 설치했다는 것이다.

식민지박람회는 "공화국의 국민들에게 멀리 떨어진 곳에서 발생

---

3 다다이즘은 20세기 초 미국과 유럽에서 일어난 실존주의, 반문명, 반전통적인 예술운동이다.

4 초현실주의는 20세기 초 프랑스를 중심으로 전 세계에 퍼진 문예·예술사조의 하나이다. 초현실주의의 사실상의 수장이었던 브르통에 따르면 '초현실(surréalité)'이란 이성의 간섭 없이, 논리에 지배되지 않고 드러나는 '절대적 현실성'이다.

하는 기관총 소리를 듣지 못하게 하면서, 프랑스인들이 충분히 자격을 지녔다고 생각하는 식민지 소유주로서의 인식을 부여했다. 그것은 대나무로 만든 오두막집에 대한 노래를 통해, 제1차 세계대전 이전에 이미 보여주었던 것처럼, 기존의 프랑스 정경에 이국적인 첨탑과 건물을 포함시키는 것에 불과했다.[5]

이 장에서는 표면적으로는 성공적으로 보였지만, 그 이면에는 적지 않은 반발이 존재했던 1931년 파리세계식민지박람회에 대한 반대운동을 중심으로 프랑스의 반식민주의 운동을 조망해 보고자 한다. 특별히 초현실주의자들에 의해 작성된 「식민지박람회를 방문하지 마시오」, 「박람회의 첫 번째 결산」("Premier bilan de l'Exposition")과 같은 전단, 그리고 「식민지에 대한 진실」("La vérité sur les colonies")이라는 주제 하에 개최된 '안티박람회'(anti-exposition/contre-exposition)에 대한 분석을 통해 반식민주의 운동의 특징과 한계에 대해 고찰해 보고자 한다.

2. "1931년 파리세계식민지박람회를 방문하지 마시오!"

초현실주의 문필가들과 예술가들은 반[反]식민주의 운동으로부터 분리되어 있지 않았다. 1930년 7월부터 발간되기 시작한 그들의 잡지 『혁명을 위한 초현실주의』(*Surréalisme au service de la Révolution*)를 통

---

5 "Ne visitez pas l'Exposition coloniale", José Pierre (dir.), *Tracts surréalistes et déclarations collectives, t. I: 1922–1969* (Paris: Terrain vague, 1980).

해 그들은 식민주의에 반대하는 입장을 지속적으로 표명했다. 뱅센느의 식민지박람회 개막식 며칠 전 그들은 「식민지박람회를 방문하지 마시오」라는 제목의 전단을 발행했다. 이 전단은 식민지박람회에 반대하는 탄원서의 성격을 지닌 두 쪽 분량의 문서였다. 이 문서에 서명한 앙드레 브르통, 폴 엘뤼아르, 루이 아라공, 르네 샤르(René Char), 이브 탕기(Yves Tanguy), 조지 사둘(Georges Sadoul) 등을 포함한 12명의 지식인들은 식민지박람회라는 대규모 행사에 대해, 그리고 식민주의 현실에 대해 여론을 환기시키고자 했다. 서명자들은 식민지에서의 삶의 만족과 혜택을 자화자찬하는 국가의 공식적 프로파간다를 인정하지 않았고, 식민지에서 건너온 '유색인 엑스트라들(figurants de couleur)'이 동요하고 불안해 하며 흥분되어 있는 상태에서 공연하고 전시되는 이 '유원지(Luna-Park)'를 고발했다.

이 문서는 또한 식민지에서의 강제노역을 비난했다. 강제노역은 프랑스 (중앙)은행(Banque de France)을 부유하게 하며, 단지 프랑스를 '살찌우는' 도구로 사용될 뿐이고, 이를 통해 벌어들인 이익의 혜택을 식민지는 전혀 누리지 못한다고 문서는 주장했다. 초현실주의 예술가들은 식민지에서의 비참한 노동조건이 결국 자신들의 결집을 야기했다고 언급한 것이다.[6] 「식민지박람회를 방문하지 마시오」에 서명한 이들은 그 누구보다도 "이 박람회 기획의 입안자들, 파렴치한 사회당, 예수회 회원들로 구성된 인권연맹을 비난했다. 또한 이들은 "식민지에서의

6 "Les mouvements de contestation du colonialisme" (Le blog des élèves de L en Histoire géo, lycée Amiral Ronarc'h, BRESTMenuGadgetsRecherche). https://ronarchigeo.wordpress.com/colonisation-et-decolonisation-1l2-20132014/contestation/. (검색일: 2016. 7. 5)

즉각적인 철수와 안남, 레바논, 모로코, 중앙아프리카의 학살에 책임이 있는 장군들, 공무원들을 규탄하기도 했다.[7]

1931년 박람회를 비판하며 초현실주의자들이 발행, 배포한 「박람회의 첫 번째 결산」이라는 제목의 두 번째 전단은 7월 3일에 등장했다. 이날은 네덜란드 앙티유 제도(Les Antilles)관의 화재로 인해 말레이시아(Malaisie)와 멜라네시아(Mélanésie)로부터 온 예술품 견본들이 소실된 직후였다. 전단 서명자들에 따르면 이곳의 화재는 식민지 전리품처럼 프랑스에 도착한 물건들을 포함한 지역문화에 대한 약탈을 연장시킬 뿐이었다. 「식민지박람회를 방문하지 마시오」와 「박람회의 첫 번째 결산」, 이 두 전단 5,000여 장이 공장, 주택가, 그리고 포르트도레(Porte-Dorée) 역 근처에 위치한 식민지박람회장 입구에서 배포되었다. 첫 번째 전단이 식민지 팽창의 폭력을 은폐한 '위대한 프랑스'의 영화를 비판했다면, 두 번째 전단은 혁명을 위한, 그리고 억압받는 민족을 위한 초현실주의자들의 참여를 분명히 했다.

> 당신은 프랑스가 얼마나 거대한지 아는가? 박람회는 당장에 첫 번째 결산을 내놓았다. 이 결산은, 당황스럽게도, 영화 회사에 팔린 (박람회장의) 앙코르 사원 건물의 판매 비용만으로는 메꾸어지지 않는다."[8]

원시예술품에 매료되었던 두 번째 전단의 서명자들은 화재로 인한

7 Charles-Robert Ageron, "L'Exposition coloniale de 1931: mythe républicain ou mythe impérial", *Études coloniales*, (revue en ligne), 2006-08-25.

8 Pascal Blanchard et Sandrine Lemaire, *Culture coloniale*, pp. 209~210.

건물의 소실을 매우 안타깝게 생각했으며, 이 사고를 자본주의의 "실착 행위(失錯行爲, acte manqué, parapraxis)"[9]로 보았다. "학살을 통해 시작되고, 개종과 강제노역, 질병에 의해 지속된 식민화 업적이 이같이 완성되었다"고 그들은 비판했다. 곧이어 세 번째 전단이 뒤를 이었다. 하지만 루이 아라공, 폴 엘루아를 비롯한 몇몇 이들은 정치적 고발만으로는 충분치 않다고 생각했다.

앞서 언급한 두 전단은 1925년 장식예술과 현대산업 전시회(Exposition des arts décoratifs et industriels modernes) 당시 (구)소련의 '구성주의자'관(pavillon 'constructiviste')으로 활용된 건물에서 열린 「식민지에 대한 진실」이라는 제목의 반[反]식민지박람회에 큰 영향을 주었다. 종종 초현실주의자들이 주관했다고 평가하는 1931년 9월 20일 문을 연 이 박람회는 '식민지 탄압과 제국주의에 반대하는 국제연맹(Ligue internationale contre l'oppression coloniale et l'impériallisme)', 프랑스 공산당, 통일노동총연맹의 공동작업의 결과물이었다. 이 반제국주의 행사의 목적은 교훈적이면서도 재미있는 그럴듯한 외관 하에 감추어진 프랑스의 팽창정책을 폭로하면서 "위대한 프랑스"라는 개념과 이미지의 미망[迷妄]으로부터 깨어나게 하는 것이었다. "하지만 반식민지박람회의 중요한 문제점은 관심을 갖는 관람객수의 부족과 더불어, 아니 어쩌면 그보다 더 "점

9 정신 분석학자인 프로이트는 사람들이 엉겁결에 잘못 말을 하거나 깜빡 잊는 등의 사소한 실수를 '실착(失錯)행위' 라고 이름 붙였다. 프로이트에 따르면 인간의 다양한 행동에는 심리적인 원인이나 동기가 선행되기 때문에 이렇게 별것 아닌 것처럼 보이는 사소한 행동에도 반드시 심리적 동기가 존재한다고 지적했다. 다시 말해 실착 행위는 무의식적인 의지의 표현, 의식적인 방법으로 표현할 수 없는 무의식의 욕망을 표현하는 것이며 내면의 갈등을 반영하는 것이다. (http://blog.naver.com/tt3077?Redirect=Log&logNo=20207425421) (검색일: 2016. 7. 5)

령한 해외 영토는 활용할 수 있는 사물들과 이미지들과 사람들의 저장소로 항상 기능할 수 있다"는 생각을 후퇴시킨다는 점이었다."[10] 대중들에게 잘 알려지지 않은 가운데 이들의 목소리는 작은 울림에 그쳤고, 일부 엘리트들에게만 영향을 미쳤다. 프랑스 대중들은 확실히 공식적인 담화의 전달자이면서도 현실로부터의 도피를 허락하는 꿈의 한 부분인 놀랍고 인상적인 1931년 파리세계식민지박람회에 훨씬 더 매력을 느꼈던 것이다.

이 반식민지박람회는 노동조합관(Maison des syndicats) 부속건물인 소비에트 관(pavillon des Soviets)에서 식민지 전쟁에 관한 사진들, 주간지 『라시에트오뵈르』(*L'Assiette au beurre*)에 실렸던 풍자만화들과 자본주의 사회의 '엄청난 이윤'을 보여주는 도표들을 전시했다. 루이 아라공은 이 '안티박람회장'에 "서구의 악취미의 상징들인 조악한 기법의 서구의 종교화"와 대비되는 흑인, 오세아니아, 인도의 예술품 콜렉션을 전시했다. 소비에트 혁명에 의해 해방된 아시아 민족의 행복한 모습을 담은 '순진한 사진들'이 이 작은 규모의 박람회장의 전시물들을 보완해 주었다. 1931년 7월부터 1932년 2월까지의 예외적으로 긴 전시기간과 노동조합들이 마련한 단체관람에도 불구하고, 파리경찰청의 통계에 따르면, 단지 5,000명의 관람객들만이 입장했다고 한다.[11]

구성적인 측면에서 볼 때 반식민지박람회는 세 구역으로 나누어져 있었다. 첫 번째는 식민지 정복이 야기한 '과오'를 보여주고, 제1

10 Panivong Norindr, *Phantasmatic Indochina: French Colonial Ideology in Architecture, Film, and Literature* (Durham: Duke University Press, 1997), p. 71.

11 Charles-Robert Ageron, "L'Exposition coloniale de 1931".

차 세계대전 기간 동안 사망한 식민지 군대를 조망하는 식민화의 회고구역이었다. 소비에트 사회주의 연방(URSS: Union of Soviet Socialist Republics)에 온전히 할애된 두 번째 전시장에서 주최자들은 "소련인들이 민족정책(politique des nationalités)의 사례라고 명명한 제국주의자의 식민주의(colonialisme impérialiste)"를 비판했다. 마지막 전시장에서는 식민주의로 야기된 '문화적 문제들'과 관련된 전시가 이루어졌다. 해를 넘겨 1932년까지 열렸음에도 불구하고, 반식민지박람회는 주최자들이 기대했던 성공을 거두지는 못했다. 이 반식민전시회는 프랑스인들의 자민족중심주의와 식민주의를 비판했으나, 시간의 흐름과 함께 평가해 볼 때, 소비에트 사회주의 연방의 전체주의적 공산주의를 찬양하기 위해 기획된 측면도 크다고 볼 수 있을 것이다.[12]

3. 반식민주의 선전활동

오랫동안 준비한 식민지박람회가 마침내 문을 열었을 때, 식민화를 둘러싼 국제정세는 본질적으로 변해 있었다. 우리는 1930년 간행된 앙드레 비올리(Andrée Viollis)의 책, 『영국인에 대항한 인도』(*L'Inde contre Les Anglais*)에 의해, 그리고 베트남의 엔바이(Yen Bai)의 봉기[13]와 응에 틴(Nghe Tinh) 지역의 공산주의자들의 봉기 이래 프랑스에 대항한 안남

12 "Les mouvements de contestation du colonialisme".

13 1930년 2월 10일 엔바이에서 베트남 민족주의당(VNQDĐ: Việt Nam Quốc Dân Đảng, le Parti nationaliste vietnamien)이 프랑스 식민주의에 대항하여 주도한 봉기.

인들을 프랑스가 두려워한다는 사실을 알고 있었다. 1931년 2월 23일, 식민부 장관인 폴 레이노(Paul Reynaud)는 "공산주의가 인도차이나로부터 프랑스를 축출하려 한다. 공산주의와 우리들 사이에 전쟁이 벌어지고 있다"고 언급했다. 알베르 사로(Albert Sarraut)가 1931년 간행된 그의 저서 『식민지의 영화와 구속』(*Grandeur et servitudes coloniales*)에서 고백했듯이 "식민화의 위기는 도처에서 발생했다." 하지만 이러한 두려움과 근심의 감정을 유발하는 요소들은 유럽과 프랑스의 식민화 업적에 대해 감탄하기 위해 초대된 방문객들에게는 철저하고 은밀하게 감추어져야만 했다.

그러나 1931년의 식민지박람회를 반대하는 다양한 이들은 자신들의 입장을 표명하는 데 주저하지 않았다. 공산주의자들은 「뱅센느의 식민주의자의 박람회 반대! 식민지 독립 찬성!」("Contre l'exposition colonialiste de Vincennes! Pour l'indépendance des colonies!")이라는 전단을 발행했으며, 초현실주의자들은, 앞에서 언급했듯이, 1931년 4월 30일, 「12명의 초현실주의자 단체에 의한 (전단), 식민지 박람회를 방문하지 마시오」("Ne visitez pas l'exposition Coloniale par le Collectif des douze surréalistes")를 배포했다. 인도차이나의 독립을 요구하며 파리의 인도차이나 학생들이 벌인 시위와, 대다수의 사회주의자들의 입장과는 반대로 인도차이나 학생들의 시위에 반대하는 사회당 기관지 『르 포퓔레르』(*Le Populaire*)지에 실린 사회당 당수 레옹 블룸(Léon Blum)의 1931년 5월 7일자 사설도 이러한 맥락에서 이해될 수 있었다.[14] 초현실주

14 Nicolas Bancel, "Un événement oublié de la république coloniale: 1931! Tous à l'Expo…", *Le Monde diplomatique*, janvier 2001.

의자들의 수장인 루이 아라공은 시모음집 『박해받는 자, 박해하는 자』(*Persécuté persécuteur*)에 수록된 「식민지박람회에 비가 내린다」("Il pleut sur l'Exposition coloniale"), 보다 정확히는 「뱅센느의 3월」("Mars à Vincennes")이란 시에서 식민지박람회의 비인간적인 측면을 묘사하며 분노했다.[15]

여러 프랑스 도시에서 식민지박람회에 반대하는 투쟁위원회들이 훨씬 효과적으로 행동한 것은 아마도 사실일 것이다. 그들은 모든 식민지인들에게 베트남어, 마다가스카르어, 프랑스어로 수록된 전단들을 배포했다. 이 전단들은 "제국주의 착취자의 유혈의 탄압", "비열함 아래 감추어진 완전한 위선인 문명화 사업"을 고발했다. 전단들은 "우리에 갇힌 식인종들, 쟁반에 오른 가슴을 드러낸 흑인 여성, 인력거 등과 같은 '야만'의 이름으로 전시되며 호기심을 자극하는 박람회"에 반대했다. 베트남어의 로마자 표기인 콕응우(quôc-ngu)로 기록된 전단들은 안남인들에게 "낯선 외부의 동물 무리처럼" 이용하기 위해 당신들을 이곳에 오게 했고, "동물원의 원숭이 무리처럼 당신들을 만들었다"는 사실을 알려 주었다.[16]

국제공산주의원조(Le Secours rouge international)[17]는 『식민지박람회의 실제 안내서』(*Le véritable Guide de L'Exposition coloniale*)라는 제목의 얇은 팸플릿을 발행했다. 프랑스의 문명화 업적이 몇 페이지에 걸쳐 묘사

---

15 http://zooshumains.blogspot.kr/2012/01/les-expositions-coloniales-vendre-du.html. (검색일: 2016. 7. 7)

16 Charles-Robert Ageron, "L'Exposition coloniale de 1931".

17 국제공산주의원조는 코민테른(Communist International)과 연관된 국제구호기구이다. 1922년 모스크바에서 창설된 국제공산주의원조는 국제적십자위원회(ICRC: International Committee of the Red Cross)의 정치적 대항마라 할 수 있다.

되기도 했지만, 이 책자는 특히 "주요 프랑스 식민지에서의 탄압"에 관한 명백한 수치와 폭력과 학살을 묘사하는 그림들로 구성되어 있었다. 프랑스 공산당은 인쇄된 수천 개의 스티커를 통해 프랑스 노동자들에게 "프랑스 제국주의는 식민지를 보존하고 착취하기 위해 싸운다. 하지만 프랑스 공산당은 식민지의 해방과 독립을 위해 싸운다", "식민지 인민들은 파시스트 총독을 원하지 않는다. 그들이 요구하는 것은 독립이다"라고 설명했다. 프랑스 공산당 기관지 『뤼마니테』는 1931년 4월 17일부터 "식민화로 인한 참혹한 폐해"를 고발했고, 뱅센느 박람회장에서 행해지는, 플로리몽 봉테(Florimond Bonte)의 표현을 빌리자면, "범죄의 예찬"을 비난하는 데 전력을 기울였다. 공산당 기관지는 "사회당 책임자, 그중에 기관지인 『르 포퓔레르』가 재정지원을 하고 뱅센느 박람회를 위한 끊임없는 선전활동에 공모했다고 비난하기도 했다. 6월 7일자 『뤼마니테』의 제목은 「최악의 식민주의자 곁에 있는 사회당 지도자들」("Les chefs S.F.I.O. aux côtés des pires colonialistes")이었다.[18]

파리 경찰청에 따르면 이 모든 반식민지박람회 캠페인은 완전히 실패했는데, 중간에 경찰이 빼돌린 프랑스 공산당의 보고서가 그 이유를 설명한다는 것이다. "파업에 영향을 준 나태와 조직적인 악의에 우리는 직면했다." 반식민주의는 1931년 공산당원들에게 유행하지 않았고, 사회주의자 노동자들은 식민지에서의 철수를 위한 프롤레타리아 연합전선의 호소에 귀를 기울이지도 않았다. 반면에 인도차이나 공산주의자들과 알제리 민족주의자들은 반프랑스 선전활동에서 가장 성공

18 Charles-Robert Ageron, "L'Exposition coloniale de 1931".

했다고 볼 수 있다. "알제리 독립운동의 아버지"라 불리는 메살리 하지(Messali Hadj)는 출간되지 않은 그의 『회고록』(*Mémoires*)에서 "식민주의자의 가면무도회"인 박람회는 그의 정당인 북아프리카의 별(Étoile nord-africaine)의 강화에 영향을 주었다고 기술했다.

4. 성과와 한계

1931년 뱅센느의 세계식민지박람회는 제국주의적 사고가 장려하고자 했던 식민지 신화가 해체되어 나가는 바로 그 순간에 제국주의적 시각과 식민주의 문화가 절정에 이르렀음을 확인시켜 주는 이국적인 정경의 연출이었다. 종종 식민지 역사에 있어 영화로운 시기로 평가되는 가운데, 1931년 식민지박람회는 절정에 달한 식민지의 숭고함과 완성된 식민주의 문화, 그리고 이후 30년 동안 탈식민화를 야기한 정치, 사회적 변화에 자리를 내준 제국주의적 프랑스의 불확실함 사이의 전환점이자 연결지점이었다.[19]

공산주의자들의 세력권에서 그들과 맞서 싸우기를 원했던 리요테 총사령관은 1931년 파리 세계식민지박람회장을 공산주의자 노동자 지구였던 파리 동쪽에 설치했다. 코민테른의 명령에 의해 작은 규모의 '안티 박람회'가 프랑스공산당과 통일노동총연맹의 후원 하에 뷔트쇼몽(Buttes-Chaumont) 공원에서 열렸다. 하지만 "식민지에 대한 진실"로

19 Pascal Blanchard et Sandrine Lemaire, *Culture coloniale*, p. 211.

명명된 이 박람회는 단체관람과 선전 등의 흥행을 위한 공산주의 조직들의 노력에도 불구하고 8개월 동안 5,000명 정도의 관람객만 동원할 수 있었다. 이 수치는 3천3백만 표가 판매되었고, 같은 방문객이 평균 4~5장 표를 구매, 사용한 것을 감안하면 거의 8백만의 관람객이 방문했던, 그중에는 4백만의 파리 시민, 3백만의 지방 시민 그리고 1백만의 외국인들이 포함된, 뱅센느의 세계식민지박람회의 방문객 수와 현저히 비교되었다.

60여 년 전에 백인들은 러디어드 키플링이 말했던 '식민지의 짐(fardeau colonial)'을 세계 곳곳에서 내려 놓았다. 그럼에도 불구하고 그들은 곳곳에서 비난받았고, 그들의 이전의 행위들은 반인륜범죄로 지탄의 대상이 되었다. 이후 이 시기를 떠올리는 일은 그들에게 힘겨워졌고, 현재까지도 여전히 그렇다. 식민주의 문화의 절정의 시기에 식민지 업적을 찬양했던 프랑스 공화국은 현재 식민지 과거를 기념할 수 있을까? 이러한 인식의 전환에 반식민주의 운동이 일정한 역할을 수행했다고 평가할 수는 없는 것일까? 1931년 식민지 이념이 절정에 다다랐을 때 파리 세계식민지박람회에 반대하는 이들의 당시에는 매우 미미했던 작은 외침들이 현재 큰 울림으로 다가오고 있는 것은 아닐까?

출처: 『뤼마니테』 (*L'Humanité*) 특집호에 실린 피카소 (Picasso)가 그린 앙리 마르탱 (Henri Martin)의 초상화, 1953.

9장

문화적 행위를 통한 반전(反戰)운동: '앙리 마르탱(Henri Martin) 사건'을 중심으로

9장

문화적 행위를 통한 반전[反戰]운동: '앙리 마르탱 사건'을 중심으로*

1. 인도차이나전쟁과 반전문화

1946년부터 1954년까지, 8년 이상의 오랜 기간 동안, 프랑스인들에게는 식민지 재정복을 위한 전쟁이요, 인도차이나인들에게는 식민지 해방 전쟁인 '인도차이나전쟁(guerre d'Indochine)'이 발발했다. 실질적으로 베트남에서만 이루어지는 이 전쟁은 프랑스 제국의 와해를 초래하는 일련의 분쟁의 첫 번째를 장식하게 되었다. 그런데 인도차이나전쟁은 프랑스인들에게는 '머나먼 전쟁(guerre lointaine)'이었고 인기 없는 전쟁이었다. 전쟁 초기의 전반적인 무관심과 인도차이나의 미래에 대한 낙관론은 후반기로 가면서 평화에 대한 열망에 자리를 내주는 양상을

* 이 글은 「문화적 행위를 통한 반전운동: '앙리 마르탱(Henri Martin) 사건'을 중심으로」, 『역사와 문화』, 9호(2004. 12)를 수정, 보완한 것이다.

보이게 되었다. 계속되는 크고 작은 전투의 패배와 전쟁과 관련된 추문들이 생기고 다른 '해외 영토(outre-mer)'에도 영향을 미칠 수 있다는 불안감이 많은 프랑스인들로 하여금 전쟁의 의미와 근거에 대한 의문을 제기하게 하였던 것이다.[1]

이러한 상황 속에서 인도차이나전쟁 5년차인 1950년부터 3년여 동안 프랑스 공산주의자들의 주도로 시작되는 반전[反戰]활동은 전쟁을 비판한 행동으로 인해 감옥에 갇히게 된 한 젊은 선원의 경우를 프랑스인들에게 알리게 되었다. 그의 이름은 앙리 마르탱(Henri Martin)이었다. 1950년 10월과 1951년 7월, 2번에 걸친 재판을 통해, 전쟁에 반대하고 베트민(Vietminh) 저항군에 공감을 표명한 행위로 유죄판결을 받은 이 공산주의자 투사에 대한 변호는 처음에 공산주의자들과 공산당 산하 노동조합인 노동총연맹(CGT: Confédération générale du travail)이 떠맡았었다. 1947년 이후 전 세계적으로 냉전[冷戰]의 기운이 감돌기

1 1947년에서 1954년 사이, 인도차이나전쟁에 대한 프랑스 여론의 동향은 다음과 같다.

인도차이나에서 어떤 정책을 취해야 할 것이라고 생각하는가?

	47년 7월	49년 7월	50년10월	53년 5월	54년 2월
질서를 회복하고 증원군을 보낼 것	37%	19%	27%	15%	7%
베트민과 협상을 할 것	15%	-	24%	35%	42%
인도차이나를 포기하고 군대를 소환할 것	-	11%	18%	15%	18%
좀 더 단호해지던가, 아니면 포기할 것	-	2%	3%	4%	2%
U.N.이나 미국에 도움을 요청할 것	-	-	8%	6%	1%
다른 방안들	5%	5%	-	2%	1%
무응답	21%	25%	20%	23%	29%

출처: Sondages : Revue française de l'opinion publique, 1947-1954.

시작할 즈음부터 베트남의 '식민지해방전쟁'을 지지하고 있었던 공산당과[2] 그 추종단체들은 인도차이나전쟁에 반대하는 상징적인 인물로 앙리 마르탱을 선택했던 것이다. 그런데 앙리 마르탱에 대한 석방운동은 비단 공산주의자들뿐만이 아니라 당시 반전[反戰]운동에 앞장섰던, 공산주의와는 관계가 먼, 장폴 사르트르(Jean-Paul Sartre)와 다수의 좌파 지식인들, 그리고 이데올로기를 초월한 인권연맹(Ligue des Droits de l'homme)과 같은 단체 등에 의해서도 진행되었으며, 이들의 지지는 결국 1953년 8월 이 젊은 피고인의 석방을 가능하게 하였다.

여기서 한 가지 주목할 만한 사항은 앙리 마르탱의 석방운동과 관련해서는 수많은 다양한 형태의 집회와 시위가 있었고, 그것은 인도차이나전쟁 기간 동안에 나타났던 유일한 일종의 문화적 행위였다고도 볼 수 있다는 점이다. 프랑스 전역에 걸쳐 많은 벽들과 거리 곳곳에 그의 초상화가 그려졌고, 앙리 마르탱을 석방하라는 구호가 새겨졌다. 거리들 이름에 그의 이름이 붙여졌고, 전쟁에 반대하는 그의 용기 있는

2 제2차 세계대전 직후, 인민공화운동(MRP: Mouvement républicain populaire), 사회당(SFIO: Section française de l'internationale ouvrière)과 함께 가장 중요한 정치 조직으로 부상한 프랑스 공산당은 '3당 체제(tripartisme: 3당이 협력하여 국정을 운영하는 정치체제)'라는 새로운 정치형태를 구성하는 일원으로서, 협약을 맺은 다른 정치세력들과의 관계 하에서 정책을 논의하고 결정해야 하는 한계를 지니고 있었다. 과거 공산주의자들이 지향했던 완강한 반[反]식민주의는 '국가적 대의' 앞에서 완화되고 제한될 수밖에 없었던 것이다. 라마디에(Paul Ramadier) 정부로부터 다섯 명의 공산당 장관들이 1947년 5월 5일 축출되고, 전 세계적으로 냉전의 기운이 감돌기 시작할 즈음부터 우리는 '공산주의적 라벨'을 보다 분명히 감지할 수 있게 되었다. 정부에 속함으로 인해 강제되었던 많은 제한들로부터 벗어난 공산당은 이후 인도차이나전쟁에 반대하는 맹렬한 선전활동을 전개해 나가게 되었다. Jean-Jacques Becker, *Histoire politique de la France depuis 1945* (Paris: Armand Colin, 1988), p. 35.

행동을 찬양하는 시와 노래가 지어졌으며, 만화도 그려졌다. 심지어는 구속된 그의 생애를 이야기로 다룬 희곡이 발표됐고, 4막 18장으로 구성된 연극으로 무대에 오르기도 하였다. 이러한 문화적 행위는 비록 공산당이 주도했지만, 결과적으로는 그 범위를 넘어 보다 다양한 계층의 사람들을 참여시킴으로써 많은 프랑스인에게 전쟁의 부당성과 부조리함을 알리는 역할을 하였던 것이다.

이 장의 목적은 문화, 혹은 문화적 행위가 전쟁에 미친 영향이 무엇인지를 살펴보는 것이다. '앙리 마르탱 사건'이라는 구체적 주제를 매개체로 하여 그의 석방운동과 관련해서 표출된 다양한 문화적 행위들이 어떤 모습으로 전개되며, 그것이 여론의 향방에, 그리고 앞으로 전개될 전쟁의 양상에 끼친 영향이 무엇인지를 고찰해 보고자 하는 것이다. 그런데, 앞으로 살펴보겠지만, '앙리 마르탱 사건'은 인도차이나전쟁이라는 틀 안에서, 더 나아가 당시 냉전체제 하에서 공산주의자들에 의해 주도되는 '평화를 위한 투쟁'이라는 틀 속에서 전개되었다는 사실을 발견할 수 있다. 이러한 맥락에서, 2장에서는 '앙리 마르탱 사건'이 발생하게 된 배경을 먼저 살펴보고 이 사건의 구체적 내용에 대해서도 조사해 보도록 하겠다. 3장에서는 앙리 마르탱이 갖는 상징성을 고찰해 보고, 그의 석방운동과 관련하여 나타났던 다양한 문화적 행위들을 소개해 보겠다. 4장에서는 특별히 이러한 문화적 행위 중 앙리 마르탱 석방운동에 있어 매우 중요한 계기가 되었다고 평가되어지는 '툴롱의 비극(Drama à Toulon)'이라는 제목의 연극에 대해 살펴보고, 마지막 결론 부분에서 이러한 모든 문화적 행위들이 갖는 의미와 역할을 검토해 보도록 하겠다.

2. '평화를 위한 투쟁'과 '앙리 마르탱 사건'

1948년 8월, 폴란드의 브로츠와프(Wroclaw)에서 소련인들은 '세계 지식인 평화 회의'를 개최하였다. 이 모임으로부터 "각국의 공산당을 중심으로 세계 평화유지에 관심 있는 모든 양심적인 세력들을 규합"한 '평화 운동(Mouvement de la Paix)'이라는 단체가 탄생하게 되었다. 그것은 '미제국주의'와 그 동맹국들에 대항하여 소련과 소련권을 방어하기 위한 새로운 전술의 일환으로 탄생한 것이었다. 때는 바야흐로 현대의 역사가 냉전이라는 이름으로 기억하는 국제적인 긴장관계가 시작되고 있던 시기였다.

프랑스에서는 1948년 12월, '자유와 평화의 전사들의 운동(Mouvement des Combattants de la Liberté et de la Paix)'이 공식적으로 탄생했다. 이 단체는 과거 레지스탕스 운동에 참여했던 인물들을 중심으로 진보주의자, 공산당의 동반자, 좌파 기독교인 등 다양한 계층들이 참여하면서 구성되었지만, 얼마 지나지 않아 공산주의자들의 통제 하에 놓이게 되었다. 1949년 2월 프랑스 공산당 센(Seine) 지역 연맹 회의에 모인 대표자들 앞에서 당서기장인 모리스 토레즈(Maurice Thorez)는 평화에 관한 첫 주요한 연설을 발표했다.[3] 이후로 당 전체가 동원되기 시작하며, '평화를 위한 투쟁'은 수년에 걸쳐 공산당의 핵심문제로 등장하게 되었다. 공산당의 모든 선전활동은 원자폭탄의 금지(스톡홀름 선언), 독일의 재무장 거부(유럽방위공동체)와 같은 문제로부터, '평화적 공존의 존중'과

---

3 Maurice Thorez, "Union pour sauver la paix", 프랑스 공산당 발간 소책자, 1949.

'더러운 인도차이나전쟁'(Sale guerre d'Indochine)에 대한 고발에 이르기까지, 이 주제와 연관되어 진행되었다. '평화'라는 용어는 공산주의자들의 의사를 전달하는 확실한 수단으로 이데올로기 차원을 넘어 많은 사람들을 동원하는 기능을 하게 되었던 것이다.

'평화를 위한 투쟁'이라는 틀 속에서 프랑스 공산당과 그 추종단체들, 특히 노동총연맹, 프랑스 공화청년연합(UJRF: Union des jeunesses républicaines de France), 평화의 전사들(Combattants de la Paix), 그리고 프랑스 여성연합(UFF: Union des femmes françaises) 등이 인도차이나전쟁에 반대하는 운동을 전개해 나갔다. 전쟁 초기에 본질적으로 '식민지 전쟁'의 성격을 띠었던 인도차이나전쟁은 1949년 말 중국에서 공산당이 정권을 잡고, 중국과 소련 등 공산권 국가들에 의해 북부 베트남 지역을 장악한 호치민(Ho Chi Minh)의 베트민(Vietminh) 정부가 승인되며, 미국 등의 서방세계에 의해 남부 베트남의 '바오 다이(Bao Dai) 체제'[4]가 인정되면서 반[反]공산주의 운동의 성격을 띠게 되었다. 이 시기부터 1954년 7월 종전[終戰]까지, 인도차이나 지역은 서구 진영과 공산 진영 사이의 냉전의 전초기지로 변하게 되었다. 프랑스 공산당은 베트남의 공산주의자들이 주도하는 '민족해방전쟁'에 이념적으로 동조하며 호치민과 그의 동료들의 입장에서 전쟁을 비판하였다.

---

4 1948년 6월, 프랑스는 호치민의 베트민 정부에 대항하는 민족주의 정권을 수립하여 이와 협상하고자 했는데, 이때 등장하는 것이 응우옌[阮朝] 왕조의 마지막 황제인 바오 다이(Bao Dai: 保大)를 주석으로 하여 친[親]프랑스 정부를 세우려는 이른바 '바오 다이 해결책(solution Bao-Dai)'이었다. 이로 인해 성립된 정치체제를 '바오 다이 체제'라 부른다. 바오 다이와 관련해서는, S.M. Bao Dai, *Le dragon d'Annam* (Paris: Plon, 1980)을 참조할 수 있다.

1949년 5월부터 이미, 프랑스의 공산주의자들은 "인도차이나전쟁에 한 명의 사람도 (보내지 말고)!, 한 푼의 비용도 (사용하지 말자)!"라는 구호를 외치기 시작했다. 1949년 12월, 공산당 지도부는 평화를 위한 투쟁을 발전시킬 방안을 간구하기 위하여 소집되었는데, 공산당 언론 사무국장인 에티엔 파종(Etienne Fajon)에 의해 소개된 보고서 서문은 "현 시점에서 가장 본질적인 과업인 평화를 위한 투쟁은 모든 민주세력들의 의무이다"라는 점을 명백히 밝혔다.[5] 이 모임에서 처음으로 베트남에서의 전쟁에 사용될 전쟁물자의 제조와 운송과 적재에 반대하는 투쟁이 공산당의 가장 중요한 임무처럼 소개되었다. 결국, 1949년 이후부터 공산주의자들은 '더러운 전쟁(sale guerre)'[6]에 반대하며 '인도차이나의 평화'를 위한 적극적인 선전활동을 진행해 나갔다. 공산당은 부두노동자들의 파업과 철도 종사원들의 투쟁을 선동하며, 전쟁물자 생산에 대한 태업을 종용하고, 물자수송을 방해하고, 부대의 출발에 반대하는 시위를 하며, 프랑스 원정군의 '잔학행위'를 비난했다. 그러한 가운데서 전쟁 반대 유인물을 배포한 혐의로 체포된 젊은 공산주의자 선원인 앙리 마르탱의 석방을 위한 선전활동은 점점 더 그 규모를 더해 가

5 *L'Humanité*, 1949년 12월 10일.

6 인도차이나전쟁 당시 종종 사용되었던 '더러운 전쟁'이라는 표현은 프랑스 공산주의자들에 의해 처음 사용되지는 않았지만, 그들에 의해 대중화되었다. 이 표현을 처음 사용한 사람은 미국의 순회대사인 윌리암 벌리트(William Bullitt)로 추정되며 [(1947년 12월 29일자 『라이프』(*Life*)지에서], 프랑스에서는 『르몽드』 편집장인 보브메리(Hubert Beuve-Mery)가 1948년 1월 17일자 『한 주의 세계』(*Une semaine dans le monde*)라는 주간지에서 처음으로 인용하였다. 공산당이 이 표현을 처음으로 사용한 것은 원로 국회의원인 마르셀 카생(Marcel Cachin)의 1947년 1월 21일자 공산당 기관지 『뤼마니테』 기사를 통해서였다.

게 되었다. 이 운동을 통해 공산주의자들은, 비록 대규모 민중투쟁으로까지 승화시키지는 못했지만, 인도차이나전쟁에 반대하는 여론을 점점 더 결집시킴으로써 그들의 영향력을 어느 정도 확대해 나갈 수 있었다. 그럼 인도차이나전쟁 기간 중 프랑스 국내에서 진행된 반전운동의 상징처럼 인식된 '앙리 마르탱 사건'에 대해 보다 구체적으로 살펴보도록 하자.

1927년 1월 23일, 셰르(Cher) 도[道]의 로지에(Rosière)에서 공산당 당원인 기계조립공 아버지와 열성적인 가톨릭 신자인 어머니 사이에서 태어난 앙리 마르탱은, 제2차 세계대전이 한창인 1944년, 레지스탕스의 한 분파로 대부분의 구성원들이 공산주의자들인 프랑스 의용군(FTP: Francs-Tireurs et partisans)에 가담하여 부르주(Bourges) 해방과 로양(Royan) 공략에 참가했다. 1945년 6월 1일 '(독일의 동맹국이었던 일본에 대한) 반파시스트 운동을 계속할 목적'으로 5년 기한으로 해군에 입대한 그는 1945년 10월 17일, 소형 쾌속 전투함인 슈브뢰이(Chevreuil)호[號]에 몸을 싣고 "일본인 잔당들과 약탈자들"[7]을 무찌르러 인도차이나로 향했다.

인도차이나에서 앙리 마르탱은 조금씩 프랑스가 식민지 재정복을 위해 행한 전쟁의 실체와 마주했다. 그곳에서 그의 병역 지원을 결심케 했던 동기와 현실 사이의 괴리를 발견하면서 그는 세 번에 걸쳐 조국에 봉사하기 위해 맺었던 계약의 파기를 신청했다. 1948년 툴롱(Toulon)

7 그의 가족에게 앙리 마르탱이 보낸 날짜가 명기되지 않은 편지 중에서. 앙리 마르탱 사건 관련해서는 Jean-Paul Sartre, *L'affaire Henri Martin* (Paris: Gallimard, 1953)과 Hélène Parmelin, *Matricule 2078* (Paris: Ed. Français Réunis, 1953)을 참조할 수 있다.

항[港]의 병기고 연료시험장에 배치된 그는 1949년 11월 1일, 하사 계급의 기관사로 임명되었다. 이 기간에 앙리 마르탱은 프랑스 공산당 바르(Var) 도[道] 연맹과 접촉하고, 여러 공산주의자들 그리고 공산당의 동조자들과 접촉을 가졌다. 그는 인도차이나전쟁에 반대하는 전단을 선원들과 병기고에서 일하는 노동자들에게 배포하면서 반군국주의 선전 활동을 행하게 되었다. 1950년 3월 14일, 그는 체포되고, 사법당국은 그가 1949년 7월부터 "베트남에서의 전쟁의 부당성을 밝힐 목적으로 여러 문건과 팸플릿을 작성, 배포하기 시작했다"[8]고 발표했다. 기소장에 의하면, 1년도 안 되는 기간 동안 앙리 마르탱에 의하여 직접 작성되거나 그의 사주에 의해 작성된 문건만 16건에 이르고, 선전 활동에 사용한 다양한 장비들도 발견되었다고 했다. 또한 병기창에 이르는 도로와 벽, 심지어는 병기창 내부에 "베트남에 평화를"이라는 구호를 곳곳에 적어 놓는 행위에도 앞장섰다고 했다. 이 같은 연유로 앙리 마르탱은 툴롱의 해군재판소로 소환되는데, 그의 죄목은 군대의 사기저하에 영향을 준 혐의, 그리고 항공모함인 딕스뮤드(Dixmude)호의 사보타주를 공모한 혐의였다.[9]

---

8 Alain Ruscio, *Les communistes français et la guerre d'Indochine, 1944–1954* (Paris: L'Harmattan, 1985), p. 268.

9 사건의 내막은 이러하다. 툴롱의 병기고 연료시험장의 수병장인 아임뷔르게르(Charles Heimburger)가 베트남으로 출항 예정인 항공모함 딕스뮤드호의 스크루 받이에 다량의 모래를 뿌린 사실이 발각되었는데, 그는 사건의 공모자로 또 다른 수병장인 리에베르(René Liébert)와 앙리 마르탱을 지목하였다. 리에베르 역시 사보타주를 위한 사전모의 때 앙리 마르탱이 참가했다고 말하였으나, 앙리 마르탱은 이러한 사실을 몰랐으며, 이러한 '과격하고 직접적인 행동' 방식은 자신의 견해에 반[反]하는 것이기에 사보타주에 참여하지 않았다고 주장하였다. 결국 1950년 10월 툴롱의 재판에서 딕스뮤드 호의 사보타주 부분에 대해서는 앙리

결국 툴롱과 브레스트(Brest)에서의 두 번의 재판 후에 앙리 마르탱은 5년형과 군사 강등을 선고받았다. 사보타쥬 공범에 대한 혐의가 무죄로 판결된 상태에서 단지 전단을 배포했다는 이유로 5년형이 선고된 것은 지나치게 보였다. 이 같은 이유로, '앙리 마르탱 사건'은 반전의 내용을 담은 전단 배포에 대한 단순한 처벌 이상의 의미를 내포했다고 이해되었다. 인도차이나전쟁에 반대하는 공산당과 그의 동조세력들, 더 나아가 그로 인한 여론의 변화 가능성을 사전에 차단하려는 정부의 입장을 표명한 사건으로도 볼 수 있다는 것이었다. 이러한 견지에서 혹자는 이후 전개될 앙리 마르탱에 대한 재판이 결국은 프랑스 공산당에 대한 재판을 의미하는 것이라고 주장하기도 했다. 다시 말해 전 세계가 자본주의와 공산주의 사이에서 각자의 진영을 선택해야만 했던 시기에, 미국 주도의 자본주의 진영을 선택한 프랑스의 입장에서는 '내부의 적'을 경계할 필요가 있었고, 국가가 주도하는 전쟁에 반대하는 세력을 제거할 필요도 있었다는 것이다.

3. 앙리 마르탱 석방운동

앙리 마르탱의 체포 후, 그에 대한 석방운동이 공산당을 중심으로 전개되었다. 프랑스 공산당은 센(Seine) 도[道] 의원인 앙드레 마티

마르탱의 무죄가 선고되었다. Jean-Marc Théolleyre, *Ces procès qui ébranlèrent la France* (Paris: Grasset, 1966). pp. 99~100.

(André Marty)의 주도 하에 앙리 마르탱을 '순교자'로 삼고자 했다. 아마로 이 시기 공산당 지도부는 앙리 마르탱 사건이 당시 공산당이 행하고 있던 두 개의 중요한 투쟁 – 즉 베트남에서의 전쟁 반대와 정부의 탄압에 반대하는 투쟁[10] – 을 돕는 좋은 수단이 될 것이라고 전망했던 것 같다. 그렇다면 왜 앙리 마르탱인가? 라고 질문을 던질 수 있을 것이다. 정확히 같은 시기에 프랑스 도처에서 인도차이나전쟁에 반대하는 많은 '투사'들이 체포되었고, '평화의 전사들'에 대한 재판이 진행되거나 예정되어 있었는데 말이다. 이 같은 선택의 본질적인 이유는 앙리 마르탱의 경우가 다른 어떤 경우보다도 공산주의자들의 '선전'을 위한 좋은 사례가 될 수 있다는 믿음 때문이었다. 16세의 젊은 반나치(anti–nazi) 레지스탕스 운동가였고, 어떤 위험도 두려워하지 않고 모든 전투에 자원하였으며, 아시아에서 반파시스트 투쟁을 계속하기 위해 지원하였으나 곧이어 프랑스가 자행한 '식민지 전쟁'의 실체에 역겨워하며 다시 귀환한 점과 그가 생각하는 이상과 자유를 위해 책임 있는 행동을 하는 '평화의 투사'로서 앙리 마르탱은 베트남에서의 전쟁에 반대하여 투쟁하는 영웅의 조건을 정확히 갖추고 있다고 공산당은 판단했던 것이다. 물론 공산당은 앙리 마르탱에 대해 어느 정도의 정치적인 확신을 갖고자 했다. 마르탱이 체포되기 이전에 이미 그가 태어났던 셰르 도와 반전활동을 전개했던 바르 도의 공산당 연맹 지도자들과 프랑스 공화주의청

10 냉전 체제 하에서 미국 주도의 자본주의 진영을 선택한 프랑스는 국내 공산주의 세력의 확산을 막고, 그들의 세력을 분쇄키 위해 공산당에 대한 대대적인 탄압을 인도차이나전쟁 기간 동안 수행했다. 프랑스 정부의 공산당 탄압에 대해서는 Alain Rusio, *La guerre française d'Indochine* (Paris: Editions Complexe, 1992), pp. 120~121를 참조할 수 있다.

년연합의 사무국장인 장 메로(Jean Mérot)는 그와 함께 활동했고, 의견을 교환했다. 그들은 마르탱이 베트남에서의 전쟁 반대 투쟁을 발전시키는 데 필요한 버팀대가 되기 위한 필요한 능력을 갖추고 있다고 판단했다.[11] 결국 프랑스 공산당은 마르탱에게서 인도차이나전쟁에 반대하는 투사이자 국민적 영웅이 될 소지가 있는 모든 요소들을 발견하게 되었다. 갸름하고 호감을 주는 금발머리의 잘생긴 청년에다, 이론적으로 잘 무장한 확실한 공산주의자였으며, 그를 이용한 공산당의 선전운동에 대해서도 흔들림 없이 잘 견뎌 내리라 생각했던 것이다. 결국 프랑스 공산당 지도부는 당시 반전활동으로 감금된 모든 사람들 가운데 앙리 마르탱, '자유의 선원'을 그들 선전의 표본적인 인물로 선택했다.

1950년 4월 5일, 앙리 마르탱이 체포된 지 3주가 지난 후 처음으로, 『전위』(*Avant-Garde*)라는 제목의 공산당 청년 주간지의 일면 전체는 "툴롱의 일곱 명의 선원을 감옥으로부터 건져내자"라는 커다란 제목으로 채워졌다. 그것은 앙리 마르탱 석방운동의 서곡을 알리는 것이었다. 7월 중순에 이르러 이 운동은 전국적 규모로 확산되었다. 7월 13일 공산당 기관지인 『뤼마니테』는 앙리 마르탱의 석방을 위한 전국적 규모의 시위를 촉구했다. 7월 17일, 앙드레 마티의 기사[12]를 통해 처음으로 프랑스 공산당 지도부도 움직이기 시작했다. 8월에는 앙리 마르탱이 감금된 교도소 담장 앞에서 시위 집회가 열렸다. 1950년 9월, 공산당 서기장인 모리스 토레즈가 "감옥으로부터 레이몽드 디엔(Raymonde

---

11 Alain Ruscio, *Les communistes français et la guerre d'Indochine*, p. 271.

12 André Marty, "Il a bien agi contre la guerre au Vietnam. Sauvez-le!", *L'Humanité*, 1950년 7월 17일.

Dien)[13]과 앙리 마르탱을 구출해 내자"고 호소했다. 같은 달, 『뤼마니테』의 칼럼에 엘렌 파르믈렝(Hélène Parmelin)의 탐방 기사가 개제되기 시작했다. 이 시기부터 앙리 마르탱이 석방되는 1953년 8월까지, 이 여기자는 매일 앙리 마르탱의 석방운동에 관련된 기사를 실었다. 1950년 10월 2일, '평화 운동'의 지도부 인사인, 루씨 오브락(Lucie Aubrac), 엠마뉴엘 다스티에(Emmanuel d'Astier), 이브 파르즈(Yves Farge), 샤를르 티옹(Charles Tillon) 등은 "툴롱의 검사들은 프랑스인들의 눈이 그들을 향해 있다는 것을 알아야 할 것이다"[14]라고 경고했다. 재판이 있기 며칠 전, 모든 공산당 관련 언론들은 이 사건을 "베트남의 평화를 위한 위대한 투쟁의 순간"으로 삼자고 호소했다.

재판 기간 중에도, 프랑스 공산당은 당원들을 모집하여 선전 활동을 지속했다. 강연, 유인물 배포, 신문 호외, 공공집회 등, 이 해군하사에 호의적인 여론을 조성하기 위한 모든 방법들이 동원되었다. "앙리 마르탱을 석방하라!"는 격문과 그의 초상화가 프랑스 전역의 담벼락에 붙여졌다. '평화의 지지자들(Partisans de la Paix)'은 버스를 세내어 툴롱으로 시위대를 실어 날랐다. 공산주의 경향의 노동조합인 노동총연맹은 공장들마다에 파업을 종용했고, 그러한 지시는 어느 정도 효과를 거두었다. 또한 앙리 마르탱의 석방을 위한 선전 활동은 야외 집회라는 새로운 형태의 모임을 창출해 내기도 했다. '카페 테라스' 한가운데 의자를 가져다 놓고 그것을 임시변통의 연단으로 사용하며 지나가는 행

13 인도차이나전쟁물자 운송을 방해한 혐의로 구속된 공산당 여성당원. 1950년 12월에 석방됨.

14 *L'Humanité*, 1950년 10월 2일.

인들에게 연설하기도 했다. 그러한 행위들은 경찰이 올 때까지 계속되었다.

공산당 지도부의 선전활동에 더하여, 베트남에서 사망한 병사들의 어머니들이 포함된 '프랑스 공산당국민위원회'의 주도하에 '부당한 판결'에 반대하는 여러 위원회가 설립되었다. 당연하게도, 앙리 마르탱의 출생지역인 셰르 도에서 이 젊은 선원의 석방을 위한 '지역위원회'가 처음으로 탄생하였다. 1950년 9월에는, 재판이 열렸던 바르 도에서 '앙리 마르탱 지지와 무죄석방을 위한 통합위원회'가 설립되었다. 1951년 초가 되면 기존에 존재했던 많은 위원회들이 하나로 통합되어 부슈뒤론(Bouches-du-Rhône) 도의 공산당 상원의원인 레옹 다비드(Léon David)를 의장으로 하는 '앙리 마르탱 지지 국민위원회'가 탄생했다. 비록 공산당이 결정적인 역할을 담당하기는 했지만, 이 위원회에는 정의가 실현되기를 원하면서 툴롱과 브레스트의 판결을 거부했던 다양한 정치적 견해를 가진 인물들도 포함되어 있었다.

거의 모든 저명한 공산주의 성향의 지식인들 역시 앙리 마르탱의 석방운동에 참여했다. 피카소(Pablo Picasso), 장 뤼사(Jean Lurçat), 페르낭 레제(Fernand Léger), 푸즈롱(Fougeron) 등과 같은 화가들은 이 젊은 선원의 초상화를 그렸으며, 화가인 에두아드 피뇽(Edouard Pignon)의 경우, 베트남 여인과 그의 아이가, 자신의 아이의 손을 잡고 있는 프랑스 여인과 나란히 서있는 모습을 그리기도 하였다. 이러한 작품들은 1952년 3월, 파리에서 열린 '앙리 마르탱을 위한 증언들'이라는 제목의 전시회에서 소개되었다. 이 중에서 가장 회자되는 피카소가 그린 앙리 마르탱의 초상화는 그의 석방에 호의적인 모든 언론에 의해 수차례에 걸쳐 반복해서 개제되기도 하였다. 여기에 덧붙여 앙리 마르탱에 바치는 수십 편의 시와 작품들이 당시의 인기 작가들과, 폴 엘뤼아르와 같은 명망이 높은 공산주의 지식인들에 의해 발표되었다.

공산주의와는 관계가 먼 저명한 지식인들과 유력 인사들의 석방운동도 눈에 띄었다. 작가인 장 콕토(Jean Cocteau), 시인인 프레베르(Jacques Prévert), 뱅상(Vincent), 프티(Petit), 비아르(Viard), 튀베르(Tubert) 등과 같은 육군 장성, 해군 장성 물랙(Moullec), 해군 대령 출신의 에롱 드 빌포스(Héron de Villefosse), 화가 마티스(Henri Matisse) 등과 같은 인물들이 앙리 마르탱의 무죄를 주장하며, 석방을 요구했다. 이들 중, 1952년부터 1956년 사이에 '공산당의 동반자(compagnon de route du Parti communiste)'였던, 장폴 사르트르는 가장 대표적인 인물로 손꼽힌다. 1952년, 그는 클로드 루와(Claude Roy)와 장 생트롱(Jean Chaintron)의 권유를 수락하고 앙리 마르탱 석방 운동에 참여하게 되었다. 탄원서를 작성하고 미팅에 참여하면서 그는 열정적인 활동을 펼쳤는데, 심지어는 공산주의자들과 함께 시위에 참가하기도 하고, 1953년 갈리마르(Gallimard)출판사에서 출판되는 앙리 마르탱을 옹호하는 내용의 『앙리 마르탱 사건』(*L'affaire Henri Martin*)이라는 공동저서를 집필하기도 했다. 이 책에서 사르트르는 인도차이나전쟁에 반대하며, 전쟁을 통해 이익을 취하고 있다고 생각하는 "장관들, 해군 장성들, 육군 장성들, 신문 편집장들, (인도차이나 화폐인) 피아스트르(pistres) 밀매자들, 부패하고 빌어먹을 모든 짐승 같은 인간들"을 비난했다.

사르트르는 또한 앙리 마르탱의 석방운동이 공산당만이 참여하는 선전활동에 불과하다는 일부의 비판을 부정하며 그것이 대중운동으로까지 승화되었다고 주장하였다.

> 당신은 공산당이 언론을 통한 캠페인을 벌이지 않았다면 앙리 마르탱 사건은 존재하지 않았다고 말할는지 모른다. 어떻게 그럴 수 있는가? 공산당에 의해 앙리 마르탱 사건이 여론에 알려졌고, 공산당 신문과 공산당이 주도하는 시위를 통해 대중적인 분노가 표출되었다는 사실을 아무도 부정하지 않는다. 그래서 어쨌단 말인가? 바위에서 보리를 자라게 할 수는 없는 것이고, 무관심한 사람들로부터 분노를 표출시킬 수는 없는 것이다. 성공하고 있는 캠페인은 우리들 자신들로부터 나온 것이고, 우리들의 입장과 감정을 반영하는 것이다. 앙리 마르탱에 호의적인 캠페인은 프랑스에 수백만의 사람들이 그가 결백하다고 생각한다는 것을 의미하는 것이다.[15]

브레스트(Brest)에서의 최종판결이 있은 후에 저명한 지식인들은 뱅상 오리올(Vincent Auriol) 대통령에게 앙리 마르탱의 사면을 요청하기도 하였다. 전보와 탄원서, 대표단 등이 거의 매일 대통령궁인 엘리제궁에 도착했다. 1952년 1월 초, 앙리 마르탱의 사면을 요청하는 대표단을 이끌 아트만(Henri Hartmann) 교수가 급작스럽게 사망하자 사르트르가 개인 자격으로 대통령을 면담한 자리에서 일단의 지식인들이 작성하고 서명한 편지를 전달하였으며, '앙리 마르탱 변호 대학위원회(Comité universitaire de défense d'Henri Martin)'의 의장인 부기뇽(Georges Bourguignon) 박사 역시 대통령을 면담했다.

---

15 Jean-Marc Théolleyre, *Ces procès qui ébranlèrent la France*, p. 114에서 재인용. Jean-Paul Sartre, L'affaire Henri Martin 참조.

이러한 전통적인 방식에 더하여, 앙리 마르탱의 석방운동은 관례적이지 않은 여러 다양한 형태의 문화적인 행위를 통해 이루어졌다. 1951년 5월, 센 도와 센에와즈(Seine-et-Oise) 도의 제련업자들로 구성된 노동총연맹연합(Union CGT)은 공산당 신문인 『리베라시옹』(*Libération*)의 후원 하에 '앙리 마르탱 배 자전거 경주대회'를 개최하였다. 경주가 있는 날 경찰들이 출동했으나, 노동총연맹 관련 신문들은 그럼에도 불구하고 경기는 열렸다고 자랑스럽게 보도했다. 언론 역시 새롭고 독창적인 방법을 동원하여 석방운동에 동참하였는데, 노동총연맹 기관지 『노동자의 삶』(*La Vie Ouvrière*)과 공산당이 발간하는 월간지 『시선들』(*Regards*)과 같은 정기간행물들은 앙리 마르탱의 삶을 만화로 출간하기도 했다. 앙리 마르탱을 기리며 작곡된 노래들 역시 이 젊은 선원의 대중화에 기여했다. 종종 인도차이나전쟁에 반대하여 수감된 '공산당원 여전사'인 레이몽드 디엔(Raymond Dien)과 연관되어 소개되는 앙리 마르탱은 문학적 가치는 대단하지는 않지만 그 파급력은 엄청난 많은 작품 속에서 영웅의 이미지로 묘사되었다. 당시의 목격자들이 아직까지도 기억하는 앙리 마르탱을 위한 대표적인 노래를 소개하면 다음과 같다.

> 앙리 마르탱, 레이몽드 디엔 (반복)
> (그들은) 우리들이 베트남인들을 죽이는 것을 원치 않는다네 (반복)
> 그들은 너무도 평화를 사랑하는데
> 판사들의 눈에 그들은 용의자라네 [……]
> 앙리 마르탱은 재판에서 말하길 (반복)
> 나는 프랑스의 선원이다 (반복)

나는 나의 조국을 사랑한다
(조국을) 배반하는 것은 (바로) 장관들이다.[16]
너를 감옥으로부터 구해 낼 것이다
앙리 마르탱! 앙리 마르탱!
도시와 시골에서
우리는 경종을 울릴 것이다.
도처에서 우리는 (큰 소리로) 외칠 것이다 : 경계하라!
그의 감옥 문이 (반복)
열리지 않는 한
우리들의 가정에 기쁨도 평화도 없을 것이다.[17]

또한 노동총연맹이 창설한 파리대중합창단(La Chorale populaire de Paris)은 세르즈 니즈(Serge Nigg)와 프랑수와 모노(François Monod)가 작곡한 '앙리 마르탱을 위한 칸타타'를 여러 모임에서 부르기도 하였다. 그러나 이러한 캠페인과 관련되어 전개되었던 많은 문화적 행위와 시도 중 가장 많이 알려지고 사람들에게 크게 영향을 미쳤던 것은 한 젊은 극단에 의해 창작된 '툴롱의 비극'이라는 4막 18장으로 구성된 연극 공연이었다. 1951년 여름부터 1953년 여름까지 2년 동안, 파리의 포석[鋪石]들(Les Pavés de Paris)이라는 젊은 전문 극단이 프랑스 전역을 돌아다니며 앙리 마르탱을 대중적으로 알리는 데 기여했던 것이다.

16 앙리 바시(Henri Bassi)의 작품. (Ed. Le Chant du Monde, 1950).
17 모리스 모렐리(Maurice Morelly)의 작품. (Ed. de L'Avant-Garde, 출판 날짜 명기 안 됨).

4. 앙리 마르탱을 위한 연극: '툴롱의 비극'

클로드 마르탱(Claude Martin)과 앙리 델마(Henri Delmas)를 중심으로 제2차 세계대전 직후 젊은 작가들과 배우들에 의해 창설된 '파리의 포석들'은 창단 초기부터 시사성이 있는 정치 문제에 관심을 가졌다. 툴롱에서의 앙리 마르탱 재판에 관한 보고서를 접한 후 이 젊은 극단은 앙리 마르탱 문제를 연극으로 올려야겠다고 결심했다. 당시 많은 이들이 생각했듯이, '툴롱의 비극'은 공산당에 의해 '주문된' 연극은 아니었고, 후에 가서야 공산당은 이 공연계획에 관심을 갖기 시작했다. 연극 대본을 작성키 위해 작가들은 앙리 마르탱이 인도차이나에 머무를 때 가족에게 보낸 편지들과 툴롱에서의 재판 기록들과 같은 실제 자료들을 참조했으며, 몇몇 장면들을 위해서는 작가들의 상상력을 동원하기도 하였다. 작가들은 이 연극을 통해 앙리 마르탱 석방운동을 전개해 나가고자 했다.

첫 번째 공연은 1951년 6월 20일에 노동자 운동의 역사적 산실인 '그랑조벨(Grange-aux-Belles. 아름다운 곳간)'에서 열렸다. 객석은 초만원이었고, 관객들은 배우들에게 갈채를 보냈다. 앙리 마르탱 지지 위원회는 프랑스 전역을 순회하는 공연을 하기로 결정하였으며, '대중 부조회[扶助會](Secours populaire)'가 공연을 후원하고 배우들의 급료를 지불하기로 약속하였다.

순회공연의 첫 번째 행선지는 마르탱의 두 번째 재판이 예정된 브레스트였다. 도시 곳곳에서 여러 차례 공연이 상연되었고, 실제 앙리 마르탱이 재판을 기다리며 감금되어있던 퐁타니우(Pontaniou) 교도소 근처에서 공연되기도 했다. 이후 공연단의 프랑스 일주가 시작되었다. 앙리 마르탱의 석방과 베트남에서의 평화를 위해 투쟁하는 모든 조직들이 공연준비를 도왔고, 배우들의 숙식을 책임졌다. 이 연극을 정치적 목적의 선전활동으로 파악한 각 지방의 도지사들은 공연을 금지하였다. 그런 가운데서도 공연을 강행할 모든 기발한 수단들이 동원되었다. 공연장소를 공공연하게 알려준 뒤 다른 곳에서 공연을 한다든지, 배우들이 서너 그룹으로 나뉘어져 경찰이 올 때까지 내용의 일부분만 공연을 하는 식이었다. 경찰들은 가끔씩 공연에 참가한 배우들과 작가들을 추적하기도 하였다. "한 번은 생샤몽(St-Chamont)에서 경찰들이 우리들을 밤새 뒤쫓았다. 우리들 모두는 양배추 밭에 엎드려 숨었다"라고 공연에 참여한 배우 중의 하나인 마르탱 트레비에르(Martin Trévières)는 역사가 알랭 뤼치오와의 인터뷰에서 밝혔다. 하지만 어떤 경우에는 경찰과의 사이에 격렬한 충돌이 발생했으며, 경찰들은 수십 명의 관객들과 배우들에게 부상을 입히기도 하였다. 인도차이나에 파견되었었던 '프랑스 원정군' 출신들은 조국을 위해 싸우는 병사들을 존중하라며 폭력을 행사하기도 하였다. 1952년 5월, 벨포르(Belfort)에서는 군대 유니폼 소맷자락을 걷어붙이고, 철모를 머리에 쓰고, 곤봉을 손에 든 이들이 공연장에 들이닥쳐 "베트남놈들 어딨어? 식민지는 우리 거야! 경찰도 우리 편이야!" 라고 외치기도 하였다.[18]

당시의 상황을 묘사한 모든 탐방 기사나 증언에 의하면, 배우들과

18 *L'Est Républicain*, 1952년 5월 23일.

관객들 사이에 매우 특별한 유대관계가 성립되었다고 했다. 다양한 젊은 연극인들은 대중예술로의 복귀를 추구하였는데, '툴롱의 비극'의 단원들은 전문 직업인들과 진정한 대중들 간의 만남이라는 참신한 경험을 체험할 수 있었다고 했다. 당시에는 연극을 보러 간다는 단순한 행위가 일반 대중들에게는 드물고 생소한 일이었다. 수천 명의 프랑스인들과 전쟁에 반대하는 운동을 전개하는 '투사들', 이 공연을 기획했던 조직들에 호의적인 사람들, 앙리 마르탱 사건에 대한 진실을 알고자 하는 호기심 많은 사람들은 '툴롱의 비극'을 보러 가면서 비로소 연극과 접할 수 있었다. 알랭 뤼치오의 기록에 의하면 반응은 아주 뜨거웠다고 한다. '재판장'이 말할 때 그 소리는 사람들의 야유 속에 파묻혔으며, 앙리 마르탱이 일어나면 사람들은 환호했다고 한다. 판결이 있은 후, 객석 곳곳에서 뜨거운 눈물을 흘리는 사람들을 볼 수 있었다.[19] 매번 공연이 끝난 후, 배우들 자신들이 직접 석방운동을 계속하기 위한 재정을 마련하기 위해 모금운동을 벌였다. 초기에 앙리 마르탱의 역할을 담당했던 배우 클로드 마르탱은 가장 큰 돈을 받았다고 한다. "직업적인 면에서 볼 때 우리들의 작업은 훌륭했다. 그러한 이유로 그렇게 오랫동안 공연할 수 있었던 것이다. 연극이 공연될 때 관객들은 완전히 몰입했다. 그것은 정치적 선동과 선전이었다"라고 배우 중의 한 사람이었던 마르탱 트레비에르는 회상했다.[20] 여전히 수십 년이 지난 후에도 연극에 참여했던 많은 이들은 배우들과 관객들의 이러한 직접적인 접촉이

19 Alain Ruscio, *Les communistes français*, p. 282.

20 Martin Trévières와 Alain Ruscio와의 인터뷰. Alain Ruscio, *Les communistes français*, p. 282.

그들의 기억 속에 오랫동안 남았다고 회상했다.

> 그것은 나에게는 대단한 경험이었는데, 그것을 통해 내 나라와 내 나라의 좋은 점들, 예를 들어 노동자들과 공산주의자들의 모습을 볼 수 있었다.[21] 그것은 연극에 있어 대단한 사건이었다. 우리는 많은 이들을 감동시켰고 어떠한 역할을 진정으로 연기했다는 느낌을 가질 수 있었다 : 우리가 공연하는 곳마다 열정적인 토론이 시작되었다. 그것은, 이후로 우리가 결코 하지 않았던, 진정으로 사람들을 선동하는 연극이었다.[22]

이 연극을 평가할 때 언급되는 '환상적인 경험', '매우 대단한 연극의 시도'와 같은 일부 표현들은 그렇게 과장된 것만은 아니었다. 당시 연극 창시자 중의 한 사람이라고도 볼 수 있는 사르트르 역시 이러한 새로운 경험을 주시했다. 문학적 측면에서 '툴롱의 비극' 대본이 갖는 '조악함'에도 불구하고 사르트르가 이 작품에 관심을 가진 것은 다른 이유에서였다. 수많은 글을 쓰고, 프랑스에서 '대중연극(théâtre populaire)' 정착의 어려움에 대해 스스로에게 많이 자문했던 사르트르는, 1955년에 '툴롱의 비극'에 대한 자신의 입장을 다음과 같이 밝혔다.

> 프랑스에서 내가 아는 유일한 대중연극의 사례는 앙리 마르탱에 관한 희곡을 가지고 공장을 돌아다니며 클로드 마르탱이 순회공연을 한 것이다. 작품은 상당히 초보적인 수준인 것이 사실이지

21 조제 발베르드(José Valverde)와의 대담. Philippe Madral, *Le théâtre hors les murs. Six animateurs et trois municipaux nous parlent* (Paris: Ed. du Seuil, 1969), pp. 117~118.

22 레이몽 제르발(Raymond Gerbal)과의 대담. Philippe Madral, *Le théâtre hors les murs*. p. 101.

> 만, 정치문제를 제기했고, 노동자와 공산당의 관심사를 다루었으며, 그들이 일하는 장소에서, 노동자들 앞에서 공연되었다. 이것이 그 무엇보다 중요한 사실이다.[23]

이러한 일련의 공연이 대중에게 미친 영향을 무엇일까? 그 영향은 상당히 큰 것 같다. 공연을 관람한 총인원은 대략 수십만 명으로 추산된다.

> 두 달 동안 우리들은 규칙적으로 매일 밤 공연했다. 때로는 비밀리에 200 내지 300명 앞에서 공연하기도 하였다. 언젠가는 님므(Nîmes)의 거대한 원형경기장에서 공연하기도 하였다. 그날 공연장은 관객들로 가득 찼다. 한 번은 (공산주의자들의 연례 축제행사인) '뤼마니테 축제(Fête de l'Humanité)' 때, 이틀 동안 '논스톱'으로 공연하기도 하였다.[24]

프랑스 '전국순회공연' 동안 이 극단은 대도시에서만 공연한 것은 아니었다. 지방의 작은 도시들에서도 공연하였는데, 예를 들면, 3,000명의 주민이 채 안 되는 코트뒤노르(Côte-du-Nord) 도의 마엘 샤레(Maël-Carhaix)에서의 공연에서는 700명의 관객이 참관했고,[25] 2,000명 주민의 작은 도시인 뫼르트에모젤(Meurthe-et-Moselle) 도의 위시니

---

23 Jean-Paul Sartre, "Théâtre populaire et théâtre bourgeois", *Théâtre populaire*, no. 15 (septembre-octobre 1955).

24 알랭 루치오와 프레보와(Paul Préboist)와의 대담. Alain Ruscio, *Les communistes français*, p. 283.

25 *L'Humanité*, 1952년 9월 2일.

(Hussigny)에서는 400명이 참석했다.[26] 1951년 9월, 연극이 공연되기 시작한 지 3개월이 지난 후까지 총 70번의 공연이 치러졌고, 1952년 2월까지는 총 150번의 공연이 상연되었다. 그해 여름 20만 명의 관객을 넘어섰고, 극단은 프랑스 전역을 돌아 5만 킬로미터를 넘는 거리를 주행했다.

여기에 덧붙여 공산당 관련 조직들, 특히 프랑스 공화청년연합의 주도하에 아마추어 배우들을 모집하여 극단을 구성하고 그들로 하여금 '툴롱의 비극'을 공연하게 하였다. '파리의 포석들' 극단이나 아마추어 극단들에 의한 공연은 한마디로 정치적 모임의 장이었다. "공연이 끝나면 우리는 기금을 모으고, 책이나 팸플릿을 팔고, 앙리 마르탱 석방 탄원서에 서명한 관객들의 주소를 적어 후일에 방문하기도 하였다. 매번의 공연 후에 우리는 하나 혹은 여러 개의 지지위원회가 설립되었다는 소식을 들었다"라고 프레부와(Paul Préboist)는 증언했다. 이 연극의 대본을 작성하고 주인공 역할을 맡았던 클로드 마르탱은 "1951년 여름 동안, 공연당 평균 700명의 관객이 관람하였는데, 팸플릿 145부가 팔렸고, 10,000프랑이 모금되었다"라고 증언했다.[27] "1952년 어느 순간엔가, 나는 이 공연들이 앙리 마르탱 석방운동의 중요한 지지대 역할을 한다는 사실을 확신했다"[28]는 폴 로랑(Paul Laurent)의 진술은 당시 앙리 마르탱의 석방운동에 참여했던 많은 이들이 공감했던 내용이었다.

26 *Le Journal de Lunéville*, 1952년 5월 9일.

27 Claude Martin, "Réflexions sur une tournée", *La nouvelle critique*, no. 29(septembre–octobre 1951), p. 75. Claude Martin et Henri Delmas, *Henri Martin, la célèbre pièce de la troupe des Pavés de Paris* (Paris: Ed. Comité de défense Henri Martin, 1951), p. 61.

28 알랭 루치오와 폴 로랑과의 대담. Alain Ruscio, *Les communistes français*, p. 285.

이 공연들이 이전까지는 베트남에서의 전쟁에 대해 무관심했고 잘 알지 못했던 사람들에게 전쟁을 비판하고 고발하는 쪽으로 여론을 조성했다는 주장은 충분한 설득력을 갖는 듯하다. 그것은 앙리 마르탱 석방운동에 있어 매우 중요한 계기를 마련하였고, '툴롱의 비극'의 일련의 공연은 베트남 전쟁에 반대하여 전개되었던 투쟁 중 가장 효율적인 행동으로 평가되었다.

5. 문화적 행위의 의미와 역할

1953년 8월 2일, 앙리 마르탱은 그의 지지자들이 그토록 원하고 요구했던 대통령 특별 사면의 혜택을 입어 출감할 수 있었다. 당시 그의 나이는 26살이었다. 같은 날, 공산당 신문인 『뤼마니테』는 "베트남의 평화와 자유의 수호를 위한 단결과 행동의 위대한 승리: 앙리 마르탱 석방!"이라는 제목이 일면 전체를 차지하는 호외를 발행했다. 그의 석방을 축하하는 『뤼마니테』 신문사 건물에서의 환영식에서 이 신문 편집장인 자크 뒤클로(Jacques Duclos)는 "앙리 마르탱의 석방은 매우 중요한 의미를 갖는다. 왜냐하면 그것은 인도차이나전쟁에 대한 반대가 점점 거세지고, 결국은 정부에까지 영향을 미치는 시점에서 이루어졌기 때문이다"라고 말했다. 앙리 마르탱 역시 자신의 소감을 피력하기를 "나는 감옥에서 나왔고, 41개월 동안 인도차이나의 평화를 위한 투쟁이 대단한 규모로 커지는 것을 보았다. 진짜 죄인들은 이 전쟁을 계속하려는 자들이다. 그 어느 때보다 더 확고하게 나는 프랑스인들과 함께 외칠

것이다: '인도차이나에 평화를!'이라고."[29]

앙리 마르탱의 석방운동 기간은 베트남의 평화를 위한 투쟁을 전개하는 데 있어 결정적인 순간으로 인식되었다. 수천 가지 형태의 수많은 시도들, 정부의 집요한 탄압에 대한 저항, 공산당과 그와 관련된 조직들의 대중 동원 등을 통해 프랑스 공산당은 앙리 마르탱 석방운동을 베트남의 평화를 위한 투쟁의 중요한 순간으로 삼았다. 공권력의 탄압에 대한 투쟁, 자의적인 판결에 대한 투쟁, 베트남의 평화를 위한 투쟁은 석방운동 기간 동안 결코 분리되어 진행되지 않았다. 마르탱의 행동은 베트남의 평화를 위한 것이었고, 그의 석방을 위한 운동은 같은 투쟁의 연장이요 지속을 의미했다. 확실히 많은 프랑스인들이 이 운동에 참가했는데, 앙리 마르탱이 부당한 재판의 희생자가 되었다는 사실이 무엇보다도 중요한 동인으로 작용했다. 이 경우를 통해 이전에 정치적 행동에 전혀 관여하지 않았던 사람들이나, 공산당과 함께 행동하지 않았던 사람들이 시위에 참여하고, 청원서에 서명하며, 그 자신들이 '투사들'이 되었던 것이다. 또 다른 참여 동기는 앙리 마르탱이라는 인간에 대한 호감 때문이었다. 전혀 '투사'의 이미지를 느낄 수 없는 선하고 여린 외모와, 그럼에도 불구하고 가장 어려운 순간에도 낙담하거나 실망하지 않는 모습, 재판과정에서 보여준 그의 '이상'에 대한 신념과 용기 있는 답변은 이 석방운동을 추진시키고, 성공시키는 데 많은 역할을 했다. 공산당의 선전활동은 이러한 마르탱의 장점을 십분 활용한 것이었다. 당시 공산주의 전기 작가들은 앙리 마르탱을 미화하고 영웅시하

29 Jean-Marc Théolleyre, *Ces procès qui ébranlèrnet la France*, p. 117.

며 묘사하였다. 앙리 마르탱은 새로운 '자유의 기사'였고, '두려움 없고 나무랄 데 없는 영웅'이었던 것이다.

1950년부터 1953년 사이에 일어난 앙리 마르탱의 석방운동은 '베트남의 평화를 위한 투사들의 전선'을 확장시키려는 공산주의자들의 시도가 효력을 발휘한 계기가 되기도 하였다. 실제 공산주의자들의 범주를 넘어 다양한 정치 성향의 수십만의 프랑스인들이 자의적인 판결을 지탄하였으며, 동시에 인도차이나에서의 전쟁을 비난하였다. 앙리 마르탱 사건은 물론 인도차이나에서 프랑스가 직면한 심각한 상황을 점차적으로 사람들에게 인식케 하는 유일한 원인은 아니었다. 석방운동이 진행된 것과 같은 시기인 1950-1953년 동안, 전쟁과 관련된 많은 추문들, 특히 '장군들 사건(affaire des généraux)'[30]과 '피아스트르 암거래 (사건)(trafic des piastres)',[31] 그리고 계속되는 군사적 패배는 점점 더 전쟁을 인기 없게 만들었다. 그럼에도 불구하고 앙리 마르탱에 대한 지지운동은, 이러한 사건들에 더하여, 전쟁에 반대하는 사람들의 입장을 더욱더 공고히 하였다. 그것은 종래에 볼 수 없었던 다양한 형태의 문화적 행위로 표출됨으로써 더 큰 파급력을 가질 수 있었고 많은 이들에게 거부감 없이 다가갈 수 있었다.

앙리 마르탱 사건을 통하여 프랑스 공산당은 인도차이나전쟁을 세

---

30 '장군들 사건'은 인도차이나에 대한 군사기밀이 프랑스 장군들에 의해 적군인 베트민의 손에 넘어간 사건을 말한다.

31 '피아스트르 암거래 (사건)'은 인도차이나 화폐 피아스트르가 베트남과 프랑스에서 각각 다른 환율로 거래되는 것을 이용하여 프랑스의 정치인 등 주요 공직에 있는 인물들이 전쟁 중에 부를 축적한 사건을 말한다. '장군들 사건과 더불어 이 사건은 가뜩이나 인기 없었던 '더러운 전쟁'을 반대하는 세력들을 확산시키고 전쟁종결에 대한 욕망을 가속화시켰다.

상 사람들에게 알릴 수 있게 되었다. 혹자는 앙리 마르탱의 석방운동이 베트남 문제와 관련하여 프랑스 국민의 의식에 질적인 변화를 가져온 계기가 되었다고까지 평가한다. 더불어 이 선전 활동은 공산당의 활동 중 가장 강렬하고, 지속적이며, 다양한 형태로 표출된 것이었다. 수천 장의 전단과 팸플릿과 마르탱의 사진이 배포되었으며, 전국에 걸쳐 공산당 당원들은 사회주의자, 기독교인 등 이념 노선이 다른 이들과 접촉하며 공산당 선원의 석방운동에 앞장섰다. 공산당의 선전활동은 물론 이념적인 측면이 강했던 것이 사실이지만, 사람들이 거부감 없이 쉽게 접할 수 있는 시, 음악, 만화, 연극 등과 같은 매개체를 통해 접근함으로써 '인도차이나전쟁 반대'라는 그들의 입장과 논지를 전파할 수 있었다. 이러한 문화적 행위들이 이전까지는 베트남에서의 전쟁에 대해 무관심했고 잘 알지 못했던 사람들에게 전쟁의 부당성과 부조리함을 알리는 역할을 했고, 전쟁을 고발하는 쪽으로 여론을 조성했다는 주장은 충분히 설득력을 지녔다고 볼 수 있을 것이다.

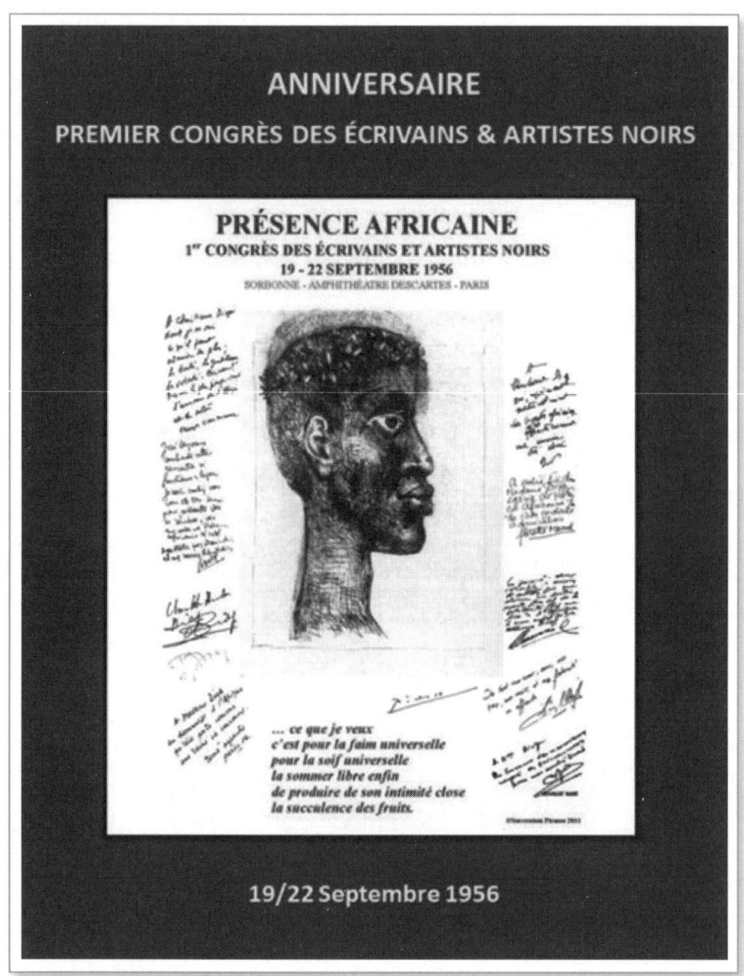

출처: 1953. 제1회 흑인 작가 예술가 대회, 1956. 9. 19-22.
피카소(Pablo Pacasso)가 그린 포스터.

10장

탈식민화와 아프리카인

10장
탈식민화와 아프리카인

1. 이미지의 진화

1950년대는 프랑스 거주 사하라 이남 아프리카인들이 프랑스인들에게 인식되는 측면에서 중간 휴지[休止]의 시기에 해당된다. '큰 아이 보병(tirailleur grand enfant)'으로 인식됐던 전간기 시기 이후에, 그리고 식민지 독립 후의 조용하고 순종적인 '이주 노동자(travailleur immigré)' 시기 이전에 10여 년 동안 무대의 전면에 나서는 아프리카인들은 주로 정치인이고 지식인이었으며, 예술가이고 학생이었다. 비록 온정주의[溫情主義](paternalisme)와 식민주의적 인종주의로부터 비롯된 이들에 대한 이전의 고정적인 이미지가 완전히 사라지지는 않았지만, 아프리카 엘리트들은 프랑스 집단 무의식 속에 존재하는 아프리카인들에 대한 이미지를 교정하는 데 크게 기여했다.

이 장은 제2차 세계대전 이후부터 독립에 이르는 15년의 기간 동안 엄청난 속도로 그들의 지성과 의식의 진화를 경험한 후, 완전한 시민권 획득을 위한 투쟁으로 이끌었던 아프리카인들의 지적이고 정치적인 여정을 서술하는 것이 목적이 아니다.[1] 그보다는 이들의 이미지가, 이들에 대한 프랑스인들의 인식이 어떻게 진화되고 변화되었는지를 살펴보려는 것이다. 현대 아프리카 엘리트들은 이 시기에 '식민지 본국' 프랑스에서 매우 활동적이었고, 이 지식인층의 존재는 프랑스인들의 정신에 크게 영향을 미쳤다. 1914년에 여전히 '비문명인'으로 인식되었으며, 제1차 세계대전 시기 '세네갈 보병(tirailleurs sénégalais)'으로서 참전했고, 이후 전간기에는 '큰 아이(grands enfants)'로 '격상'된 아프리카인들은[2] 탈식민화 시기에는 이전과는 매우 다르게 인식되었던 것이다.

2. 파리의 아프리카인

식민지인들이 '프랑스 본국'의 영토에 몰래 들어오기란 그리 어려운 일이 아니었기에, 프랑스에 거주하는 그들의 공식적 수치는 신중히

1 이 시기의 정치적, 문화적 논쟁에 대해서는 Claude Wauthier, *L'Afrique des Africains. Inventaire de la négritude* (Paris: Seuil, 1977) (3e édition)를 참조할 수 있다. 프랑스의 아프리카 지식인과 학생들의 정치적 투쟁을 개관하기 위해서는 Philippe Dewitte, "Les Africains en France de 1914 à 1960: Naissance d'une élite moderne", Laurent Gervereau et Pierre Milza, (dirs.) *Toute la France. Histoire de l'immigration en France au XXe siècle* (Paris: Somogy, 1998)을 참조할 수 있다.

2 Philippe Dewitte, Les Mouvements nègres en France, 1919-1939 (Paris: L'Harmattan, 1985).

검토할 필요가 있다. 그럼에도 불구하고 대강의 규모를 파악하기 위해 우리는 인구 조사 기록을 참조해야 하는데, 이에 따르면 사하라 이남 출신 아프리카인의 숫자는 1946년 13,517명에서 1962년 17,787로 증가했다. 이 수치는 전체 식민지인 수에 비해 상대적으로 매우 적은 편이지만, 프랑스인들이 느끼는 이들의 새로운 '가시성(可視性, visibilité)'과 그들 존재의 영향력을 생각한다면 결코 작은 수치라고 볼 수 없을 것이다.[3]

이처럼 아프리카인들의 정치 참여는 프랑스인들의 주목을 끌게 되었고, "프랑스 정치의 현실"이 되었다. 1946년, 프랑스와 그 식민지 간의 연합을 강조한 '프랑스 제국'의 또 다른 명칭이라 할 수 있는 프랑스 연합(Union française)[4]의 탄생과 함께, 아프리카 정치인들은 프랑스 하원(Palais-Bourbon)에 진출하기 시작했다. 이 중 중요한 몇몇 인물들을 나열하자면, 세네갈인 라민 기예(Lamine Guèye), 레오폴드 세다르 생고르(Léopold Sédar Senghor), 코트디부아르의 펠릭스 우푸에부아니(Félix Houphouët-Boigny), 다호메이(현재의 베냉)의 소로 미강 아피티(Sourou Migan Apithy), 가봉의 장펠릭스 치카야(Jean-Félix Tchikaya) 등이 있다.

3 Philippe Dewitte, "Immigration: L'émergence en métropole d'une élite africaine", Pascal Blanchard, et Sandrine Lemaire, *Culture impériale. Les colonies au coeur de la République, 1931-1961* (Paris: Ed. Autrement, 2004), p. 202.

4 '프랑스 연합'은 1946년 10월 헌법을 통해 탄생한 새로운 형태의 프랑스 식민지 제국(Empire colonial français)이다. 탈[脫]식민화의 분위기 속에서 제정된 제4공화국 헌법은 프랑스 식민지의 지위를 변경하는 내용을 담았는데, 프랑스는 영연방[英聯邦]을 모방해 식민지들에 대해 프랑스와 동등한 의무와 권리를 부여하고, 프랑스 본국과 식민지, 보호령 등을 통일연합체 형태로 묶었다. 그 결과로 탄생한 것이 프랑스 연합이었다.

총 600명의 프랑스 국회의원 중에 사하라 이남 아프리카 출신은 1946년에 20명, 1951년 28명, 1956년 29명에 불과했지만, 그들의 존재는 그들의 적극적 행동주의처럼 프랑스 여론의 주목을 받게 되었다. 사하라 이남 출신의 유력한 인물들이 그들의 알제리 혹은 인도차이나 동료들보다 훨씬 많이 내각에 참여했고,[5] 그들 중 가장 저명한 이들은 심지어 독립이나 식민지 분쟁 문제와 '실랑이'를 벌이고 있던 제4공화국의 장관직에 임명되기도 하였다.

이 중 대표적인 두 사람이 아프리카 엘리트의 새로운 상징이 되었다. 그들은 1955년 에드가 포르(Edgar Faure) 정부에서 정무차관(secrétaire d'Etat à la présidence du Conseil)을 지낸 레오폴드 세다르 생고르와 1946년 아프리카민주연합(RDA: Rassemblement démocratique africain)의 창립 의장이었으며, 1956년 기 몰레(Guy Mollet) 정부의 일원으로 프랑스 해외 영토부 장관인 데페르(Gaston Defferre)와 함께 프랑스 지배하의 '블랙 아프리카(Afrique noire)'의 독립을 준비하는 법령 구상에 참여했던 펠릭스 우푸에부아니였다.

이들이 활동했던 시기는 '제3세계'라고 불리어질 지역, 특히 아프리카 지역의 지식인과 예술가들의 공헌이 분명하게 인지되었던 시기였다. 장폴 사르트르, 아롱(Raymond Aron), 카뮈(Albert Camus), 지드(André Gide), 모노(Théodore Monod), 그리올(Marcel Griaule), 블랑디에(Georges Balandier), 무니에(Emmanuel Mounier), 레리스(Michel Leiris) 등 많은 프

5 Pascal Blanchad, Eric Deroo, Driss El Yazami, Pierre Fournié et Gilles Manceron, "L'immigration: l'installation en métropole des populations du Maghreb", Pascal Blancahrd et Sandrine Lemaire, *Culture impériale*. pp. 215~217.

랑스 지식인들이 세네갈인 알륜 디오프(Alioune Diop)가 1947년 창간한 잡지 『아프리카의 존재』(*Présence africaine*)와 그 출판사 설립에 관여했다. 1년 후 사르트르는 생고르의 저서 『마다가스카르와 흑인의 새로운 프랑스어 시 선집』(*Anthologie de la nouvelle poésie nègre et malgache de langue française*)(1948)에 쓴 그의 유명한 서문 「흑인 오르페」("Orphé noir")를 통해 파리 지식인 사회에 '네그리튀드(négritude)'[6] 개념을 정착시키는 데 결정적인 기여를 했다. 이는 아프리카 문명에 대한 프랑스 지식인들의 시각의 변화를 보여주는 것이었다. "그들의 차례가 되어 검은 횃불이 세상을 비추고 우리들의 하얀 머리는 바람에 흔들리는 작은 등잔에 지나지 않는다." 1956년 9월, 『아프리카의 존재』는 프랑스 지성의 상징인 소르본(Sorbonne) 대학의 데카르트(Descartes) 대형 강의실에서 알륜 디오프의 주도로 제1회 흑인작가예술가국제회의(Congrès international des écrivain et artistes noirs)를 개최하기도 했다.

제2차 세계대전 이후, '파리의 아프리카인들(Afro-Parisiens)'에 의한 식민지 문제를 둘러싼 풍성한 논쟁을 반영하는 아프리카 소설과 시 작품 생산의 놀라운 발전을 우리는 목격하게 된다. 몇몇 작품들만 소개하자면, 프랑스 동화정책의 모순을 비판한 압둘라예 사지(Abdoulaye Sadji)

6 네그리튀드(négritude)는 세네갈 출신의 생고르와 마르티니크(Martinique) 출신의 에메 세제르(Aimé Césaire)를 중심으로 1930년대 프랑스에서 발달한 문학과 정치 운동이다. 네그리튀드란 "흑인이라는 사실을 인식하여 흑인으로서의 우리의 운명, 우리의 역사, 우리의 문화를 수용"하는 것이다. 흑인의 독창적이고 고유한 문화를 부정하는 백인들에 맞서 흑인 문화와 예술의 고유한 '뿌리찾기의 네그리튀드'와 아프리카 흑인에 대한 지배를 영속화하려는 제국주의에 맞선 '해방의 수단으로서의 네그리튀드'라는 두 가지 길을 생고르와 세제르가 제시하고 발전시켰다.

의 『니니』(*Nini*)(1954), 식민화의 폐해에 대해 기술한 페르디난드 오요노(Ferdinand Oyono)의 『소년의 삶』(*Une vie de boy*)(1956), 구술전통의 재발견이라 할 수 있는 비라고 디오프(Birago Diop)의 『아마두 쿰바의 이야기』(*Les Contes d'Amadou Koumba*)(1947), 시골의 가치를 찬미한 카마라 라예(Camara Laye)의 『흑인 아이』(*L'Enfant noir*)(1953), 아프리카 문화를 찬양한 상벤 우스만(Sembène Ousmane)의 『오 내 나라, 나의 아름다운 민족』(*Ô pays, mon beau peuple*)(1957), 아프리카 학생의 유럽 경험을 묘사한 베르나르 다디에(Bernard Dadié)의 『파리의 흑인』(*Un nègre à Paris*)(1959) 등, 당시 아프리카 문학에서 우리가 발견하는 것은 프랑스 파리의 센 강 주변에서 탄생한 수많은 아프리카인들의 이야기였다.

1950년대의 파리와 프랑스에서는 미래의 지적이고 문학적이며 예술적이고 정치적인 아프리카를 만들려는 이들이 서로 대면하면서 지냈다. 레오폴드 세다르 생고르와 그의 가장 오래된 '정치적 라이벌'이라 할 수 있는 마지마우트 디오프(Majhemout Diop), 미래의 세네갈 대통령 압둘라예 와데(Abdoulaye Wade), 세네갈의 가장 저명한 시인 중 한 명인 비라고 디오프(Birago Diop), 아프리카 역사에 관한 주요 저서의 저자이자 부르키나 파소(Burkina Faso)의 정치인 조셉 키 제르보(Jeseph Ki Zerbo), 뛰어난 소설가이자 카메룬 반체제 인사인 몽고 베티(Mongo Béti), 코트디부아르인 최고의 소설가이자 시인인 베르나르 다디에(Bernard Dadié), 파리를 발견한 아프리카 학생의 삶을 묘사한 1957년 영화 「센 강의 아프리카」("Afrique sur Seine")의 감독인, 현재 베냉(Bénin) 지역인 다호메이 출신의 폴랭 비에이라(Paulin Vieyra) 등이 그들이다.

저명한 인물들과 명석한 학생들의 이와 같은 '재능의 과잉' 앞에서 프랑스인들의 시선은 변할 수밖에 없었다. 이 기간 동안 등장한 지적이고 예술적인 아프리카들의 '목록'을 보완하기 위해서는 카르티에 라탱(Quartier Latin) 학생가 혹은 큰 대학 도시의 아프리카 학생들의 수를 고려해야 할 것이다. 매우 불확실한 것이 사실이지만, 교육부의 추산에 따르면, 2차 대전 직후 그 수는 매우 적었지만, 우리가 관심을 가지는 전쟁 직후부터 독립에 이르는 기간 동안에는 1946년에 250명, 1950년에 800명, 1955년에 2,000명, 그리고 1960년에 5,500명으로 지속적으로 증가했다.[7]

이제는 바나니아(Banania) 제품이 선전하듯이 "하얀 이빨을 드러내며 바보같이 웃는 흑인"이 유일하게 아프카인을 상징하는 그런 시대는 더 이상 아니었다. '큰 아이' 이미지는 다수의 프랑스인들의 의식 속에 여전히 존재했지만, 그러한 이미지는 2차 대전 이후 현실 앞에서, 학생들의 무리 앞에서, 예술가와 지식인의 점점 커지는 명성 앞에서, 아프리카 정치인의 '미디어화(médiatisation)' 앞에서, 독립 이념의 강력한 증대 앞에서, 점차 사라지게 되었다. 온정주의 역시 여전히 존재했지만, '흑인'을 '어린 검둥이(p'tit nèg)'로 취급했던 '식민지 보병'에 의해, 파리 근교 동물원의 가짜 '식인종'에 의해, 식민지박람회의 전시에 의해, 파리의 상류사회가 자신들의 품위가 떨어지는 것을 개의치 않고 즐겼던 조세핀 베이커(Joséphine Baker)의 공연과 흑인 무도회에 의해 상징되었던 1920년대와 1930년대와 비교해 보면, 그러한 이념은 확실히 덜 언

---

7 *Recueil de statistiques scolaires et professionnellles*, 1949–1950–1951, CNDP et *Informations statistiques du ministère de l'Education nationale*, no. 29–30(mai–juin 1961).

급되고, 덜 강조되었다고 볼 수 있다.[8] 유럽인의 우월의식은 프랑스인들의 집단의식에 깊이 각인되어 있었지만, '흑인들'이 잡지를 창간하고, 공화국의 정부에 참여하고, 학회를 조직하고, 책을 쓰게 될 때에는 그것이 더 이상 공개적으로 표출되지는 않았다.

3. 문명화 사명의 완수?

1940년대와 1950년대에 프랑스 여론이 이 '아프리카 지식인들'을 발견했고, 전쟁 이전에 아프리카인들에 대해 가졌던 인식과 비교하여 이 새로운 발견이 놀라움을 유발했다면, 그것은 또한 프랑스인들에게 자부심을 가져다주기도 했다. 그 이유는 프랑스의 '문명화 사명'이 헛된 단어가 아니라고 생각했기 때문이었다. 그러나 프랑스에서의 아프리카인들의 존재가 이후로 '제국의 문화'의 완전한 일부분이 되었다 할지라도, 프랑스인들은 아직 이 이방인들에게 익숙해지지 않았다. 당시의 프랑스인들은 구분되지 않은 하나의 커다란 범주에 아프리카, 아메리카 혹은 다른 곳에서 온 흑인들을 포함시켰다. 하지만 아프리카인, 서인도 제도 사람(Les Antilles), 아프리카계 아메리카인(Afro-Americains)을 종종 혼동한 사실은 역설적으로 여전히 프랑스 대중들에게 알려지지 않은 이 아프리카인들의 긍정적인 이미지에 활용될 수 있었다. 서인도 제도 사람들의 프랑스 문화로의 '동화'와 그들 중 가장 알려진 사람들의 인

---

8 이와 관련해서는 Sylvie Chalaye, *Du Noir au Nègre. L'image du Noir au théâtre, 1550-1960* (Paris: L'Harmattan, 1998)을 참조할 수 있다.

기, 즉 1958년부터 상원 의장이었던 프랑스령 기아나인(Guyanais) 가스통 모네르빌(Gaston Monnerville)이나 마르티니크 시인 에메 세제르(Aimé Césaire), 1947년부터 1960년까지 파리에 거주하면서 흑인 차별의 현실을 폭로하여 흑인의 권리를 주장한 유명한 작품 『흑인 소년』(*Black boy*)의 저자인 리차드 라이트(Richard Wright)와 같은 '미국 흑인들'의 명성은 구분되지 않은 전체를 지칭하는 '아프리카인들'에게 돌아갔다.

게다가 이 식민지인들은 그들의 북아프리카 혹은 인도차이나 동료들보다 훨씬 더 '평화적'으로 보였다. 그들 중 무시할 수 없는 일부분이 확실히 보다 많은 자유와 평등을 프랑스에게 요구했고, 독립운동가들의 사상이 그들의 요구에 포함되어 있었지만, 인도차이나에서의 군사적 패배의 공포나 알제리에서의 오랫동안의 가혹한 시련을 프랑스령 아프리카나 프랑스의 아프리카인들로부터 경험할 것이라는 생각을 프랑스인들은 갖지 않았다. 물론 프랑스 검은아프리카학생연맹(FEANF: Fédération des étudiants d'Afrique noire en France)이 마르크스주의적 급진주의를 표방했고, 1955년 4월 반둥(Bandung) 회의 때 부각된 식민지 민족의 국제적 연대인 '제3세계주의(tiers-mondisme)'도 등장했다.[9] 하지만 아프리카 학생들은 당시 비판적인 소르본의 분위기와는 어울리지 않았으며, 그들의 마르크스주의는 매우 이론적이었고, 그들의 범아프리카주의(panafricanisme)는 사회주의적 성향을 띤 발기인인 가나의 지도자 콰메 은크루마(Kwame Nkrumah)의 국제적 명성에도 불구하고 프랑스인들이 볼 때 다소 낭만적이었으며, 전혀 현실적이지 않았고, 진정으로

---

9 Charles Diané, *La FEANF et les grandes heures du mouvement syndicat étudiant noir* (Paris: Editions Chaka, 1990).

위험해 보이지도 않았다.

생고르나 우푸에부아니와 같은 '온건 정치인들'이 정치 무대 전면에 등장했을 때에도 프랑스는 아프리카 학생들을 그리 신경 쓰지 않았다. 작은 정당들은 원내의 정당들과 서로 사이가 좋아야만 한다는 제4공화국의 작동원리 때문에 우푸에부아니가 자신의 정당인 아프리카민주연합(RDA: Rassemblement Démocratique Africain)과 프랑스 공산당의 연대를 선택했을 때에도, 프랑스는 '그의 공산주의'가 오래 가지 않으리라는 확신을 갖고 있었다. 실제 1951년부터 그는 제4공화국의 유명인사가 되기 위해 모리스 토레즈(Maurice Thorez)의 프랑스 공산당과 절연했다. 게다가 우푸에부아니의 여정은 그 자체만으로 아프리카인과 프랑스인 사이의 이 기간 동안의 모호한 관계를 상징했다. 사실 이 시기에 아프리카인들에 대한 진실되지만 대부분 일시적이었던 형제애와 주기적으로 회기하는 이전의 주종관계라는 망령 사이를 오가는 프랑스 정책의 주저함이 나타나게 되었다. 이러한 맥락에서 1960년 이후 프랑스의 신식민주의 정치의 '대재상'이 되기 이전에 1956년 법령의 주동자였던 우푸에부아니는 프랑스의 "형제이자 신하"로 인식되었던 것이다.[10]

4. 프랑스(인)에 대한 인식

시기마다 차이가 있긴 하지만, 제국주의 시기 프랑스의 우월성의

10 이와 관련해서는 Jean-Pierre Dozon, *Frères et sujets. La France et l'Afrique en perspective* (Paris: Flammarion, 2003)을 참조할 수 있다.

감정과 온정주의, 그리고 이것들에 비해 조금은 덜 언급되는 완고한 인종주의가 지속되었다. 「학생들이 말한다…」("Les étudiants parlent…")라는 제목의 『아프리카의 존재』의 1953년 14호에서, 1952년 장피에르 엔디아이(Jean-Pierre Ndiaye) 기자의 설문 조사와 이 시기의 '밤의 파리(le Paris noir)'를 묘사하는 문학작품들은 이러한 의미에서 몇 가지 정보를 제공해 준다. 예를 들어 몇 년 후 소설가 몽고 베티(Mongo Béti)가 되는 1953년의 카메룬 학생 알렉상드르 비이디(Alexandre Biyidi)는 프랑스인들의 '소위 반인종주의'에 대해 다음과 같이 비꼬아 말했다.

> [……] 아프리카인이 이 나라에서 일자리를 얻을 확률을 결코 계산해보지 않았는가? 프랑스는 인종주의 나라가 아니다! 그렇게 말하는 것은 너무 성급하다. 여기서는 적어도 사람들에게 집단폭행을 가하지는 않는다![11]

결국 '프랑스식 인종주의'의 드러나지 않은 측면에 대해 모두가 강조했던 것이다. 장피에르 엔디아이의 설문 조사에서 아프리카인들의 입장은 훨씬 명확하고 비판적이었다. 그들에게 의견을 물었을 때 단지 응답자의 34.4%만이 프랑스인에 대해 호의적이라고 대답했다. 더구나 이들 중 14.6%만이 "아프리카에 사는 프랑스인들에 대해" 긍정적인 입장을 표명했다. 아프리카의 식민자들(colons d'Afrique) 사이에 만연한 고질적인 인종주의를 알고 있다면 이 긍정적인 입장 역시 상대화할 필요가 있을 것이다. 게다가 파리의 아프리카 학생들 중 61.8%가 프랑스인

11 Alexandre Biyidi, "Problèmes de l'étudiant noir", "Les étudiants noirs parlent…", *Présence africaine*, no. 14(1953), pp. 22~23.

에 대해 서로 다른 의견(31.2%)을 갖거나 부정적인 입장(30.6%)을 표명했다.[12]

좀 더 자세하게 들어가 보면, 인종주의적이거나 온정주의적인 프랑스인들의 태도가 아프리카인들의 입장을 결정하는 데 크게 영향을 미친 것으로 보였다. 장피에르 엔디아이가 조사한 전국적 차원의 답변에서 호의적인 평가를 한 학생들은 다음과 같은 특징들을 프랑스인에게 부여했다. 23.5%가 프랑스인들은 "정직하고 공손하며 예의바르고 친절하다고" 평가했으며, 13.2%가 그들은 "상냥하고 호감이 가며, 남을 잘 도와주고", 3.8%는 프랑스인들이 "이해심이 많고, 개방적이고 인종주의적이지 않으며, 우리들의 문제들을 이해하고자 한다"고 대답했다. 이처럼 현실 상황에 대해 잘 설명할 수 있는 아프리카 학생들조차도 프랑스인들을 평가할 때 개방적이고 반인종주의적이라고 먼저 생각하지는 않았다. 그리고 물론 프랑스인들에 대해 호의적이지 않은 판단을 한 이들도 그것이 거짓이라고 반박하지는 않았다. 응답자의 18.2%가 프랑스인들이 "개인주의적이고 이기주의적"이라고 생각했고, 14.6%가 그들이 "은밀하고 교묘하며 잠재적인 인종주의자들"이라고 말했으며, 8.3%가 프랑스인들이 "그들과 직접적으로 관계없는 문제들에 대해 무지하고, 교양이 없다"라고 생각했다.[13]

아프리카인들이 "위선적이고 꿍꿍이가 있으며 가끔은 무의식적인 인종주의"라고 규정짓는 '프랑스의 인종주의'를 고발하는 이들은 많았다.

12 Jean-Pierre Ndiaye, *Enquête sur les étudiants noirs en France* (Paris: Réalités africaines, 1962), p. 273.

13 Jean-Pierre Ndiaye, *Enquête sur les étudiants noirs en France*, pp. 274~276.

> 그들은 인종주의자들이었다. 잠재적인, 주기적인, 상황에 의한 인종주의자들이었다. 나는 자유롭고 관대한 친구들이 있지만, 인지하지 못한 채 인종주의자처럼 처신하는 자들이 얼마나 많았던가!

삶의 모든 영역에 있어 그들은 이 인종주의와 부딪혀야 했다. 예를 들어 거처를 찾는 일이 그러했다.

> 프랑스에 도착한 후부터 한 달 전까지 프랑스인들은 나에게 다음과 같이 말하면서 방을 주기를 거절했다. "집주인이 유색인들을 원치 않는다.[14]

하지만 이러한 아프리카인들의 '심한 비판'에 신중할 필요가 있다. 확실히 프랑스인 전체를 아프리카 학생들이 이렇게 평가하는 것은 아닐 것이다. 예를 들어 그들은 파리와 파리 근교에서 많은 매력들을 발견했다. "파리에서 모든 열등감은 침묵한다. 자비로운 '범세계주의(Cosmopolitisme)'가 있다." 아프리카 학생들이 교류하는 프랑스 지식인들과 예술가들은 온정주의와 식민주의적 우월성에 상대적으로 둔감했는데, 이는 제2차 세계대전 이전의 경우와는 다른 현상이었다. 하여튼 학생들은 공부하기에 가장 좋은 조건을 누린다는 점을 인정했고, 폭넓고 인종주의적이지 않은 문화와 교류의 장에 대해 이야기했다.

> 파리에서 우리는 많은 사람들을 만난다. 우리는 친구를 사귄다. 사람들은 보다 개방적이고 프랑스적이지 않은 모든 일에 대해서

---

14 Jean-Pierre Ndiaye, *Enquête sur les étudiants noirs en France*, p. 282.

는 덜 분노한다.[15]

따라서 이 시기는 양면성을 지니고 있다고 보아야 할 것이다. 온정주의와 과거의 인종주의는 여전히 존재했지만, 아프리카인들은 지적인 영역과 아마도 그 이외의 많은 영역에서 1939년까지 거의 사회 전체를 특징지었던 식민주의적 감정과 '너그러운 인종주의(racisme benoît)', 이 부담스러운 온정주의로부터 적어도 부분적으로 벗어난 프랑스인들을 만날 수 있었다고 평가할 수 있을 것이다.

5. 탈식민화와 아프리카 이주민

1960년을 전후한 시기, 아프리카 국가들의 독립 이후 새로운 '인물(figure)'이 프랑스에 도착했다. "대지의 저주받은 자"인 이주민은 프랑스인들의 의식 속에 사회의 비참한 모습과 고통주의자(doloriste)라는 새로운 이미지를 각인시켰다. 모든 일반 사람들의 동정의 대상이었던 1960년대와 1970년대 아프리카 도로청소부라는 '인물'은 독립을 위한 투쟁과 탈식민화로부터 생겨한 프랑스인들의 죄의식을 강화시켰다. 찬미의 대상이었으며, 제3세계 억눌린 자들의 투쟁의 상징으로서, 아프리카 이주민은 일부 프랑스 젊은이들에게 혁명적인 메시아주의와 "제국주의에 대항한 정당한 투쟁"을 통해 형성된 '이상적인 다른 나라(un aillerus idéalisé)'를 대표한다는 커다란 이점을 당시에 지니고 있었다.

15 Jean-Pierre Ndiaye, *Enquête sur les étudiants noirs en France*, pp. 81~84.

같은 시기에, 아프리카 지식인들은 일시적으로 프랑스를 떠났었다. 15년 동안의 지적이고 예술적인 격동의 시기를 보낸 후 파리는 아프리카 지식인의 수도로서의 지위를 한동안 잃게 되었다. 1960년부터 새롭게 탄생한 아프리카의 절박한 상황이 국가적 건설을 요구했고, 시인, 학생, 연구자들은 열정적으로 그들의 민족을 위해 봉사하기 위해 파리의 다락방을 떠났다. 이후부터는 야운데(Yaoundé), 다카르(Dakar), 아비장(Abidjan), 로메(Lomé) 그리고 브라자빌(Brazzaville)에서 중요한 일들이 벌어졌으며, 프랑스를 떠난 이들은 속속 그곳으로 집결하여 실권자가 되거나 혹은 반정부 인사가 되었다. '마르크스주의 학생들'에 의해 새롭게 통치되는 몇몇 아프리카 나라에서는 뛰어난 학생들을 학업을 계속할 수 있게 '신식민주의의 보루'인 파리보다는 모스코바, 동베를린 혹은 부쿠레슈티(București)로 보내는 경향이 생겨났다. 1960년대 파리는 아프리카 학생들에게 여러 행선지 가운데 한 곳에 불과했으며, 1980년대부터서야 '포스트독립주의자(post–indépendantiste)'의 환멸과 독재자들에 의해 쫓겨난 많은 지식인들의 망명과 함께 이전의 '식민지 본국'이 아프리카의 지적, 예술적 생활의 중요한 중심지가 되었다.

2차 대전 종전 이후부터 아프리카 독립에 이르는 시기는 프랑스에서 아프리카인에 대한 묘사가 매우 대비적이었던 두 시기 사이의 전환점이라 할 수 있다. 전간기의 '바나니아 병사(tirailleur Banania)'의 이미지와 1960년대와 1970년대의 '마마두(Mamadou)[16]의 이미지' 사이에 성

16 마마두(Mamadou)는 주로 아프리카 무슬림 국가에서 사용되는 가장 인기 있고 고귀한 남자 이름 중 하나이다. 단어의 기원은 이슬람의 선지자 무함마드(Mohamed)에서 유래했으며, "찬양 받을 만한"이라는 의미를 갖고 있다. 프랑스에서 마마두는 아프리카 흑인을 상징하며, 특히 흑인의 고분고분함, 쾌활함,

공한 지식인, 학생, 정치인, 예술가의 이미지가 삽입된 것이다. 틀에 박힌 이미지 중 그 어떤 것도 이후에 프랑스 집단 무의식에서 완전히 사라지지 않았으며, 이 모든 이미지들은 시간이 지남에 따라 더 복합적으로 되었다. 이처럼 1960년대의 이주민들에게는 이전에 '아프리카 보병'을 규정했던 특징들, 다시 말해 온순함과 쾌활함, 그리고 순응성을 부여했다. 지식인들과 학생들처럼 1950년대의 아프리카인들은, 프랑스인 대다수가 볼 때, 그들의 북아프리카인 동료에 비해 훨씬 온건하게 등장했으며, 보다 정치화되었다는 명성을 지녔고, 알제리전쟁 이후 난폭하고 교활하다고 평가된 북아프리카 출신 노동자들은 사하라 이남 아프리카인들과의 암묵적인 비교로 독립 이후에도 여전히 오랫동안 고통을 받게 되었다. 결국 사하라 이남 아프리카 지식인들이 1980년대 프랑스 지식인 사회에 다시 발을 들여놓았을 때, 같은 시기 '흑인' 예술가들이 파리를 세계 음악의 중심지로 만들었을 때, 프랑스인들은 1950년대 상황과 아프리카의 지적이고 예술적인 무대의 활력을 알지 못한 채 그것을 다시 경험하게 되었다.[17] 다소 피상적인 '흑인 양식(black mode)'의 급격한 확산을 보게 될 시기에 레오폴드 세다르 생고르는 아프리카인 최초로 아카데미 프랑세즈(Académie française)의 회원이 되었다. 식민지인의 프랑스 사회로의 입성이 마침내 '완성'된 것이다.

'아프리카 병사' 이후에 그리고 '식민지 출신의 노동자' 이전에, '아

정직함, 적응력과 강인함 등과 연관시켜 사용하는 단어이다. http://prenoms.famili.fr/,mamadou,2277,1198788.asp.

17 이와 관련해서는 "Black, Africains, Antillais... Cultures noires en France", *Autrement*, no. 49(avril 1983)와 Bruno Tilliette et Simon Njami (dir.), *Ethnicolor* (Paris: Autrement, 1987)를 참조할 수 있다.

프리카 지식인'의 이미지는 1950년대 짧은 기간 동안 부가되었다. 그리고 바로 이 이미지가 1980년대에 확실히 덜 주목받는 방식으로, 하지만 확실하게 원래의 모습으로, 덜 도구화되고, 덜 교훈적이며, 덜 일화적인 모습으로 다시 등장했다. 그 사이에 이 이미지는 혼합되고, 미묘한 변화를 겪었으며, 확고해지고, 일반화되었다. 특히 이 이미지는 프랑스인들에게 프랑스의 아프리카 존재의 구성 요소들 중 하나로 인식되었다. 요컨대 이 시기의 근본적인 양면성에도 불구하고, 1950년대는 아프리카인들을 더 이상 단지 쾌활하고 다소 멍청한 큰 아이로만 보지 않는 것을 허락해 주었던 것이다.

1950년대 동안 무대의 전면에 나선 아프리카인들은 무엇보다도 정치인, 지식인, 예술가, 학생들이었다. 각각의 영역에서의 그들의 활동은 이후 프랑스의 집단적 무의식 속의 아프리카인들에 대한 편견과 선입관을 교정해 주었다. 그럼에도 불구하고 모순과 역설은 존재했다. 왜냐하면 온정주의와 식민주의적 인종주의에서 비롯된 이전의 고정적인 이미지가 독립을 준비하는 이 세대에 대해서도 완전히 사라지지는 않았기 때문이다. 그럼에도 불구하고 프랑스 '제국의 문화(culture impériale)'의 또 다른 장이 이민사와 프랑스 식민사의 교차로에 서 있었다고 우리는 말할 수 있을 것이다.

에필로그

정치적으로 미약하며, 왕정 도래의 가능성과 다시 활성화된 민족주의에 의해 끊임없이 위협당하고 있는 '기회주의적인' 프랑스의 공화주의자들은 프랑스인들을 결집하고 국가적 단합을 위해, 그리고 사회적·정치적으로 자신들의 권력을 확립하기 위해 다양한 개혁을 도입하거나 추구했다. 물론 그러한 노력은 1882년 의무학교에 관한 법령, 징집의 일반화, 그들의 계획을 중심으로 한 국가적 통일을 창조하기 위한 공화주의자들의 당시 가장 중요한 시도들이었다. 공화주의자들의 계획은 이처럼 준비 중인 국가 공동체 수립의 문제에 답변하려는 시도였다. 정치적 대립에 의해, 지역적 분열에 의해, 언어적 이질화와 교회와 군대 같은 적대적 기관들에 의해 위협받았기에 국가 공동체는 아직 미완성 상태였다. 공화주의 권력은 따라서 이러한 맥락에서 그 허약성에 대한 강박관념이 있는 권력이었으며, 공화주의자들의 모든 이념적 전략은 그 자신의 계산을 위해 국가와 국가적 통일의 이념을 회복하는 것이었고, 사회의 가장 광범위한 권력 중심으로 집결하는 것 이상으로 정치적 가치를 창출하는 것이었다. 이러한 과정에서 식민지 제국의 구축은 공화주의 모델을 경험하고, 시험하고, 강화하기 위한, 적용 범위가 넓은 영역이었다.

이러한 맥락에서 볼 때, 프랑스라는 나라는, 제국이라는 개념 혹은 동화의 개념을 통해 국가적 정체성의 전통적인 도식을 깨뜨린 "위대한 프랑스(La Plus Grande France)"라는 개념을 향해 발전하는 지역적 혹은 식민주의적 정복의 결과였다. 식민지 영토와 지역 시장은 "프랑스에 이익을 가져다주면서" 같은 흡수와 통합의 과정을 경험했다. 따라서 프랑스에게 '해외 영토'의 식민화는 과거와의 단절이 아니며 반대로 프랑스 국가, 그 다음으로 그 유산인 공화국의 건설에 있어 동질의 연속체(continuum) 안으로 들어오는 것이었다. 바로 여기서 베르제스(François Vergès)가 설명했듯이 공화국은 "의무를 완수할 그의 충실한 사명을 부여받았다. 복음을 전파할 사명. 문명화 사명은 다양한 측면을 가졌다. 그것은 인류적 동기, 동화 이념, 식민지 간섭의 정당화이고자 한다. 바로 공화주의 원칙의 이름으로 식민지 정복은 행해져야 했다."

"같은 영토안의 사람들의 공동체"에 대한 르낭(Ernest Renan)의 사고에 영향을 받은 가운데, 프랑스는 피부가 어떻던, 어느 영토에 살던, 프랑스 시민들의 단일화 과업을 완성할 때만 프랑스가 될 수 있다고 생각했다. 그럼에도 불구하고 이 공동체로부터 "아프리카의 흑인", "야만적이고 광신적인 민족", "열등 인종", 그리고 "동화될 수 없는 다른 집단", 다시 말해 거의 대부분의 제국의 '비백인 집단'들은 분명하게 제외되었다. 이러한 맥락에서 공화주의자들의 정복의 물결의 시기에 앞서 등장한 『19세기 라루스 일반대사전』(*Grand Dictionnaie larousse universel du*

XIXe siècle)(1865)의 '흑인(nègre)'이라는 단어의 정의를 상기해 보는 것은 필요해 보인다.

> 몇몇 박애주의자들이 흑인이 백인만큼 지능을 갖추었다고 증명하고자 노력하는 것은 쓸모없는 일이다. 그들에게 대단한 지적 능력의 존재를 증명하는 몇몇 드문 사례로는 전혀 충분치 않다. 프랑스인들이 생각할 때 다른 모든 것을 압도하는 의심의 여지없는 사실은 흑인들은 백인보다 훨씬 작고 가벼우며 부피가 작은 뇌를 가졌다는 사실이고, 모든 동물류에서처럼 지식은 뇌의 크기, 뇌의 회전수와 두께의 직접적 원인이며, 이 사실은 흑인종에 대한 백인종의 우월성을 증명하는 사실로 충분하다.[1]

프랑스의 제국주의 문화와 관련하여 우리는 먼저, 무엇 때문에 그것이 프랑스의 본성, 그의 역사, 그의 과거, 보다 정확히 말하면 프랑스 공화국이 근거로 두는 가치와 이념과 밀접하게 연관되었는지를 파악해야 한다. 공화주의자들이 탄생 초기부터 갖는 식민지 이념에 대한 관심과 '보살핌'은 여러 요인으로 설명될 수 있다. 먼저 정치적 분열(공화주의자들은 왕정주의자, 보수적 우파와 급진주의(자)로부터 위협을 받았다)과 1차 산업혁명으로부터 부상하고 있는 도시 무산자 계급의 형성과 함께 시작된 사회 운동을 초월하는 '이상'을 만들려는 필요성에 의한 것이었다. 여기에 공화주의자의 이념에 매우 반대하는 귀족이 이끄는 군대와 공화주의 민족국가의 공고화에 장애가 되는 지역문화 간의 격차라는

1 Sandrine Lemaire, "Gustave d'Eichthal ou les ambiguïté d'une ethnologie saint-simoniennes: du racialisme ambiant à l'utopie d'un métissage universel", Philippe Régnier (dir.), *Etudes saint-simoniennes* (Paris: PUF, 2002).

맥락을 포함시켜야 할 것이다. 1880년대 초부터 형성되기 시작한 '문명화 사명'으로서의 식민지 이상은 따라서 공화국에 의한 보편적 연설의 목록 안에 깊게 기입되었고, 일방적이고 다양하고 편재하는 '이미지들'을 통해 광범위하게 전파되었다. 대중 매체에 의해 유포된 이 이미지들은 최대한 다수에 의해 보다 잘 이해되고, 인식되며, 간직되게 하기 위해 단순화되었다.

사실 프랑스 민족이 아닌 '프랑스 국가'의 완만한 건설 동안, 학자들과 문인들에 의해 광범위하게 지지되는 가운데 프랑스라는 공간은 랑그독(Languedoc)과 사부아(Savoie) 지역을 합병하면서 끊임없이 변화하고 있었다. 동시에 공화국이, 클로비스(Clovis)부터 생 루이(St. Louis)까지, 잔 다르크(Jeanne d'Arc)부터 나폴레옹(Napoléon) 시기까지의 과정을 통해 획득한 국가적 정체성의 기반이 될 가치체계는 분명해졌다.[2] 정복에 대한 옹호는 도래할 팽창주의와 함께 준비 중이던 문명화 사명에 착수하게 했다. 국가의 연장과 그의 힘의 조건으로서의 식민화라는 주장에 근거한 국가적 식민주의 담론과 생물학적·문화적으로 열등하다고 인식한 민족에게 공화국의 '빛'을 전파한다는 주장은 식민지가 독립할 때까지 공화주의자들의 머릿속에서 사라지지 않았다. 이러함 인식체계는 학자와 인류학자들에 의해 광범위하게 승인되었고, 이들에게 학문적 지식의 목적은 타인에 대한 도덕, 관습, 환경 등에 대한 지식을 기반으로 하는 식민지 질서 수립의 원칙에 있었다. 이 담론의 편재에 의해, 그것의 근접성에 의해, 더 나아가 그것과 형성 중인 식민지 체

---

2 이와 관련해서는 Anne-Marie Thiesse, *La création des identités nationales en Europe, XVIIIe–XXe siècles* (Paris: Seuil, 1999)를 참조할 수 있다.

제와의 상호작용에 의해, 인류의 서열화를 통한 이 식민지 질서의 정당화에 의해, 학자들과 '제국의 선전자들'은 점진적으로 '다름의 문화', 즉 바로 이 식민지 질서의 수립에 필요불가결하게 된 식민주의 문화를 창조하는 데 기여했다.

참고 문헌

국내외 논문 및 연구서

김용우, 「프랑스 '인류박물관'과 식민적 휴머니즘」, 『역사와 문화』, 26호(2013).

김응종, 「오리엔탈리즘과 인종주의: 토크빌과 고비노의 논쟁을 중심으로」, 『담론 21』, vol. 6, no. 2(2003).

노서경, 「프랑스 식민주의 비판 사학의 동향: 질 망스롱과 클로드 리오쥐를 중심으로」, 『프랑스사 연구』, 19호(2008)

박단, 『프랑스공화국과 이방인들』, 서강대학교 출판부, 2013.

박설호, 『라스카사스의 혀를 빌려 고백하다』, 울력, 2008.

박지향, 『제국주의: 신화와 현실』, 서울대출판부, 2000.

박진빈, 『백색국가 건설사』, 앨피, 2006.

박형지·설혜심, 『제국주의와 남성성: 19세기 영국의 젠더 형성』, 아카넷, 2004.

양홍석, 『고귀한 야만』, 동국대학교 출판사, 2008.

염운옥, 「영국의 식민사상과 사회진화론」, 강만길 외, 『일본과 서구의 식민통치 비교』, 선인, 2004.

윤용수·최춘식, 『지중해 언어의 만남』, 산지니, 2015.

이용재, 「탈민족 다문화 시대의 자국사 교육: 프랑스 '민족서사' 역사교육 논쟁」, 『서양사론』, 128호(2016)

이윤미, 「식민지 교육의 연속성에 대한 관점과 식민주의의 근대성에 대한 논의」, 『한국교육사학』, 26권 2호(2004).
이재원, 「기억의 전유와 기억의 투쟁: 알제리전쟁 기념 문제에 대한 비판적 고찰」, 『프랑스사 연구』, 19호(2008).
하세봉, 「동아시아 박람회에 나타나는 '근대'의 양상들」, 『문화사학회 발표논문』, 2005년 2월.
한국서양사학회, 『서양문명과 인종주의』, 지식산업사, 2002.
황혜성, 「인종주의」, 김영한 엮음, 『서양의 지적 운동 II』, 지식산업사, 2002.
筒井康隆, 心理學, 社怪學, 양억관 역, 『인간 동물원』, 북스토리, 2004.

Ageron, Charles-Robert, *France coloniale ou parti colonial?*, Paris: PUF, 1978.
_______, "L'exposition coloniale de 1931", Pierre Nora (éd.), *Les Lieux de mémoires, vol. 1. La République*, Paris: Gallimard, 1984.
_______, "Les colonies devant l'opinion publique", *Cahiers de l'Institut d'histoire de la presse française*, no. 1, 1972-1973.
_______, *Jules Ferry, fondateur de la République*, Paris: Ed. de l'EHESS, 1985.
Allier, Raoul, *Le non-civilisé et nous: différence irréductible ou identité foncière?*, Paris: Payot, 1927.
Alten, Michèle, *La musique et le chant dans les écoles primaires de la République (1882-1939)*, thèse sous la direction de Antoine Prost, Université Paris I, septembre 1993.
Bachollet, Raymond et al., *Négripub: l'image des Noirs dans la publicité*, Paris: Somogy, 1992.
Baden-Powell, Robert, *Scouting for Boys*, London: C. Arthur Pearson Ltd, 1908.
Badou, Gerard, *L'enigme de la Venus hottentote*, Paris: Payot, 2000.
Bakhtin, Mikhail, trans. Helene Iswolsky, *Rabelais and His World*, Bloomington: Indiana University Press, 1984.
Bancel, Nicolas, Blanchard, Pascal et Gervereau, Laurent (dir.), *Images et Colonies: Iconographie et propagande coloniale sur l'Afrique française de 1880 à 1962*, Nanterre: BDIC-ACHAC, 1993.
Bancel, Nicolas, Blanchard, Pascal et Delabarre, Francis, *Images d'Empire. Trente ans de photographies officielles sur l'Afrique française (1930-1960)*, Paris:

La Documentation française/La Martinière, 1997.

Bancel, Nicolas, Lemaire, Sandrine et als. (dir.), *Zoos humains. Au temps des exhibitions humaines*, Paris: La Découverte, 2002.

Bancel, Nicolas et Blanchard, Pascal, *De l'indigène à l'immigré*, Paris: Galliard, coll. Découvertes, 2002.

Bancel, Nicolas, Denis, Daniel et Fates, Youssef (dir.), *De L'Indochine à l'Algérie. La jeunesse en mouvements des deux côtés du miroir colonial*, Paris: La Découverte, 2003.

Bao Dai (S.M.), *Le dragon d'Annam*, Paris: Plon, 1980.

Becker, Jean-Jacques, *Histoire politique de la France depuis 1945*, Paris: Armand Colin, 1988.

Benali, Abdelkader, *Le Maroc au regard du cinéma colonial*. Thèse de doctorat d'histoire, Université Paris VIII, 1996.

Benton, Joel, *Life of Phineas T. Barnum*, Philadelphia: Edgewood Publishing, 1891.

Bert, Paul, *Lettres de Kabylie. La politique algérienne*, Paris: Alphonse Lemerre, 1885.

Blanchard, Pascal, Deroo, Eric, et Manceron, Gilles, *Le Paris noir*, Paris: Hazan, 2001.

Blanchard, Pascal et Lemaire, Sandrine, *Culture coloniale. La France conquise par son Empire, 1871-1931*, Paris: Ed. Autrement, 2003.

_______, *Culture impériale. Les colonies au coeur de la République, 1931-1961*, Paris: Ed. Autrement, 2004.

Blanchard, Pascal et Bancel, Nicolas (dir.), *Culture post-coloniale, 1961-2006. Traces et mémoires en France*, Paris: Autrement, 2011.

Bonnefin, Aimé et Marchand, Max, *Histoire de France et d'Algérie*, premier livre, cours élémentaire et moyen 1er année, Paris: Hachette, 1951.

Bouillet, Marie-Nicolas, *Dictionnaire universel d'Histoire et de Géographie*, Paris: Libr. Hachette & Cie, 27e édition, 1880.

Boulanger, Pierre, "Le cinéma colonial ou la réalité coloniale travestie", *Cinéma*, no. 72(décembre 1972).

_______, *Le cinéma colonial de "l'Atlantide" à "Lawrence d'Arabie"*, Paris:

Seghers, coll. “Cinéma 2000”, 1975

Bruno, G., *Le tour de la France par deux enfants,* Paris: Belin, 1991.

Bugeaud, Thomas Robert (maréchal), “La situation de l'Algérie à la fin de 1843”, *Le Moniteur Algérien,* 25 décembre 1843, *Par l'épée et par la charrue,* Paris: PUF, Coll. Colonies et Empires, 1948.

Carrière, Jean-Claude, 이세욱 역, 『바야돌리드 논쟁』, 샘터, 2007.

Chailley-Bert, Joseph, *Paul Bert au Tonkin,* Paris: G. Charpentier & Cie, 1887.

Chalaye, Sylvie, *Du Noir au Nègre. L'image du Noir au théâtre, 1550-1960,* Paris: L'Harmattan, 1998.

Challaye, Félicien, “Le Congo français”, *Cahiers de la Quinzaine,* XIIe Cahier de la VIIe Série, 1906.

Coquery-Vidrovitch, Catherine et Ageron, Charles-Robert, *Histoire de la France coloniale, vol. 3. Le déclin,* Paris: Armand Colin, coll. Agora, 1991.

Colonna, Fanny, *Instituteurs algériens, 1883-1939,* Paris: Presses de la FNSP, 1975.

Conklin, Alice L., *A mission to civilize: the republican idea of empire in France and West Africa, 1895-1930,* Stanford: Stanford University Press, 1997.

Copans, Jean et Jamin, Jean, *Aux origines de l'Anthropologie française. Les Mémoires de la Société des Observateurs de l'Hommes en l'an VIII,* Paris: Le Sycomore, 1978.

Daeninckx, Didier, 김병욱 역, 『파리의 식인종』, 도마뱀출판사, 2007.

Debré, Michel, *Ces princes qui nous gouvernent,* Paris: Plon, Coll. Tribune Libre, 1957.

Delcasso, *Chants de l'enfance,* Paris: Librairie Hachete, 1921.

Demaison, André, *Exposition coloniale internationale, Paris, 1931. Guide officiel,* Paris: Ed. Mayeux, 1931.

Denis, Daniel, “Apprenre à lire La Plus Grande France”, Jean-Robert Henry et Lucienne Martini (dir.), *Littératrues et temps colonial. Métamorphoses du regard sur la Méditerranée et l'Afrique,* Paris: Edisud, 1999.

_______, “L'école de la vie sauvage: un bain de jouvence du parti colonial?”, Pociello, Christian et Denis, Daniel (dir.), *A l'école de l'aventure,* Paris: Presses universitaires du sport, 2000.

Deroo, Eric, El-Yazami, Driss et al., *Le Paris arabe*, Paris: La Découverte/Générique/ACHAC, 2003.

Deschamps, Eric, *La Cuisine des croisières Citroën*, Paris: Éditions de l'Envol, 2004.

Dewitte, Philippe, *Les Mouvements nègres en France, 1919-1939*, Paris: L'Harmattan, 1985.

Diané, Charles, *La FEANF et les grandes heures du mouvement syndicat étudiant noir*, Paris: Editions Chaka, 1990.

Dozon, Jean-Pierre, *Frères et sujets. La France et l'Afrique en perspective*, Paris: Flammarion, 2003.

El-Ftouh, Youssef, "L'Afrique dans les images coloniales", *Ecrans d'Afrique*, nos. 9-10, 3e-4e trimestres 1994 (dans le cadre du programme de l'ACHAC).

Ernst, Raphaëlle, *Les Mondes coloniaux dans les expositions universelles à Paris (1855-1900). Le Cas de l'empire français*, Mémoire de Maîtrise, Université de Paris X, 1998.

Ferran, Henri, *Ma Récréation*, Paris: Bottereau, 1911.

Ferro, Marc, *Les Tabous de l'histoire*, Paris: Nil Editions, 2002.

_______, *Le livre noire du colonialisme. XVIe-XXIe siècle: de l'extermination à la repenrtance*, Paris: Robert Laffont, 2003,

Fischer-Tiné, Harald and Mann, Michael (ed.), *Colonialism as civilizing mission: cultural ideology in British India*, London: Wimbledon Publishing Company, 2004.

Foncin, Pierre, *Troisième année de géographie. Les Cinq Parties du monde, à l'usage de l'enseignement secondaire et primaire supérieur*, Paris: Armand Colin, 1885.

Fragerolle, Jean et Anjou, Pierre de, *L'histoire de France en chansons*, Paris: La lyre chansonnière, 1943.

Franchini, Philippe, *La genèse de l'affaire de Cochincine*, Saigon: Impr. d'Extrême-Orient, 1952.

Frayssinet-Dominjon, Jacqueline, *Les manuels d'histoire de l'école libre, 1881-1959*, Paris: Presses de la FNSP, 1969.

Gaffarel, Paul, *L'Algérie: Histoire, Conquête et Colonisation*, Paris: Firmin Didot,

1883.
Gallotti, Jean, "Traité de géographie de l'exposition coloniale d'après les plus récentes découvertes", *Vu*, no. 168(1931).
Garçon, François, "Une décolonisation qui s'annonce difficile. Le cinéma français, le colon et le colonisé", Martine Godet (éd.), *De Russie et d'ailleurs, feux croisés sur l'histoire*, Paris: Institut d'études slaves, 1995.
Gaulle, Charles de, *Discours et Messages, vol. III, Avec le renouveau, 1958-1962*, Paris: Plon, 1970.
Gaulupeau, Yves, "Les manuels par l'image: pour une approche sérielle des contenus", *Histoire de l'éducation*, no. 58(septembre 1993).
_______, "L'histoire par l'image: pour une approche sérielle des contenus", *Histoire de l'éducation*, no. 58(septembre 1993).
Gauthier, Guy et Esnault, Philippe, "Le cinéma colonial", *Revue du cinéma*, no. 394(mai 1984).
Gervereau, Laurent et Milza, Pierre (dir.) *Toute la France. Histoire de l'immigration en France au XXe siècle*, Paris: Somogy, 1998.
Girardet, Raoul, *Idée coloniale en France de 1871 à 1962*, Paris: La Table ronde, 1972.
Gobineau, Joseph Arthur de, *Essai sur l'inégalité des races humaines*, 4 vol., Paris: Firmin Didot, 1853-1855.
Goissaud, Anthony, "Les Pavillons de l'Indo-Chine", *Construction moderne*, no. 5(1931).
Gould, Stephen Jay, *Le sourire du flamand rose*, Paris: Seuil, 1988.
Gylseth, Christopher Hals and Lars O. Toverud, *Julia Pastrana: The Tragic Story of the Victorian Ape Woman*, Sutton: History Press Limited, 2004.
Hervé, Gustave, *Histoire de France et notions d'histoire générale, à l'usage des cours supérieurs et des écoles primaires supérieures*, Paris: Bibliothèque d'éducation, 1904.
Hodeir, Catherine, et Pierre, Michel, *L'exposition coloniale*, Paris: Editions Complexe, 1991.
_______, *Le Non-Dit dans l'Exposition coloniale, Paris, 1931*, mémoire de maîtrise, Université Paris-VIII, 1978.

Hougron, Jean, *Mort en fraude*, Paris: Domat, 1953.

Hugo, Victor, *Choses vues. Souvenirs, journaux, cahiers, vol. I, 1830-1846*, Paris: Gallimard, coll. Folio, 1972.

Jannone, Christian, *La vision de l'Afrique dans les bandes dessinées belges et françaises*. Thèse de doctorat d'histoire, Université Aix-Marseille, 1998.

Jaurès, Jean, *Textes choisis. I. Contre la guerre et la politique coloniale*, Paris: Ed. Sociales, Coll. Les Classiques du Peuple, 1959.

Jeannel, Charles, *Petit-Jean*, Paris: Delagrave, 1879.

Jonassohn, Kurt, "On A Neglected Aspect Of Western Racism" (Paper presented at the meeting of the Association of Genocide Scholars, 9-12 June 2001 in Minneapolis), December 2000, Montreal Institute for Genocide and Human Rights Studies.

Kahn, Albert, *1860-1940: réalités d'une utopie*, Boulogne: Musée Albert Kahn, 1995.

Kalifa, Dominique, *La Culture de masse en France, 1860-1930, t. I*, Paris: La Découverte, 2001.

Lavisse, Ernest, article "Histoire", Ferdinand Buisson, *Dictionnaire de pédagogie*, 1885.

Leblond, Marius-Ary, *Madagascar: création française*, Paris: Plon, 1934.

Lebovics, Herman, *True France: The Wars over Cultural Identity, 1900-1945*, Ithaca, NY: Cornell University Press, 1992.

Lehuraux, Léon (commandant), *Chants et chansons de l'armée d'Afrique*, Reliure inconnue, 1933.

Lemaire, Sandrine, "Du joyau impérial à l'amnésie nationale: l'image de l'Algérie dans les manuels scolaires français", *Internationale Schulbuchforschung/ International Textbook Research*, mars 2004.

Léon, Antoine, *Colonisation, enseignement et éducation. Etude historique et comparative*, Paris: L'Harmattan, Coll. Bibl. de l'Education, 1991.

Leprun, Sylviane, *Le Théâtre des colonies. Scénographie, acteurs et discours de l'imaginaire dans les expositions, 1855-1937*, Paris: L'Harmattan, 1986.

Leprohon, Pierre, *L'Exotisme et le Cinéma. Les chasseurs d'images à la conquête du monde*, Paris: Editions J. Susse, coll. "Voyages et aventures", 1945.

Lerminier, Eugène, "De la conservation d'Alger", *Revue des Deux-Mondes*, avril-juin 1836.

Lévy, Jean-Benoît et Epstein, Marie, *Itto*, Film, d'après le roman de Maurie LE GLAY, Paris, 1934.

Liauzu, Claude et Josette, *Quand on chantait les colonies. Colonisation et culture populaire de 1830 à nos jours*, Paris: Editions Syllepse, 2002.

Lyautey, Hubert, "Lettres à Henry Beranger, 10 mai 1898", *Les plus belles lettres de Lyautey*, Paris: Calmann-Lévy, 1962.

Madral, Philippe, *Le théâtre hors les murs. Six animateurs et trois municipaux nous parlent*, Paris: Ed. du Seuil, 1969.

Maingueneau, Dominique, *Les Livres d'école de la République, 1870-1914. Discours et idéologie*, Paris: Le Sycomore, 1979.

Malleret, Louis, *L'exotisme indochinois dans la littérature française depuis 1860*, Paris: Larose, 1934.

Malraux, André, *La Voie royale*, Paris: Grasset, 1930.

Manceron, Gille, *Marianne et les colonies: une introduction à l'histoire coloniale de la France* , Paris: La Découverte, 2003.

Mangan, James A., *The Games Ethic and Imperialism. Aspects of the Diffusion of an Ideal*, New York: Viking, 1986.

Marrou, Henri-Irénée, "Colonisation et Décolonisation", *La question algérienne*, Paris: Ed. de Minuit, 1958.

Martin, Claude, "Réflexions sur une tournée", *La nouvelle critique*, no. 29(septembre-octobre 1951).

Martin, Claude, et Henri Delmas, *Henri Martin, la célèbre pièce de la troupe des Pavés de Paris*, Paris: Ed. Comité de défense Henri Martin, 1951.

________, "Réflexions sur une tournée", *La nouvelle critique*, no. 29(septembre-octobre 1951).

Martin du Gard, Maurice, *Courrier d'Afrique: Sénégal, Soudan, Guinée*, Paris: Flammarion, 1943.

Marty, Laurent, *Chanter pour survire. Culture ouvrière, travail et technique dans le textile. Roubaix (1850-1914)*, Paris: L'Harmattan, 1996.

Maurois, André, "Sur le Vif", *L'Exposition coloniale*, Paris: Decorce, 1931.

Meda, Jean-Claude Yrzoala, "Le cinéma colonial: les conditions de son développement", *Ecrans d'Afrique*, nos. 9-10, 3e-4e trimestres 1994.

Michelet, Jules, *Introduction à l'histoire universelle*, Paris, 1831.

Morris, Desmond, 김석희 역, 『인간 동물원』, 물병자리, 2003.

Morton, Patricia A., *Hybrid modernities: architecture and representation at the 1931 Colonial Exposition Paris*, Cambridge: MIT Press, 2000.

Mullan, Bob and Garry, Marvin, *Zoo culture: The book about watching people watch animals* , Illinois, Second edition, 1998.

Murray, Alison, "Le tourisme Citroën au Sahara (1924-1925)", *Vingtième Siècle. Revue d'histoire*, no. 68(2000).

Ndiaye, Jean-Pierre, *Enquête sur les étudiants noirs en France*, Paris: Réalités africaines, 1962.

Nguyen Van Phong, *La Société vietnamienne de 1882 à 1902 d'après les écrits des auteurs français*, Paris: PUF, Publ. de la Fac. des Lettres et Sc. Humaines de Paris-Sorbonne, 1971.

Norès, Edmond, *L'oeuvre de la France en Algérie. La Justice*, Paris: Félix Alcan, 1931.

Norindr, Panivong, *Phantasmatic Indochina: French Colonial Ideology in Architecture, Film, and Literature*, Durham: Duke University Press, 1997.

Olivier, Marcel, *Rapport général de l'exposition coloniale internationale de 1931*. 1931.

Oms, Marcel, "L'imaginaire colonial au cinéma", *Images et Colonies*, Actes du collonque de l'ACHAC, sous la dirction de Pascal Blanchard et Armelle Chatelier, Paris: Syros-Achac, 1993.

Osterhammel, Jürgen, 박은영·이유재 역, 『식민주의』, 역사비평사, 2006.

Ozouf, Mona, Ozouf, Jacqeus, Aubert, Véronique et Steindecker, Claire, *La République des instituteurs*, Paris: Gallimard/Le Seuil, 1992.

Ozouf, Jacques et Mona, "Le Tour de la France par deux enfants. Le petit livre rouge de la République" Pierre Nora, *Les Lieux de mémoire, t. I: La République*, Paris: Gallimard, 2004.

Sartre, Jean-Paul, "Théâtre populaire et théâtre bourgeois", *Théâtre populaire*, no.

15(septembre-octobre 1955).
Palewska, Marie, *Les romans d'aventure publiés par le Journal des voyages de 1877 à 1915*, DEA de littérature française, Université Paris IV, 1997.
Parmelin, Hélène, *Matricule 2078*, Paris: Ed. Français Réunis, 1953.
Pavie, Auguste, *La Conquête des coeurs. Le pays du million d'éléphants et du parasol blanc. Les Pavillons noirs. Déo Van Tri*, Paris: Bossard, 1921.
Piault, Marc-Henri, "L'exotisme et le cinéma ethnographique: la rupture de La Croisière noire", *Journal of Film Preservation*, no. 63(octobre 2001),
Pierre, José (dir.), *Tracts surréalistes et déclarations collectives, t. I: 1922-1969*, Paris: Terrain vague, 1980.
Pociello, Christian et Denis, Daniel (dir.), *A l'école de l'aventure. Pratiques sportives de plein air et idéologies de la conquête du monde (1890-1940)*, Paris: Presses universitaires du sport, 2000.
Randau, Robert, *Les Algérianistes*, Paris: Sansot, 1911.
Reclus, Onésime, *Un grand destin commence*, Paris: La Renaissance du Livre, 1917.
Reiss, Benjamin, "P.T. Barnum, Joice Heth and Antebellum Spectacles of Race", *American Quarterly*, vol. 51, no. 1(march 1999).
Rimbaud, Arthur, *Jugurtha*, Charleville, 2 juillet 1869, *OEuvres complètes*, Paris: Gallimard, NRF, Bibl. de la Pléiade, 1963.
Rioux, Jean-Pierre, et Sirinelli, Jean-François, *La Culture de masse en France de la Belle Epoque à aujourd'hui*, Paris: Fayard, 2002.
Rosental, Michael, *The Character Factory. Baden-Powell and the Origins of Boy Scouts Movement*, London: Collins, 1986.
Rusio, Alain, *La guerre française d'Indochine*, Paris: Editions Complexe, 1992.
________, *Le credo de l'homme blanc. Regards coloniaux français XIXe - XXe siècles*, Paris: Ed. Complexe, 1995.
________, *Les communistes français et la guerre d'Indochine, 1944-1954*, Paris: L'Harmattan, 1985.
________, *Que la France était belle au temps des colonies*, Paris: Maisonneuve et Larose, 2001.
Said, Edward, 박홍규 역, 『문화와 제국주의』, 문예출판사, 2005.

Sandison, Alan, *The Wheel of Empire*, New York: Macmillan, 1967.

Sarraut, Albert, *Grandeur et servitude coloniales*, Paris: Éditions du Sagittaire, 1931.

Sartre, Jean-Paul, *L'affaire Henri Martin*, Paris: Gallimard, 1953.

Saussure, Lépold de, *Psychologie de la Colonisation française dans ses rapports avec les sociétés indigènes*, Paris: Félix Alcan, 1899.

Savarese, Eric, *La Colonisation et sa légitimation*, Paris: L'Harmattan, 2000.

Schwartz, Vanessa R., *Spectacular Realities: Early Mass Culture in Fin-de-Siècle Paris*, Berkeley: University of California Press, 1998.

Slaoui, Abderrahman, *L'affiche orientaliste: Un siècle de publicité à travers la collection de la Fondation A. Slaoui*, Casablanca: Editions Malika, 1997.

Springhall, John, *Youth, Empire and Society. British Youth Movement 1883-1940*, London: Croom Helm, 1977.

Spurr, David, *The rhetoric of empire: colonial discourse in journalism, travel writing, and imperial administration*, Durham: Duke University Press, 1993.

Teal, Jim, *Baden-Powell*, London: Hutchinson Editions, 1989.

Théolleyre, Jean-Marc, *Ces procès qui ébranlèrnet la France*. Paris: Grasset, 1966.

Thiesse, Anne-Marie, *La création des identités nationales en Europe, XVIIIe-XXe siècles*, Paris: Seuil, 1999.

Tilliette, Bruno et Njami, Simon (dir.), *Ethnicolor*, Paris: Autrement, 1987.

Todorov, Tzvetan, *Nous et les Autres. La réflexion française sur la diversité humaine*, Paris: Ed. du Seuil, Coll. La Couleur des idées, 1989.

Vasseur, Lucien, *Enfants du XXe siècle*. livre de lecture courante pour le cours moyen et supérieur, Paris: Hachettte, 1935.

Vergès, Françoise, *Abolir l'ésclavage, une utopie coloniale. Les ambiguïtés d'une politique humanitaire*, Paris: Albin Michel, 2001.

Viallat, Léandre, *L'esthétique aux colonies,* Congrès de l'urbanisme colonial, 1931.

Vo Duc Anh, *La place du Cahtolicisme dans les relations entre la France et le Viet Nam de 1851 à 1870*, Leiden: E.-J. Brill, 1969.

Wanier, Auguste, *L'Algérie devant le Sénat*, Paris, 1863.

Wauthier, Claude, *L'Afrique des Africains. Inventaire de la négritude*, Paris: Seuil,

1977.

Weber, Eugen, *La fin des terroirs*, Paris: Fayard, 1976.

Worms, Jean-Pierre, "Modèle républicain et protection des minorités nationales", *Hommes et Migrations*, no. 1197(avril 1996).

Zahar, Marcel, "Batir! Informer!" *L'Art vivant*, no. 151(1931).

_______, "L'Architecture de l'Exposition coloniale", *Renaissance de l'art*, no. 8(1931).

Zwick, Jim, "Remembering St. Louis, 1904: A World on Display and Bontoc Eulogy". Syracuse University. March 4, 1996, Originally published by the H–Net Review Project.

Manuel musical des écoles, recueil des choeurs des meilleurs auteurs classés par H. Gauthier, Paris: Ed. de musique, sd.

Gouvernement général de l'AOF, *Le chant à l'école indigène*, Bulletin de l'Enseignement de l'AOF, 1916.

Le livre d'or du centenaire de l'Algérie française. 1830-1930: l'Algérie, son histoire, l'oeuvre française d'un siècle, les manifestations du centenaire, 1930.

Recueil de statistiques scolaires et professionnellles, 1949-1950-1951, CNDP.

Informations statistiques du ministère de l'Education nationale, no. 29-30(mai-juin 1961).

"Ne visitez pas l'Exposition coloniale", José Pierre (dir.), *Tracts surréalistes et déclarations collectives, t. I: 1922-1969*, Paris: Terrain vague, 1980.

"Black, Africains, Antillais... Cultures noires en France", *Autrement*, no. 49(avril 1983).

"Algérie. La guerre des frères", *Les Temps Modernes*, no. 580(janvier-février 1995).

신문기사 및 온라인 자료

L'Est Républicain, 23 mai 1952.

Le Figaro, 2 janvier 1947.

L'Humanité, 10 décembre 1949.

L'Humanité, 17 juillet 1950.
L'Humanité, 2 octobre 1950.
L'Humanité, 2 septembre 1952.
Le Journal de Lunéville, 9 mai 1952.
Le Monde, 28 juin 2005.
Le Monde diplomatique, janvier 2001.
Le Rassemblement, 11 mars 1950.
Sondages : Revue française de l'opinion publique, 1947-1954.
Le Soir. 27 juillet 2002.
Le Temps, 7 mai 1931.
Le Temps, 7 octobre 1931.
Vaillant, 13 juillet 1945.

Ageron, Charles-Robert, "L'Exposition coloniale de 1931: mythe républicain ou mythe impérial", Études coloniales, (revue en ligne), 2006-08-25.
http://www.panorama-cinema.com/V2/critique.php?id=232.
https://ronarchigeo.wordpress.com/colonisation-et-decolonisation-1l2-20132014/contestation/.
http://blog.naver.com/tt3077?Redirect=Log&logNo=20207425421.

찾아보기

ㄱ

ㄴ

ㄷ

ㄹ

ㅁ

ㅂ

ㅅ

ㅇ

ㅈ

ㅊ

ㅋ

ㅎ